utb 5458

Eine Arbeitsgemeinschaft der Verlage

Böhlau Verlag · Wien · Köln · Weimar
Verlag Barbara Budrich · Opladen · Toronto
facultas · Wien
Wilhelm Fink · Paderborn
Narr Francke Attempto Verlag / expert Verlag · Tübingen
Haupt Verlag · Bern
Verlag Julius Klinkhardt · Bad Heilbrunn
Mohr Siebeck · Tübingen
Ernst Reinhardt Verlag · München
Ferdinand Schöningh · Paderborn
transcript Verlag · Bielefeld
Eugen Ulmer Verlag · Stuttgart
UVK Verlag · München
Vandenhoeck & Ruprecht · Göttingen
Waxmann · Münster · New York
wbv Publikation · Bielefeld

Erika Fischer-Lichte (Prof. Dr. Dr. h.c.), geb. 1943, ist emeritierte Professorin für Theaterwissenschaft an der Freien Universität Berlin und Direktorin des Internationalen Käte-Hamburger-Kollegs »Verflechtungen von Theaterkulturen«. Sie war zwölf Jahre lang Sprecherin des SFB »Kulturen des Performativen«.

Erika Fischer-Lichte

Performativität

Eine kulturwissenschaftliche Einführung

transcript Verlag, Bielefeld

Bibliografische Information der Deutschen Nationalbibliothek
Die Deutsche Nationalbibliothek verzeichnet diese Publikation in der Deutschen Nationalbibliografie; detaillierte bibliografische Daten sind im Internet über http://dnb.d-nb.de abrufbar.

4., aktualisierte und ergänzte Ausgabe

utb-Bandnr. 5458
Print-ISBN 978-3-8252-5458-2
PDF-ISBN 978-3-8385-5458-7

Einbandgestaltung: Atelier Reichert, Stuttgart
Lektorat: Konrad Bach, Christina Handke
Korrektorat: Christina Handke
Satz: Michael Rauscher, Bielefeld
Druck: Friedrich Pustet GmbH & Co. KG, Regensburg

Inhalt

Einleitung
Von »Kultur als Text« zu »Kultur als Performance«. Theatralität und Performativität als kulturwissenschaftliche Begriffe

Teil I
Zur Geschichte der Theorien des Performativen und der Aufführung

Teil II
Eigenschaften des Performativen

Teil III
Ausweitung des Feldes: Performative Studien

Schluss

Anhang

Einleitung

Von »Kultur als Text« zu »Kultur als Performance«. Theatralität und Performativität als kulturwissenschaftliche Begriffe

Vorspiel auf dem Theater

Zu Beginn des 20. Jahrhunderts fand im Kleinen Theater Berlin eine Aufführung statt, in der sich wie in einem Brennglas Tendenzen bündelten, die in ihrer Gesamtheit gegen Ende des 20. Jahrhunderts als performative Wende in der europäischen Kultur bezeichnet werden würden. Am 30. Oktober 1903 hatte Max Reinhardts Inszenierung der Sophokleischen *Elektra* in der Bearbeitung von Hugo von Hofmannsthal Premiere. Die Aufführung, vor allem Gertrud Eysoldts Darstellung der Elektra, übte eine ungeheure, in dieser Weise bisher noch nie erfahrene Wirkung auf das Publikum aus. Wie ein Kritiker berichtet, saßen die Zuschauer am Schluss »ein paar Augenblicke wie betäubt von der Nervenerschöpfung« ganz still da, ehe sie »dem Dichter und den Darstellern eine große Ovation« bereiteten.[1]

Der Schriftsteller und Kritiker Hermann Bahr schrieb über Eysolds Elektra:

> Hier ist die Welt zu, der Atem der Menschheit stockt. Ein Wesen, ganz ausgesaugt und ausgehöhlt von Leid; alle Schleier zerrissen, die sonst Sitte, freundliche Gewöhnung, Scham um uns zieht. Ein nackter Mensch, auf das Letzte zurückgebracht. Ausgestoßen wie die Nacht. Haß geworden [...]. Schreie, wie aus ferner Urzeit her, Tritte des wilden Tieres, Blicke des ewigen Chaos. Gräßlich, sagen die Leute, zusammenschaudernd.[2]

Diese Worte lassen sich kaum als eine Beschreibung dessen lesen, was die Eysoldt konkret tat, um Elektra darzustellen. Es wird weder geschildert, welche Körperhaltung sie einnahm oder welche Gesten sie ausführte, noch welchen Gesichtsausdruck sie zeigte oder wie sie ihre Stimme modulierte. Nicht um eine solche Beschreibung geht es hier, sondern um eine intuitive und assoziative Annäherung an die Darstellung – »Schreie, wie aus ferner Urzeit her,

Tritte des wilden Tieres, Blicke des ewigen Chaos« –, um die Vermittlung des ungeheuerlichen Eindrucks, den die seltsame Darstellung der Eysoldt auf Bahr machte. Was er in Worte zu fassen sucht, scheint sich dem sprachlichen Ausdruck zu entziehen. Unüberhörbar artikuliert sich jedoch das Gefühl, dass die Eysoldt mit ihrem Spiel Grenzen überschritt, die bisher als unantastbar galten, und dass sie mit ihrer Grenzüberschreitung in ein unbekanntes Land vorstieß, vor dem andere sich schaudernd zurückziehen.

Um welche Grenzen es sich dabei handelt, wird zwar weder von Bahr noch von den Kritikern der Uraufführung klar benannt. An den Kritiken fällt auf, dass auch sie kaum je Beschreibungen enthalten, ja es drängt sich geradezu der Eindruck auf, dass den Kritikern ein angemessenes Vokabular fehlte, um anschaulich zu schildern, was sie wahrnahmen. Dennoch übermitteln sie ausreichend Informationen, um eine Hypothese hinsichtlich der Grenzen zu erlauben, welche Gertrud Eysoldt hier überschritt. Sie betrafen anscheinend vor allem zwei Momente: erstens die Körperverwendung der Schauspielerin, ihren Umgang mit dem eigenen Leib sowie zweitens das Verhältnis zwischen Bühne und Publikum, zwischen Schauspielerin und Zuschauern.

Dass die Eysoldt hier ihren Körper auf eine Weise einsetzte, wie man es bisher auf der Bühne nicht gesehen hatte, und so eine neue Art der Schauspielkunst kreierte, lässt sich allen Kritiken entnehmen, ganz gleich ob sie dies positiv oder negativ bewerten. Hervorgehoben werden vor allem die Maßlosigkeit ihres Körpereinsatzes und seine ungeheure Intensität. Mit diesen Eigenheiten verstieß sie, wie ein Kritiker anmerkt, gegen die für die Aufführung vor allem griechischer Tragödien geltenden Normen von »Kraft«, »Würde« und »sonorem Ton«. An ihre Stelle traten »Nervosität«, »zügellose Leidenschaft« und »heiseres Brüllen«.[3] Für diejenigen, die sich davon abgestoßen fühlten, wurde damit die Grenze vom »Gesunden« zum »Krankhaften«, zum »Pathologischen« überschritten. Das »Geschrei und Gezappel, Überschraubung des Fürchterlichen, Verzerrung und Verwilderung in jeder Linie«[4], die »Leidenschaft bis zur Sinnlosigkeit« waren für viele Kritiker »nur noch pathologisch zu erklären«.[5] Entsprechend lehnten sie Gertrud Eysoldts Bewegungen ohne »Maß« und »Zurückhaltung«, ihre Grenzüberschreitung hin zum »Pathologischen«, in dem sie eine Auflösung der Grenzen des Ich erblickten, als »unerträglich« ab.[6]

Wie sehr die Meinungen der Kritiker bei der Bewertung dieser Maßlosigkeit auseinandergingen, zeigt sich vor allem in ihrem Urteil über den »namenlosen Tanz« am Ende der Aufführung, in dessen Verlauf Elektra tot zusammenbricht. Der zuletzt zitierte Kritiker empfand ihn als pervers und zeigte sich zutiefst schockiert: »Die Schlußszene beispielsweise, wo Elektra, als sei ihr das Blut ihrer Mutter wie Wein zu Kopf gestiegen, auf dem Hof herumtanzt, gehört zum abscheulichsten, das man je auf der Bühne gesehen hat.«[7] Ein anderer Kritiker dagegen gibt lediglich seinem, allerdings erheblichen, Befremden Ausdruck:

> Die Schlußszenen, in denen sie wie ein aufgeregter Wächterhund vor dem Tor des Schlosses auf und ab lief, dann in krampfhafter Kreuzesstellung das Tor bewachte und endlich in einem grotesk-furchtbaren Tanze ihre wilde Erregung über das Gelingen der Tat austobte, gehören zu dem Eigentümlichsten der Schauspielkunst, das ich mit erlebt habe.[8]

Ein dritter Kritiker endlich sah in diesem Tanz der Eysoldt geradezu den künstlerischen Höhepunkt: »Wie sie in visionärer Verzückung [...], das Haupt nach hinten geworfen, in die Lüfte starrt [...], das wird ihr so niemand nachspielen.«[9] Die Kritiker, die Eysoldts Spiel positiv bewerten, heben vor allem den Gegensatz zwischen ihrem kleinen, zierlichen Körper und der ungeheuren Wucht ihrer leidenschaftlichen Körperbewegungen hervor: »An der Spitze Gertrud Eysoldt, die mit unheimlicher Impulsivität den fanatischen Rachedämon Elektra spielte: wirkend schon durch den Kontrast ihrer körperlichen Kleinheit und der Gewalt ihrer Temperamente.«[10] Diese Gewalt erwies sich auch und gerade als eine Gewalt, welche die Schauspielerin ihrem eigenen Körper antat, wenn sie ihm mit »kurzen, hastigen Wendungen«[11] und »konvulsivischen Zuckungen«[12] das Äußerste abverlangte, oder auch mit anderen Arten von Bewegung, »die von der ersten Szene an den äußersten Ekstasen zugewendet sein müssen.«[13]

Ganz gleich, ob die Kritiker das Spiel der Eysoldt als Grenzüberschreitung hin zum Pathologischen verurteilten – weil sie in ihm vielleicht Bewegungsmuster der Hysterikerinnen wiedererkannten – oder als eine bedeutende künstlerische Innovation feierten, läßt sich aus ihren Besprechungen der Schluss ziehen, dass Gertrud Eysoldt hier eine Grenze überschritt, die für die Schauspielkunst im 18. Jahrhundert gezogen und seitdem nicht mehr angetastet worden war: die Grenze, welche der Schauspieler durch die Art seiner Darstellung ziehen und mehr oder weniger deutlich markieren muss zwischen der Gewalt, die der Rollenfigur angetan wird, und seinem eigenen Körper, der davon nicht betroffen ist. In seiner *Mimik* (1784/1785) verwehrt der Philosoph und Theaterkritiker J. J. Engel ausdrücklich den Schauspielern – und vor allem den Schauspielerinnen – ein Spiel, das die Aufmerksamkeit auf ihren Körper lenkt, indem es diesem Gewalt antut, wie ein »Fallen« und »Stürzen«, »als ob sie sich die Hirnschale zerschmettern« wollten. Dies würde beim Zuschauer eine Besorgnis um die körperliche Unversehrtheit der Schauspielerin/des Schauspielers erregen. Aber »diese Besorgnis reißt unausbleiblich aus der Illusion; wir sollten nur für die Rolle und wir fangen an für *ihn* zu empfinden.«[14] Der gute Schauspieler muss entsprechend Techniken und Verfahren entwickeln, mit denen er die Illusion zu schaffen vermag, dass seine Rollenfigur körperliche Gewalt – verursacht durch äußere oder innere Einwirkung – erleidet, ohne seinem eigenen Körper Gewalt anzutun. Das heißt Engel zieht eine klare Grenze zwischen dem Körper des Schauspielers, der als ein Zeichen für die dramatische Figur fungieren soll, und seinem phänomenalen Leib. Der in diesem Sinne semiotische Körper bringt den Ausdruck des Leidens hervor, ohne dass der phänomenale Leib tatsächlich leiden würde.

Diese Grenze zwischen dem semiotischen Körper und dem phänomenalen Leib wurde von der Eysoldt in ihrem Spiel permanent überschritten. Die Bewegungen, die sie ausführte, drückten nicht lediglich aus, dass ihre Rollenfigur unter einer unaussprechlichen Gewalt leidet. Indem sie sie ausführte, vollzog sie vielmehr zugleich einen Akt der Gewalt gegen ihren eigenen Leib. Die Grenze zwischen dem semiotischen Körper der Schauspielerin und ihrem phänomenalen Leib ließ sich nicht mehr klar ziehen. Eysoldts Körperverwendung glitt oszillierend zwischen beiden hin und her, so dass sich der eine nicht vom anderen abgrenzen und unterscheiden ließ. Auf diese besondere Art der Körperverwendung vor allem mag es zurückzuführen sein, dass Bahr und die anderen Kritiker sich unfähig fühlten, die körperlichen Handlungen der Eysoldt in Worte zu fassen.

Das hatte entsprechend zur Folge, dass sich bei den Zuschauern keine Illusion mehr einstellen wollte. Das Verhältnis zwischen Bühne und Publikum, Schauspielern und Zuschauern änderte sich signifikant. Diese Veränderung wird von den Kritikern immer wieder angesprochen. Allerdings scheinen sie auch in dieser Hinsicht Schwierigkeiten zu haben, sie klar zu beschreiben und zu bestimmen. Alle Kritiker sind sich darin einig, dass die Aufführung eine ungeheure und in vieler Hinsicht ganz ungewöhnliche Wirkung auf die Zuschauer ausübte, auch wenn sie diese Wirkung höchst unterschiedlich bewerten. Immer wieder wird Bezug auf den Traum genommen, um die besondere Modalität dieser Wirkung genauer zu charakterisieren: »Wie Maeterlinckschen Traumphantasien stürmten die Ereignisse an uns vorüber, ein einziges, ununterbrochenes Furioso, das mit der ersten Szene einsetzte und in gewaltiger Steigerung bis zum Schluß dauerte.«[15] Der Rekurs auf den Traum soll sowohl auf die Unmöglichkeit, dem Bühnengeschehen verstehend zu folgen, hinweisen – was dort geschieht übersteigt jegliches menschliche Verstehen – als auch auf die so seltsame, bisher offenbar unbekannte Wirkung der Aufführung: »Wie ein furchtbarer Traum mit wild durcheinanderflackernden Bildern spielt sich Elektras Geschehen vor uns ab.«[16] Diese Bilder ließen sich nicht deuten. Vielmehr lösten sie »Gefühlsassoziationen von zwingender Gewalt« aus.[17] Da die Grenze zwischen dem semiotischen Körper und dem phänomenalen Leib der Schauspielerin aufgehoben war, wurde das Bühnengeschehen als »folternde Wirklichkeit«[18] erlebt, die auf die Sinne der Zuschauer einwirkte und ihre Nerven strapazierte: »Es rast und stürmt und wimmert ohne Unterlaß. Man sieht dem Wüten wie dem Kampfe wilder Tiere im Käfig zu, mit gepeitschten Nerven.«[19]

Aus diesem Grund wird die Wirkung von einigen Kritikern scharf als unkünstlerisch kritisiert: »Die Erschütterung [...] ist gewiß eine große, aber sie ist durchaus unkünstlerisch und nicht mehr wert als die Erregung des Publikums im Zirkus«.[20] Der Vergleich mit den Tieren im Käfig und mit dem Zirkus ruft die Luftspringerbude ins Gedächtnis, in die Engel die Besorgnis um die körperliche Unversehrtheit der Akteure verbannt wissen wollte. In der Tat wird aus diesen Kritiken deutlich, dass und warum die Aufführung keine Illusion im Sinne Lessings oder Engels herzustellen vermochte. Sie wirkte unmittelbar auf den Körper der Zuschauer, auf ihre Sinne und Nerven ein. Dies eben wird von einigen Kritikern beklagt: »Die Wirkungen dieser Kunst beruhen ausschließlich auf physiologischen Erregungen und haben sich aller ideellen entschlagen.«[21]

Während durch die deutliche Abgrenzung zwischen Schauspielern und Zuschauern durch die Rampe, durch die berühmte »Vierte Wand«, die Entstehung jeglicher Illusion erst ermöglicht wird, wird hier durch das Spiel der Eysoldt auch diese Grenze überschritten: »Dann aber war es die nervöse Kraft der Eysoldt, die man förmlich über die Rampe gleiten und an den Hals der Lauschenden greifen spürte.«[22] So trat an die Stelle der Illusion die Suggestion. Die Zuschauer wurden »gefesselt wie durch Basiliskenblick, wie durch hypnotisierende Zauberkräfte«[23]. Die Aufführung schlug sie so in ihren Bann, dass sie sich ihrer unmittelbar sinnlichen, zugleich nervenaufpeitschenden wie erschöpfenden Wirkung nicht zu entziehen vermochten. Sie gerieten in eine Art hypnotischen Zustand, aus dem sie sich erst einige Minuten nach Ende der Aufführung, in denen sie noch »wie betäubt« sitzenblieben, durch ein »befreites Aufatmen«[24] und den ihm folgenden frenetischen Applaus zu lösen vermochten.

Reinhardts Inszenierung und vor allem das Spiel der Eysoldt setzten radikal herrschende Vorstellungen und Konventionen außer Kraft. Anstatt den Zuschauern durch entsprechenden Einsatz theatraler Zeichen die Bedeutungen eines vorgegebenen Textes zu übermitteln, die diese entziffern und verstehen sollten, widerfuhr die Aufführung ihnen wie ein schockartiges Naturereignis, das ihre Nerven und Sinne strapazierte. Statt eine Illusion von Wirklichkeit zu schaffen, in die die Zuschauer sich in ihrer Phantasie hineinversetzen und einfühlen konnten, brachte die Aufführung sich selbst als eine Wirklichkeit hervor, die von den Zuschauern leiblich als »folternd« erfahren wurde.

In und mit der Aufführung wurde dergestalt eine Veränderung vollzogen, wie sie um die Wende vom 19. zum 20. Jahrhundert in verschiedenen Bereichen der europäischen Kultur zu beobachten war. Im Laufe des 19. Jahrhunderts hatte sich in europäischen Gesellschaften ein Verständnis der eigenen Kultur durchgesetzt und verfestigt, das sich im Wesentlichen auf die überlieferten Texte bezog. Nach diesem Verständnis artikulierte sich die moderne europäische Kultur überwiegend in Texten und Monumenten, in denen sie sich angemessen repräsentiert sah. Sogenannten »primitiven« Kulturen dagegen, wie der mittelalterlichen Kultur, den eigenen Volkskulturen oder den »exotischen« nicht europäischen Kulturen, wurden Merkmale und Eigenschaften zugesprochen, die nicht die moderne europäische Kultur bestimmten und so *ex negativo* zu ihrer Selbstdefinition beitrugen. Ihnen wurde eine spezifische Leibzentriertheit attestiert, die sich u. a. in den verschiedensten Arten von Aufführungen wie Ritualen, Festen, Zeremonien, Spielen u. Ä. manifestierte, die alle Beteiligten leiblich affizierte und eine klare Trennung in Handelnde und Zuschauende nicht erlaubte.

Diese Dichotomie zwischen textzentrierten und leibzentrierten Kulturen wurde von Reinhardts Inszenierung aufgehoben. Wie hier wurde um die

Wende vom 19. zum 20. Jahrhundert auch in anderen Bereichen das überlieferte Verständnis der eigenen Kultur brüchig. Der Schwerpunkt des Interesses verlagerte sich entsprechend von den Texten hin zu Aufführungen. Besonders prägnant trat diese Wende in der Entstehung von Ritualforschung und Theaterwissenschaft in der Wissenschaft sowie der Herausbildung einer neuen Körperkultur in Erscheinung.

Ritualforschung um 1900

Im 19. Jahrhundert war es in der Theologie allgemeine Überzeugung, dass zwischen Mythos und Ritual eine klare Hierarchie besteht. Der Mythos wurde als primär betrachtet, das Ritual dagegen als lediglich eine Art Illustration, die ihm später hinzugefügt wurde. Der schottische Bibelforscher William Robertson Smith (1846–1894) schockierte daher seine Zeitgenossen zutiefst mit seiner Verkehrung dieser Hierarchie.[25] In seiner 1889 erschienenen Schrift *Lectures on the Religion of the Semites* stellte er die These auf, dass der Mythos lediglich als eine Interpretation des Rituals zu gelten habe und daher als zweitrangig. Vielmehr sei das Primat dem Ritual zuzuerkennen:

> Soweit Mythen als Deutung ritueller Bräuche bestehen, ist ihr Wert überhaupt ein sekundärer und man kann wohl mit Sicherheit behaupten, daß beinahe in jedem Fall der Mythos aus dem Ritus hergeleitet ist und nicht der Ritus im Mythos wurzelt. Denn der Ritus war fest bestimmt, und der Mythos war veränderlich; der Ritus war Sache der religiösen Pflicht, der Glaube an den Mythos aber stand im Belieben des Menschen.[26]

Robertson Smith argumentierte daher, dass es nicht Mythen, Lehren und Dogmen seien, die eine religiöse Gemeinschaft begründen, sondern die von allen gemeinsam vollzogenen Rituale. Die in ihnen gemeinsam ausgeführten körperlichen Handlungen seien es, welche eine Gemeinschaft hervorbringen. Diese Theorie war vor allem deswegen so schockierend, weil sie den traditionellen Gegensatz zwischen der sich auf Texte stützenden europäischen und den in Ritualen sich artikulierenden nicht europäischen Kulturen aufhob.

Diese Aufhebung trieb James George Frazer (1854–1941) noch weiter voran. Inspiriert von Robertson Smiths *Lectures* entwickelte er in seinem Buch

The Golden Bough, das 1890 in zwei Bänden erschien und bis zur dritten Auflage (1925) auf zwölf Bände anwuchs, die Theorie eines Rituals vom Tod und der Wiedergeburt eines Gottes. Unter Rekurs auf von anderen gesammeltes reichhaltiges ethnologisches Material versuchte er die These zu belegen, dass ein solches Todes- und Wiedergeburtsritual bei allen Kulturen verbreitet war – dass es sich also um ein universelles Ritual handelte.

Damit wies er die allgemein akzeptierte Vorstellung, dass die moderne europäische Kultur von allen anderen und insbesondere von sogenannten primitiven Kulturen grundlegend verschieden sei, schroff zurück. Er betonte ausdrücklich, dass sich die europäische Zivilisation aus einer Kultur entwickelt habe, die auf einem derartigen Todes- und Wiedergeburtsritual beruhte; dass sie aus einem Typus von Kultur hervorgegangen sei, der Menschen überall in der Welt gemeinsam sei und auch in der modernen Kultur noch, irgendwo im Keller weggesperrt, weiter rumoren würde.

Der belgische Ethnologe Arnold van Gennep arbeitete in seinem 1909 erschienenen Buch *Les rites du passage* eine universelle Struktur heraus, die seiner Ansicht nach einem bestimmten, weltweit verbreiteten Typus von Ritualen zugrunde liegt – den sogenannten Übergangsritualen, welche die Mehrzahl aller Rituale darstellen.

Ihre Funktion besteht darin, Individuen und gesellschaftlichen Gruppen bei Statusveränderungen, in Lebenskrisen – wie Geburt, Pubertät, Hochzeit, Schwangerschaft, Krankheit, Hungersnot, Krieg und Tod – oder jahreszeitlichen Zyklen einen sicheren Übergang von einem Zustand in den anderen zu garantieren. Mit dem Übergangsritual wird also immer eine Transformation des betreffenden Individuums oder der Gemeinschaft vollzogen. Van Gennep gliedert seinen Verlauf in drei Phasen:

1. die Trennungsphase, in welcher der/die zu Transformierende(n) aus ihrem Alltagsleben herausgelöst und ihrem sozialen Milieu entfremdet werden;
2. die Schwellen- oder Transformationsphase; in ihr wird/werden der/die zu Transformierende(n) in einen Zustand »zwischen« allen möglichen Bereichen versetzt, der ihnen völlig neue, zum Teil verstörende Erfahrungen ermöglicht;
3. die Inkorporationsphase, in der die nun Transformierte(n) wieder in die Gesellschaft aufgenommen und in ihrem neuen Status akzeptiert werden.

In allen drei Phasen kommt offensichtlich Grenzen – dem Überschreiten bestehender Grenzen und dem Ziehen neuer Grenzen – eine große Bedeutung zu. Während in der Trennungsphase die Grenze, welche den Alltag vom Fest bzw. vom Ritual und das eigene soziale Milieu von anderen trennt, überschritten und in der Inkorporationsphase eine neue Grenzziehung vorgenommen wird, zeichnet sich die Schwellen- oder Transformationsphase dadurch aus, dass in ihr die unterschiedlichsten Arten von Grenzüberschreitungen geschehen können, ja, dass sie als Entgrenzung schlechthin erfahren werden kann. In diesem Sinne ist der Begriff des Rituals immer auf den Begriff der Grenze bezogen.Zwar wurde van Genneps Buch nach seinem ersten Erscheinen von einflussreichen Wissenschaftlern wie Marcel Mauss und Jean Pierre Lafitte total verrissen. Es war damit erledigt und wurde kaum weiter rezipiert. Erst nach seiner Übersetzung ins Englische in den 1960er Jahren begann seine bis heute andauernde Wirkungsgeschichte. Van Genneps Theorie ist in unserem Kontext insofern von besonderem Interesse, als sich in ihr prägnant die Hinwendung zu einem Verständnis von Kultur formuliert, das die besondere Qualität von Ritualen als Vollzug körperlicher Handlungen in den Vordergrund rückt.

Bezieht man van Genneps Ausführungen auf die *Elektra*-Aufführung, so fallen bestimmte rituelle Züge ins Auge, die sie in mancher Hinsicht prägen. Dies gilt vor allem mit Blick auf die in ihr vollzogenen Grenzüberschreitungen. Indem Gertrud Eysoldt die Grenze überschritt, die seit dem ausgehenden 18. Jahrhundert zwischen dem semiotischen Körper des Schauspielers und seinem phänomenalen Leib gezogen war, indem sie ihrem eigenen Körper Gewalt antat, verlieh sie der Aufführung den Status einer Art Schwellen- oder Transformationsphase, in der sie nicht nur spielte, sich in einem Zustand zwischen allen möglichen Bereichen zu befinden, sondern sich tatsächlich in diesen Schwellenzustand versetzte, sich transformierte. Das »Selbstopfer«, welches die Schauspielerin darbrachte und mit dem sie zugleich die Rampe überwand, also die Grenze zwischen sich und den Zuschauern aufhob, ermöglichte im Gegenzug den Zuschauern, nun ihrerseits diese Grenze zu überschreiten und in eine Schwellen- und Transformationsphase einzutreten. Die starke Einwirkung auf ihre Sinne und Nerven veränderte ihren physischen Zustand und bewirkte in diesem Sinne zumindest für die Zeit der Aufführung ihre körperliche Transformation. Auf diese Weise wuchs der Aufführung eine rituelle Dimension zu. In ihr und mit ihr wurde die Grenze zwischen Theater und Ritual überschritten, die seit dem 18. Jahrhundert als unumstößlich und unaufhebbar galt. Auch wenn Theater hier nicht zum Ritual mutierte, erhielt es doch unverkennbar rituelle Züge.

Mit dem hier unterstellten Versuch, das Verhältnis von Theater und Ritual neu zu bestimmen, stand Reinhardts Inszenierung um die Jahrhundertwende keineswegs allein da. Ähnliche Versuche wurden auch innerhalb der Ritualforschung unternommen. Die sogenannten Cambridge Ritualists unter Führung der Altphilologin Jane Ellen Harrison (1850–1928) versuchten den Nachweis zu erbringen, dass das antike griechische Theater – und zwar sowohl das tragische als auch das komische – seinen Ursprung in einem Ritual, genauer in einem Opferritual, genommen habe. In ihren *Prolegomena to the Study of Greek Religion*, die im Jahr der Uraufführung von *Elektra* erschienen, führt Harrison – zum Teil unter Rekurs auf Nietzsches Schrift *Die Geburt der Tragödie aus dem Geiste der Musik* (1872) – ihre These aus, dass unter der Schicht der olympischen Götterwelt eine andere Religion verschüttet sei, die sie sowohl als deren chthonische Vorgeschichte als auch als ihre spätere Überwindung bestimmt. Auf der Grundlage dieser Studien entwickelte Harrison in *Themis. A Study of the Social Origin of Greek Religion* (1912) ihre Theorie vom Ursprung des Theaters aus dem Ritual. Sie bezog sich dabei auf Frazers Idee von Tod und Wiedergeburt eines Gottes. Jane Ellen Harrison ging von der Annahme eines vordionysischen Rituals aus, mit dem der Frühlings-Daimon, der *eniautos daimon* – eine Art Jahresgott – verehrt wurde. Ein Ur-Ritual dieser Art schien die Erklärung dafür zu liefern, dass ähnliche Strukturen von Tod und Wiedergeburt eines Gottes, die dem Zyklus der Jahreszeiten entsprechen, in ganz verschiedenen Kulturen zu finden sind. Das dionysische Ritual wurde entsprechend als Ableger des alten Frühlings-Daimon-Rituals begriffen. Über mehrere Kapitel versucht Harrison Stück für Stück den Nachweis zu führen, dass der Dithyrambus, aus dem sich nach Aristoteles' Aussagen die Tragödie entwickelte, nichts anderes darstellt als den Gesang zur Feier des *eniautos daimon*, als einen konstitutiven Bestandteil des *eniautos daimon*-Rituals. Gilbert Murray (1866–1957) beteiligte sich an Harrisons Studie mit einem *Excursus on the Ritual Forms Preserved in Tragedy*, in dem er unter Rekurs auf verschiedene Tragödien – und insbesondere auf die jüngste (!) uns überlieferte Tragödie, Euripides' *Die Bakchen* – zu belegen sucht, dass die Elemente des *agon, threnos*, Botenberichts und der Epiphanie, die nach Harrison aus dem *eniautos daimon*-Ritual stammen, in den Tragödien vergleichbare Funktionen zu erfüllen haben wie im Ritual. Der andere Mitstreiter Harrisons, Francis M. Cornford (1874–1943) entwickelte in seiner Studie *The Origins of Attic Comedy* (1914) ein ähnliches Modell für die Komödie .

Harrisons Theorie vom Ursprung des griechischen Theaters aus dem Ritual verstieß ebenso gegen ein grundlegendes Tabu wie Reinhardts Inszenierung der *Elektra*. Denn sie entzog der Überzeugung ihrer Zeitgenossen die Grundlage, dass die griechische Kultur, nach deren Vorbild und Standards sie ihre eigene Kultur modellierten, ihr Selbstbild und Selbstverständnis in den überlieferten Tempeln, Statuen und Texten artikuliert hatte, die sie als Ausdruck höchster Würde, »edler Einfalt« und »stiller Größe«[27] lasen. Im Lichte von Harrisons Theorie erschienen die so bewunderten Texte der griechischen Tragödien und Komödien als Spätfolgen von rituellen Handlungen, mit denen – wie bei den »Wilden«, den »primitiven Völkern« – ein Ritual zur Feier eines Jahreszeitengottes vollzogen wurde. Das Bild, das Harrison von den Griechen zeichnete, stimmte in wichtigen Zügen nicht nur mit demjenigen überein, das Nietzsche entworfen hatte, sondern merk- und denkwürdiger Weise auch mit dem, welches Reinhardts Inszenierung von *Elektra* übermittelte. In diesem Bild lagen Ritual und Theater dicht beieinander, ohne sich klar voneinander abgrenzen zu lassen.

Theater als Aufführung – die Entstehung von Theaterwissenschaft

Im ausgehenden 19. Jahrhundert wurde Theater mit Blick auf die Texte definiert, die in ihm Verwendung fanden: Schauspieltheater unter Rekurs auf dramatische Literatur und Oper sowie Ballett unter Bezug auf Partituren. Entsprechend galt das Schauspieltheater als genuiner Gegenstand der entsprechenden Nationalphilologien, während Oper und Ballett der Musikwissenschaft zugeordnet waren. Der Berliner Germanist Max Herrmann (1865–1942), ein Spezialist für die deutsche Literatur des Mittelalters und der Frühen Neuzeit, war dagegen der Auffassung, dass es nicht die Literatur sei, welche Theater als eine ganz spezifische Kunstform konstituiere, sondern die Aufführung: »[D]ie Aufführung ist das Wichtigste [...].«[28] Zum Ausgangs- und Angelpunkt seiner Überlegungen machte er das Verhältnis zwischen Darstellern und Zuschauern:

> [Der] Ursinn des Theaters [...] besteht darin, daß das Theater ein soziales Spiel war, – ein Spiel Aller für Alle. Ein Spiel, in dem Alle Teilnehmer sind, – Teilnehmer und Zuschauer. [...] Das Publikum ist als mitspielender Faktor beteiligt. Das Publikum ist sozusagen Schöpfer der Theaterkunst. Es bleiben so viel Teilvertreter übrig, die das Theater-Fest bilden, so dass der soziale Grundcharakter nicht verloren geht. Es ist beim Theater immer eine soziale Gemeinde vorhanden.[29]

Damit war ein radikal neues Verständnis von Theater formuliert. Es orientierte sich nicht länger am Text, der verwendet wurde, vorgegeben war und immer wieder benutzt werden konnte, sondern an der Aufführung, die sich erst im Zusammenspiel von Akteuren und Zuschauern auf je einmalige Weise konstituiert.

Während sich das Interesse der Literaturwissenschaftler und der Theaterkritiker ausschließlich auf die Vorgänge auf der Bühne konzentriert hatte, an die sie die Frage richteten, mit welchen Mitteln der zugrunde liegende literarische Text dargestellt wurde und ob die Darstellung dem literarischen Werk angemessen sei, lenkte Herrmann die Aufmerksamkeit auf das Verhältnis zwischen Schauspielern und Publikum. Er stellte die These auf, dass es sich bei einer Aufführung um ein Spiel handele, an dem alle im Raum Anwesenden beteiligt seien, also auch die Zuschauer. Er ging sogar so weit, zu behaupten, dass es eigentlich erst das Publikum sei, welches als Schöpfer der Theaterkunst zu begreifen sei.

Damit bestimmte Herrmann nicht nur Theater, sondern zugleich auch das Verhältnis von Darstellern und Zuschauern radikal neu. Die Zuschauer erscheinen nicht länger als distanzierte oder einfühlsame Beobachter von Handlungen, welche die Schauspieler auf der Bühne vollziehen und denen sie – die Zuschauer – auf der Grundlage ihrer Beobachtungen und ihrer Kenntnis des Stücks bestimmte Bedeutungen beilegen. Sie werden auch nicht als intellektuelle Entzifferer von Botschaften begriffen, die mit bzw. von den Handlungen und Reden der Schauspieler formuliert werden. Die kreative Beteiligung der Zuschauer bleibt dabei keineswegs auf ihre Einbildungskraft beschränkt. Vielmehr handelt es sich um körperliche Prozesse, die sich zwischen Darstellern und Zuschauern vollziehen. So sieht Herrmann die kreative Aktivität, welche die Zuschauer entfalten, realisiert

> in einem heimlichen Nacherleben, in einer schattenhaften Nachbildung der schauspielerischen Leistung, in einer Aufnahme nicht sowohl durch den Gesichtssinn wie vielmehr durch das Körpergefühl, in einem geheimen Drang, die gleichen Bewegungen auszuführen, den gleichen Stimmenklang in der Kehle hervorzubringen.[30]

Damit wird betont, dass für den Verlauf der Aufführung und die Erfahrung, welche die Zuschauer in ihr machen können, »das theatralisch Entscheidendste das Miterleben der wirklichen Körper und des wirklichen Raumes«[31] sei. Es geht in der Aufführung also nicht zuvörderst darum, dass der Zuschauer bestimmte ihm durch die Darsteller übermittelte Bedeutungen versteht, wie die vom Schauspieler dargestellten Motive, Gedanken, Gefühle, seelischen Zustände einer dramatischen Figur oder den dargestellten fiktiven Raum eines Palastes, Waldes oder Flusstals. Vielmehr ist »das Miterleben der wirklichen Körper und des wirklichen Raums« entscheidend – eben das, was sich *zwischen* Darstellern und Zuschauern ereignet.

Die Aktivität des Zuschauers wird also nicht nur als eine Tätigkeit der Einbildungskraft begriffen, wie es bei flüchtiger Lektüre dieser Passage vielleicht den Anschein haben mag, sondern als ein leiblicher Vorgang. Dieser Prozess wird durch die Teilnahme an der Aufführung in Gang gesetzt, und zwar durch die Wahrnehmung, die nicht nur Auge und Ohr vollziehen, sondern durch das »Körpergefühl« der ganze Leib synästhetisch vollzieht.

Dabei reagieren die Zuschauer allerdings nicht nur auf die körperlichen Handlungen der Darsteller, sondern auch auf das Verhalten der anderen Zuschauer. So weist Herrmann darauf hin, dass

> sich ja stets im Publikum Elemente befinden werden, die zu jenem innerlichen Nacherleben der schauspielerischen Leistung nicht recht befähigt sind und die nun durch die allgemeine, sonst so ungeheuer günstige, hier aber ungünstige seelische Ansteckung des Gesamtpublikumkörpers auch die Leistung der für das Nacherleben geeigneten Elemente herabsetzen[32]

und so die Aufführung insgesamt in ihrem Verlauf negativ beeinflussen. Mit dieser Reflexion auf die Rolle des Zuschauers als eines Mit-Spielers wurde die Aufführung als ein Prozess bestimmt, der aus dem gemeinsamen »Spiel« von Akteuren und Zuschauern, aus ihrer Interaktion hervorgeht. Sie wird hier nicht als Darstellung eines Vorgegebenen – eines Textes, auf den sich die Kritiker und Literaturwissenschaftler immer wieder beziehen – begriffen, sondern als ein Geschehen, das sich zwischen Akteuren und Zuschauern vollzieht.

Es ist durchaus davon auszugehen, dass Herrmann seine neuen Ideen über Theater nicht nur aufgrund seiner Forschungen zum Theater des Mittelalters und der frühen Neuzeit entwickelte, sondern zu ihnen auch durch die Inszenierungen Max Reinhardts inspiriert wurde. Sein Aufführungsbegriff lässt sich daher auch als eine Beschreibung und Charakterisierung dessen verstehen, was sich während der Aufführung einer Reinhardt-Inszenierung unübersehbar zutrug.

Da Herrmann Theater durch die Aufführung definiert sah und nicht durch den Text, postulierte er die Gründung einer neuen Wissenschaft – der Theaterwissenschaft. Sie war als Wissenschaft von Aufführungen konzipiert, die durch die körperlichen Handlungen von Akteuren und Zuschauern hervorgebracht werden.

Proklamation einer neuen Körperkultur

> Der Wagnerkult ist (einer) der Pol(e), um den sich [...] Deutschland konzentriert. Nirgends zeigte sich deutlicher, dass der Deutsche seinen Körper noch nicht entdeckt hatte, als hier, wo man die lächerlichsten Verunstaltungen der Leiblichkeit duldet: die Siegfriede mit den eingeschnürten Bierbäuchen, die Siegmunde mit wurstartig ausgestopften Trikotbeinen, die Walküren, die ihre freie Zeit zwischen Schüsseln voll dampfender Leberknödel und schäumenden Bierkrügen im Münchner Hofbräuhaus zu verbringen scheinen, die Isolden, die als »Riesendamen« vor den Jahrmarktsbuden unwiderstehliche Anziehungskraft auf die Sinne von Schlächterburschen ausüben müßten. Das alles vertrug sich in der »geistigen Kultur« der deutschen »Gebildeten« aufs beste mit einer Musik und einer dramatischen Symbolik, die ihr als das »Tiefste« und »Erhabenste« aller künstlerischen Offenbarungen galt.[33]

Mit dieser Polemik gegen die Leibvergessenheit der Gebildeten in Deutschland in seiner 1906 veröffentlichten Schrift *Der Tanz* unterstrich der Schriftsteller, Kultur- und Theatertheoretiker Georg Fuchs (1868–1949) seine Forderung nach einer neuen Körperkultur. Er stimmte damit in den bereits stimmgewaltigen Chor all derer ein, die eine grundlegende Veränderung der Kultur durch eine neue Wertschätzung des Leibes durchzusetzen suchten. Wandervogelbewegung, Gartenstadt-, Körperkultur- und Lebensreformbewegung proklamierten die Befreiung des Leibes von den überlieferten Zwängen – Zwängen, für die sie einerseits ein falsches Schamgefühl haftbar machten, andererseits jedoch die von Urbanisierung und Industrialisierung verursachten Lebensbedingungen. Sie propagierten entsprechend eine umfassende Reform der Lebensweise, welche Ernährung, Hygiene, Kleidung, Wohnung, Sexualverhalten und Freizeitgestaltung betraf. Vegetarische Ernährung und Enthaltsamkeit von Alkohol und Nikotin galten ebenso als

Voraussetzung für die Entwicklung einer neuen Einstellung dem Körper gegenüber wie natürliche Körperpflege – Baden, Duschen, Massage – Gymnastik, Sport und eine nicht einengende Kleidung:

> Was uns not thut, ist das natürliche Gefühl für den Körper. Erworben wird es bei seiner Pflege. Kann ein Mensch, der dem Bade entsteigt, gereinigt, erfrischt, in allen Gliedern von jenem unendlichen Wohlgefühl durchströmt, das den Körper schwellt und das Leben jedes Teilchens seinem Bewusstsein fühlbar macht – kann der es über sich bringen, dieses Wohlgefühl durch beengende, zwängende Kleider zu zerstören? Wird er auch nur den Wunsch haben, es zu thun, wenn er seine Kraft in Arbeit oder Spiel, in Rennen, Laufen, Schwimmen, Reiten, Turnen oder Fechten oder was es nun sei, geübt und dabei empfunden hat, dass seine Glieder so, wie sie sind, gut, dass sie schön sind? Es wird ihn quälen, wenn dies in seiner Kleidung nicht zum Ausdruck kommt.[34]

Schnürleib und Korsett, Halsbinden und steifen Rockkragen, einengendem Schuhwerk und jeder Art einschnürender Kleidung war damit der Kampf angesagt. Mit der lockeren, zwanglosen Reformkleidung setzten sich zugleich völlig neue Körperbilder durch.

Auch hinsichtlich der Wohnverhältnisse zeigte die Hygienebewegung erste Erfolge. 1903 erschien ein preußischer Gesetzentwurf, welcher erstmals die Mindestmaße für eine Wohnung angab, also festlegte, wie viel »Luftraum« und »Bodenfläche« einem Körper mindestens zustehen solle. 1909 begann man mit der Anlage der Hellerauer Gartenstadt bei Dresden, die ganz und gar unter dem Gesichtspunkt eines gesünderen Wohnens konzipiert war.

Der von der einengenden und deformierenden Kleidung befreite, von ihr bisher starr gehaltene Körper wurde nun in Bewegung versetzt. Ausgedehnte Wanderungen in die Umgebung der Städte – die sogenannten »Klotzmärsche« der Wandervögel – wurden unternommen, die verschiedensten Sportarten getrieben. Die Devise »Bewegung in frischer Luft« wurde insbesondere von den vielen Freiluft- und Nacktkulturbewegungen ernst genommen. Alle »Lichtluftbäder« der entsprechenden Vereine verfügten über eine Vielzahl von Turn-, Spiel- und Sporteinrichtungen. Das neue Ideal des »natürlich gepflegten«, sich in »Luft« und »Licht« bewegenden Körpers galt für beide Geschlechter.[35]

Die so entstehende neue Bewegungskultur wurde vor allem von den seit der Jahrhundertwende überall entstehenden Gymnastikschulen gepflegt und verbreitet. In den Mittelpunkt ihrer Arbeit stellten sie die Bewegung des Körpers nach bestimmten Rhythmen. Der Genfer Bewegungspädagoge Emile Jaques-Dalcroze, der 1911 in Hellerau seine »Bildungsanstalt für Musik und Rhythmus« eröffnete, zielte ausdrücklich darauf, in seinen Schülern ein neues rhythmisches Bewusstsein zu wecken. Er verstand darunter »das Vermögen, sich jede Abfolge und jede Verbindung von Zeitteilen in allen Abschattungen von Kraft und Geschwindigkeit vorzustellen«. Dieses Vermögen könne man jedoch nur erwerben, wenn man lerne, sich den Rhythmen entsprechend zu bewegen. Die Bewegung des eigenen Körpers in einem bestimmten Rhythmus sollte so zur Ausbildung der Fähigkeit führen, den Rhythmus wahrzunehmen. Entsprechend strebte Jaques-Dalcroze die Fähigkeit an, mehrere verschiedenartige Rhythmen gleichzeitig wahrzunehmen. »Um in ihm [dem Kind] das Gefühl für die Gleichzeitigkeit verschiedener Rhythmen zu erzeugen, ist es unerläßlich, daß wir es mittels verschiedener Glieder Bewegungen ausführen lassen, welche Zeitwerte von unterschiedlicher Dauer darstellen.«[36]

Die von Jaques-Dalcroze propagierten und eingeübten Bewegungsmuster stellten insofern eine »Revolution« europäischer Bewegungsformen dar, als sie gezielt einer Polyrhythmik folgten. Diese Bewegungsmuster, die vor dem Ersten Weltkrieg, nur von wenigen beherrscht, eine eher periphere Erscheinung darstellten, gewannen in den 1920er Jahren eine enorme Popularität und Verbreitung: Aus Amerika wurden als neue Gesellschaftstänze der Shimmey und der Charleston importiert, die unterschiedlichen, nebeneinander herlaufenden Rhythmen folgen. Mit diesen Tänzen setzten sich neue Bewegungsmuster durch.[37]

In Einklang mit dem neuen Ideal des sich bewegenden Körpers erlangte um die Jahrhundertwende der Tanz im System der Künste eine besondere Stellung und Bedeutung. Der von Geneviève Stebbins und Ruth St. Denis kreierte und proklamierte »Freie Tanz« brach mit den Konventionen des klassischen Balletts; er räumte auf mit Spitzentanz, Pirouetten und dem notorischen Tutu. Anstelle der vom rhetorischen Kode des klassischen Balletts festgelegten Bewegungen wurden im »Freien Tanz« individuelle, dem »natürlichen« Bewegungsmodus des Körpers folgende Bewegungsmuster eingeführt, die sich zunächst an den von griechischen Vasen, Terrakotten und Statuen übermittelten Körperbildern orientierten, jedoch auf eine völlig »neue Bewegung« zielten: »Die Tänzerin der Zukunft wird ein Weib sein müssen, deren Körper und Seele so harmonisch entwickelt sind, daß die Bewegung des Körpers die natürliche Sprache der Seele sein wird.«[38]

Damit wurde der »Körper zum Mittel künstlerischer Formschöpfung«[39] erhoben, wie es Fuchs bereits in seiner programmatischen Schrift verlangt hatte. Daraus folgt ein neues Verständnis nicht nur der Tanz-, sondern auch der Schauspielkunst. Fuchs begriff beide als »ein und dieselbe Kunst«. Entsprechend bestimmte er sie als

> rhythmische Bewegung des menschlichen Körpers im Raum, ausgeübt aus dem schöpferischen Drange, eine Empfindung durch die Ausdrucksmittel des eigenen Leibes zur Darstellung zu bringen, und in der Absicht, sich dadurch eben jenes inneren Dranges lustvoll zu entladen, daß man andere Menschen in einen gleichen oder ähnliche Rauschzustand versetzt.[40]

Man könnte meinen, dass Fuchs mit seiner Bestimmung einer neuen Schauspielkunst eben die Schauspielkunst beschreibt, die Gertrud Eysoldt kreiert hatte und praktizierte. Denn der Schwerpunkt liegt bei Fuchs auf der Aufhebung bzw. Verwischung der Grenze zwischen phänomenalem und semiotischem Körper des Schauspielers. Aufgrund dieser Aufhebung verliert dessen Spiel den Charakter des »Als ob«; es ahmt nicht mehr eine andere Wirklichkeit nach, die es lediglich vortäuscht, sondern es konstituiert selbst Wirklichkeit. Daher rührt auch seine Fähigkeit, die Grenze zwischen Schauspieler und Zuschauer zu überwinden, seine Fähigkeit, bei den Zuschauern eine starke sinnliche und nervliche Wirkung hervorzurufen, die durchaus die Grenzen ihres Ich – wie im Rausch – aufzulösen vermag.

Sowohl in der Verkehrung der Hierarchie zwischen Mythos und Ritual durch die neu entstandene Ritualforschung sowie zwischen Text und Aufführung durch die Begründung der Theaterwissenschaft als auch in der Proklamation und Durchsetzung einer neuen Körperkultur manifestierte sich ein neues Selbstverständnis der modernen europäischen Kultur, das sich in ihnen artikulierte und zugleich weiter durchgesetzt wurde. Damit wurde die Dichotomie von moderner europäischer Kultur und sogenannten primitiven Kulturen – das heißt die Dichotomie zwischen Kultur der Elite und Volkskultur innerhalb der europäischen Kulturen sowie die Dichotomie zwischen der europäischen und bestimmten nicht europäischen Kulturen – aufgehoben.

Während man bis dahin von europäischer Kultur als einer Textkultur sprechen konnte, von der sich die anderen, die sogenannten primitiven Kulturen durch das Fehlen eben dieses grundlegenden Merkmals unterschieden, fehlte für das neue Verständnis von Kultur, das diesen Gegensatz aufhob, ein entsprechender Begriff. Der russische Theatertheoretiker und -künstler Nikolai Evreinov (1879–1953) führte zu Beginn des 20. Jahrhunderts dafür den Begriff der Theatralität ein.

Theatralität oder Performativität?

Evreinov prägte den Begriff »Theatralität« in seiner zuerst 1908 veröffentlichten Schrift *Apologie der Theatralität*. Während er Theatralität hier als ein ästhetisches Verhalten begreift, das gerade auch außerhalb des Theaters als Institution den Alltag der Menschen bestimmen und verändern könne, erklärt er sie später zu einem präästhetischen Instinkt. Als »allgemein verbindliches Gesetz der schöpferischen Transformation der von uns wahrgenommenen Welt«[41] sei Theatralität als ein kulturerzeugendes und die Kulturgeschichte vorantreibendes Prinzip zu verstehen, das nicht nur der Kunst, sondern bereits der Religion zugrunde liege.[42] An einer Fülle von Beispielen legt er dar, dass Kultur im Sinne einer Aufführung zu begreifen sei, in der für die Wahrnehmung von anderen inszeniertes Handeln eben vor diesen anderen aus- und aufgeführt werde. Seine Beispiele entstammen den Bereichen des öffentlichen Lebens wie der Kirche, des Militärs, der Politik, Justiz, Ökonomie, Werbung ebenso wie dem alltäglichen Leben.[43]

Evreinovs Theorie der Theatralität wurde im vorrevolutionären Russland heiß diskutiert. In den Jahren nach der Revolution bis zu seiner Emigration im Jahre 1925, in denen er seine Theorie weiterentwickelte und teilweise an die neuen gesellschaftlichen Verhältnisse anzupassen suchte, erfuhr sie eine zunehmend aggressivere Kritik. Nach seiner Emigration wurde sie zum Anathema und geriet in Vergessenheit. In den westlichen Ländern wurde sie damals nicht rezipiert.

Der Begriff kehrte in die kulturwissenschaftliche Diskussion erst in den 1970er Jahren zurück, das heißt im Zuge von grundlegenden Veränderungen, die sich zum einen in den westlichen Kulturen zutrugen, zum anderen jedoch durchaus global zu verzeichnen sind. Zu diesen Veränderungen sind die sogenannten 68er-Bewegungen zu rechnen, wie die Bürgerrechtsbewegung in den Vereinigten Staaten, die Studentenbewegungen in Frankreich und Deutschland, die Bürgerrechtsbewegung in Nordirland oder der Prager Frühling; die überall in der westlichen Welt stärker werdenden feministischen Bewegungen und neue Formen der Jugendkultur. Herbert Marcuse bezeichnete diese Veränderungen als »Kulturrevolution« –

> aber (noch) keine politische und ökonomische Revolution. Während in der Kunst, in den Kommunikationsformen, in den Sitten und Bräuchen Veränderungen eingetreten sind, in denen sich eine neue Erfahrung abzeichnet, eine radikale Umwertung der Werte, scheinen die gesellschaftlichen Strukturen und ihre politischen Ausdrucksformen sich im wesentlichen nicht zu wandeln, zumindest aber hinter den kulturellen Veränderungen zurückzubleiben.[44]

Zum anderen sind die 1960er Jahre die Zeit der Unabhängigkeitsbewegungen und markieren das Ende des Kolonialismus – und damit die Aufhebung des proklamierten Gegensatzes zwischen den kolonisierenden westlichen Textkulturen und den kolonisierten »primitiven« Kulturen.

Ende der 1950er Jahre erschien das Buch des Soziologen Erving Goffman, *The Presentation of Self in Everyday Life*[45], das den bereits von Evreinov geäußerten Gedanken von der Theatralität des alltäglichen Lebens ohne Bezug und offensichtlich auch ohne Kenntnis von Evreinovs Schriften zu einer Gesellschaftstheorie ausarbeitete. Seit den 1960er Jahren verbreitete sich in den westlichen Gesellschaften zunehmend der Eindruck, in einer Spektakelkultur zu leben.[46] Die Diagnose, die der zeitgenössischen Gesellschaft gestellt wurde, lautete, dass es sich um eine Kultur der Inszenierung oder auch um Kultur als Inszenierung handele. Denn in allen gesellschaftlichen Bereichen wetteiferten einzelne und gesellschaftliche Gruppen in der »Kunst«, sich selbst und ihre Lebenswelt wirkungsvoll ins Szene zu setzen. Die Theatralisierung aller Lebensbereiche, von der bereits Evreinov gesprochen hatte,[47] war unübersehbar. Um sich mit ihr auseinanderzusetzen, wurde in verschiedenen Geistes- und Sozialwissenschaften der Begriff der Theatralität wieder eingeführt, häufig ohne Rückbezug auf Evreinov und seine Theorien.

Während Elisabeth Burns Theatralität als »a mode of perception«[48] bestimmte, definierte Joachim Fiebach, ausgehend von Brechts Straßenszene, den Begriff unter Rekurs auf einen körperlichen Verhaltens- und Ausdrucksmodus, den es für die verschiedenen Epochen einer gegebenen Kultur jeweils gesondert zu beschreiben gelte.[49] Zunehmend war immer dann von Theatralität die Rede, wenn eine Inszenierung von Körperlichkeit im Hinblick auf eine spezifische Wahrnehmung vorgenommen und zur Aus- bzw. Aufführung gebracht wurde. »Aus heutiger Sicht gilt: Wo immer etwas oder jemand bewußt exponiert oder angeschaut wird, erhält Kultur eine theatrale Dimension.«[50]

Der Begriff avancierte allmählich zu einem kulturwissenschaftlichen Grundkonzept.[51]

Von der Deutschen Forschungsgemeinschaft wurde 1995 ein Schwerpunktprogramm mit dem Titel »Theatralität. Theater als Modell in den Kulturwissenschaften« für die Dauer von sechs Jahren eingerichtet. Es nahm 1996 seine Arbeit auf. An ihm waren über 20 Disziplinen und 15 Universitäten beteiligt. Aus diesem Programm ist eine Fülle von Publikationen hervorgegangen, mit denen die enorme Produktivität und heuristische Leistungsfähigkeit des Begriffs im kulturwissenschaftlichen Diskurs eindrucksvoll unter Beweis gestellt wurde.[52]

In den 1990er Jahren trat zunehmend der Begriff der Performativität neben den der Theatralität oder gar an seine Stelle, wenn es darum ging, den Aufführungscharakter von Kultur genauer zu beschreiben. Beide Begriffe sind nicht immer klar voneinander abzugrenzen. Dies gilt vor allem insofern, als sie beide den Aufführungscharakter von Kultur unterstreichen, allerdings jeweils mit unterschiedlicher Schwerpunktsetzung. Während Theatralität sich auf den jeweils historisch und kulturell bedingten Theaterbegriff bezieht und die Inszeniertheit und demonstrative Zurschaustellung von Handlungen und Verhalten fokussiert, hebt Performativität auf die Selbstbezüglichkeit von Handlungen und ihre wirklichkeitskonstituierende Kraft ab.[53]

Innerhalb der deutschen kulturwissenschaftlichen Diskussion finden beide Begriffe weiterhin Verwendung.[54] International dagegen hat sich der Begriff des Performativen durchgesetzt, auch wenn der Begriff der Theatralität in anderen Kontexten noch weiter verwendet wird. Dies mag zum einen daran liegen, dass im Englischen der Theaterbegriff sehr eng gefasst ist und letztlich nur das textgestützte Schauspieltheater unter sich begreift. Das hat dazu geführt, dass »theatricality« und »performativity« ebenso wie »theatre« und »performance« geradezu als Gegensätze begriffen werden. So schreibt Josette Féral dem Theater Repräsentation, Narrativität, Schließung, die Konstruktion von Subjekten in physikalischen und psychologischen Räumen, die Sphäre kodifizierter Strukturen und Zeichenhaftigkeit zu. Ihm stellt sie als Gegensatz die Performance gegenüber, welche die Kompetenzen, Kodes und

Strukturen des Theatralen auflöse und dekonstruire. In Performances gebe es »nothing to grasp, project, introject, except for flows, networks, and systems. Everything appears and disappears like a galaxy of ›transitional objects‹ representing only the failures of representation.« Performance »attempts not to tell (like theatre), but rather to provoke synaesthetic relationships between subjects«.[55] Es muss daher bei der Darstellung des Aufführungsbegriffs der Versuch gemacht werden, die auf Theatralität verweisenden Komponenten möglichst klar von den auf Performativität verweisenden zu unterscheiden.

Die eher negative Rezeption des Begriffs der Theatralität in den nordamerikanischen Kunst- und Kulturwissenschaften mag auch auf die schroffe Ablehnung des Theatralen in der Malerei durch den einflussreichen Kunsthistoriker Michael Fried zurückgehen, die dieser bereits in seinem Aufsatz *Art and Objecthood* aus dem Jahr 1968[56] mit Bezug auf die Minimalist Art geäußert und später in seinem Buch *Absorption and Theatricality: Painting and Beholder in the Age of Diderot* (1980) weiter ausgeführt hat.

Veränderungen in den Kulturwissenschaften

Seit den 1970er Jahren vollzogen sich deutlich bemerkbar signifikante Veränderungen in den Kulturwissenschaften. Während bisher Artefakte wie Texte und Monumente den bevorzugten, wenn nicht gar einzig legitimen Gegenstand ihrer Forschung gebildet hatten, wandten sie sich nun zunehmend unterschiedlichen Genres von *cultural performances*/kulturellen Aufführungen zu. Der Begriff *cultural performance* wurde von dem amerikanischen Kulturanthropologen Milton Singer Ende der 1950er Jahre geprägt. Er verwendete ihn zur Beschreibung von »particular instances of cultural organization, e. g. weddings, temple festivals, recitations, plays, dances, musical concerts etc.«[57]. Nach Singer formuliert eine Kultur in *cultural performances* ihr Selbstverständnis und Selbstbild, das sie vor ihren Mitgliedern ebenso wie vor Fremden dar- und ausstellt. Damit wird zwar die Einsicht formuliert, dass Kultur sich nicht nur in Texten und anderen Artefakten manifestiert, sondern auch in Aufführungen. Wer eine Kultur verstehen will, muss also ihre Aufführungen untersuchen. Dabei wurden Aufführungen jedoch nach dem Textmodell aufgefasst: Sie sind als ein Zusammenhang von Zeichen zu begreifen, die spezifische Bedeutungen vermitteln sollen. In diesem Sinne galt die Metapher von »Kultur als Text« in den Kulturwissenschaften auch weiterhin, allerdings mit einer – im Vergleich zum 19. Jahrhundert – entscheidenden Veränderung: Aufführungen galten nun ebenso wie Texte als Gegenstände, die der Untersuchung wert erscheinen. Kultur wurde insgesamt als ein Zusammenhang von Zeichen – sprachlichen und nicht sprachlichen – bestimmt und in diesem Sinne als Text.

Diese Vorstellung von Kultur wurde bereits seit den 1960er Jahren in der sowjetischen Kultursemiotik, vor allem von Jurij Lotman und Vjatscheslav Ivanov, und in den 1970er Jahren in der amerikanischen Kulturanthropologie, vor allem von Clifford Geertz, entwickelt. In beiden Kontexten wurde Kultur analog zur Sprache im Sinne eines Zeichensystems begriffen. Einzelne kulturelle Phänomene und Subsysteme ebenso wie ganze Kulturen wurden als ein strukturierter Zusammenhang von Zeichen definiert und in diesem Sinne als »Text« verstanden. Die verschiedensten Versuche zur Beschreibung, Analyse und Deutung von Kultur wurden entsprechend als »Textanalysen« bzw. als »Lektüren« durchgeführt. Die Aufgabe der Kulturwissenschaften besteht nach diesem Verständnis darin, »Texte«, die zum Teil in fremden, fast unverständlichen Sprachen verfasst sind, im Hinblick auf ihre Strukturen zu analysieren, zu entziffern, zu deuten und – vor allem seit den 1980er Jahren – bekannte »Texte« auf mögliche »Subtexte« hin zu lesen und sie im Lektüreprozess zu dekonstruieren.

Während sowohl die sowjetischen Kultursemiotiker als auch die mit Geertz übereinstimmenden Kulturanthropologen durchaus davon ausgingen, dass einzelne Subjekte Zeichen je nach Kontext mit unterschiedlichen Bedeutungsnuancen oder gar Bedeutungen verwenden, setzen sie eine Kultur als Ganzes betreffend einen einheitlichen Sinn voraus. In seinen *Vorschlägen zum Programm der IV. Sommerschule über sekundäre modellbildende Systeme* geht Lotman vom »Problem der Einheit der Kultur« aus, dem sie gewidmet sein soll.[58] In ihren *Thesen zur semiotischen Erforschung der Kultur (in Anwendung auf slawische Texte)* betonen Lotman et al., dass der Begriff »Text« in »spezifisch semiotischer Bedeutung gebraucht« und daher »nicht nur auf Mitteilungen in der natürlichen Sprache, sondern auch auf jeden beliebigen Träger einer einheitlichen (»Text«-) Bedeutung – einen Ritus, ein Werk der bildenden Kunst oder ein Musikstück – angewendet« wird.[59] Es wird betont, dass der »Text« als »Träger einer einheitlichen Bedeutung und einer einheitlichen Funktion«[60] zu lesen sei.

In dieser Hinsicht stimmt der Kulturbegriff der sowjetischen Semiotiker durchaus mit dem von Clifford Geertz postulierten überein. So schreibt Geertz in *Dichte Beschreibung* (1973):

> Der Kulturbegriff, den ich vertrete, [...] ist wesentlich ein semiotischer. Ich meine mit Max Weber, dass der Mensch ein Wesen ist, das in selbstgesponnene Bedeutungsgewebe verstrickt ist, wobei ich Kultur als dieses Gewebe ansehe. Ihre Untersuchung ist daher keine experimentelle Wissenschaft, die nach Gesetzen sucht, sondern eine interpretierende, die nach Bedeutungen sucht. Mir geht es um Erläuterungen, um das Deuten gesellschaftlicher Ausdrucksformen, die zunächst rätselhaft erscheinen.[61]

Wie Geertz verschiedentlich betont, geht es ihm bei seiner Deutung um eine »fixation of meaning«[62]. Kulturelle Bedeutungen werden entsprechend als feste, sedimentierte Bedeutungen vorausgesetzt, die dem Zugriff des Einzelnen entzogen sind. Damit erhebt sich die Frage, wie kulturelle Veränderungen entstehen können. Wie gerät das »Gewebe von Bedeutungen« in Bewegung?

Im Zusammenhang mit solchen Fragen nach der kulturellen Dynamik erfuhr die Metapher von »Kultur als Aufführung« eine neue Relevanz. Denn unter »Aufführung« wurde nun nicht – wie in gewisser Weise noch von Singer – die Repräsentation eines Vorgegebenen verstanden, sondern ein dynamischer Prozess, der die Wirklichkeit, auf die er verweist, allererst hervorbringt. Damit wurde in die Kulturwissenschaften eine performative Sichtweise auf Kultur eingeführt.

Was unter einer solchen performativen Sichtweise auf Kultur bzw. unter dem Begriff »Performativität« zu verstehen ist und wie dieser Begriff produktiv in den Kunst- und Kulturwissenschaften verwendet werden kann, diesen Fragen soll im vorliegenden Buch nachgegangen werden. Um dies leisten zu können, wird im ersten Teil kurz auf die Geschichte der Theorien des Performativen ebenso wie der Aufführung eingegangen. Anschließend werden am Aufführungsbegriff einige für die Kunst- und Kulturwissenschaften folgenreiche Eigenschaften des Performativen herausgearbeitet. Diese Eigenschaften werden im zweiten Teil genauer erläutert, um auf dieser Basis darstellen zu können, was es heißt, sich kulturellen Phänomenen und Prozessen aus der Sichtweise des Performativen zu nähern. Unter dieser Sichtweise werden im dritten Teil kulturelle Phänomene untersucht, die weder als Sprechakte (s. u.) noch als Aufführungen und in diesem Sinne *per se* nicht als performativ zu begreifen sind, wie Texte, Bilder und Dinge, und gleichwohl unter spezifischen, genauer zu bestimmenden Bedingungen eben die Eigenschaften zu zeigen und auszuspielen vermögen, die im zweiten Teil als konstitutiv für das Performative behandelt werden.

Der Begriff des Performativen wurde innerhalb der deutschen Diskussion vor allem durch die Arbeiten des Sonderforschungsbereichs »Kulturen des Performativen« verbreitet, den die Deutsche Forschungsgemeinschaft an der Freien Universität Berlin einrichtete und der von 1999 bis 2010 aktiv war.[63] Bei meinen Ausführungen zum Performativen werde ich mich überwiegend an den Resultaten orientieren, die der Sonderforschungsbereich in seiner zwölfjährigen Tätigkeit erbracht hat.

Teil I

Zur Geschichte der Theorien des Performativen und der Aufführung

1 Theorien des Performativen

In den beiden ersten, den Begriffen des Performativen und der Aufführung gewidmeten Kapiteln wird nicht eine einheitliche Theoriebildung angestrebt. Keine der zu besprechenden Theorien des Performativen kann als prototypisch in dem Sinne gelten, dass alle im weiteren Verlauf des Buches als performativ bezeichneten Phänomene und Prozesse sich problemlos unter sie subsumieren ließen. Eher kann von unterschiedlichen Theoriekernen gesprochen werden, die sich jeweils weiter ausdifferenzieren. Zu ihnen lassen sich vor allem John L. Austins Sprachphilosophie und Judith Butlers Kulturphilosophie zählen ebenso wie die auf van Gennep bzw. Victor Turner sich berufenden Ritualtheorien und theaterwissenschaftliche Performance- bzw. Aufführungstheorien. Wir haben es entsprechend mit einem ausdifferenzierten Theoriefeld zu tun.[1]

Der Begriff »performativ« wurde von John L. Austin geprägt. Er führte ihn in den Vorlesungen, die er 1955 an der Harvard Universität hielt, in die Sprachphilosophie ein. Während Austin in früheren Arbeiten versuchsweise den Terminus »performatorisch (performatory)« verwendet hatte, entschied er sich nun für den Ausdruck »performativ«, weil er »kürzer, nicht so hässlich, leichter zu handhaben und traditioneller gebildet ist«[2]. In seinem ein Jahr später entstandenen Aufsatz *Performative Äußerungen* schreibt er über seine Neuschöpfung: »Es ist durchaus verzeihlich, nicht zu wissen, was das Wort *performativ* bedeutet. Es ist ein neues Wort und ein garstiges Wort, und vielleicht hat es auch keine sonderlich großartige Bedeutung. Eines spricht jedenfalls für dieses Wort, nämlich dass es nicht tief klingt.« Er leitete den Ausdruck vom Verb »to perform«, »vollziehen« ab: »man ›vollzieht‹ Handlungen«.[3]

Austin bedurfte seines Neologismus, weil er eine für die Sprachphilosophie revolutionäre Entdeckung gemacht hatte – die Entdeckung, dass sprachliche Äußerungen nicht nur dem Zweck dienen, einen Sachverhalt zu beschreiben oder eine Tatsache zu behaupten, sondern dass mit ihnen auch Handlungen vollzogen werden, dass es also außer konstativen auch performative Äußerungen gibt. Die Eigenart dieser zweiten Art von Äußerungen erläutert er unter Bezug auf die sogenannten ursprünglichen Performativa. Wenn jemand beim Wurf der Flasche gegen einen Schiffsrumpf den Satz äußert: »Ich taufe dieses Schiff auf den Namen ›Queen Elizabeth‹« oder der Standesbeamte nach der Bekundung beider Partner, dass sie miteinander die Ehe eingehen wollen, den Satz spricht: »Hiermit erkläre ich Sie zu Mann und Frau«, so ist mit diesen Sätzen nicht ein bereits bestehender Sachverhalt beschrieben – weswegen sie auch nicht als »wahr/richtig« oder als »falsch« klassifiziert werden können. Vielmehr wird mit diesen Äußerungen ein neuer Sachverhalt geschaffen: Das Schiff trägt von nun an den Namen »Queen Elizabeth«, und Frau X und Herr Y sind von nun an ein Ehepaar. Das Aussprechen dieser Sätze hat die Welt verändert. Denn die Sätze sagen nicht nur etwas, sondern sie vollziehen genau die Handlung, von der sie sprechen. Sie sind selbstreferenziell, das heißt beziehen sich auf sich selbst, insofern sie das bedeuten, was sie tun, und sie sind wirklichkeitskonstituierend, indem sie die soziale Wirklichkeit herstellen, von der sie sprechen. Es sind diese beiden Merkmale, die performative Äußerungen charakterisieren. Was Sprecher von Sprachen intuitiv immer schon gewusst und praktiziert haben, wurde hier von der Sprachphilosophie zum ersten Mal formuliert: dass Sprechen eine weltverändernde Kraft entbinden und Transformationen bewirken kann.

Zwar handelt es sich in den zitierten Fällen um formelhaftes Sprechen. Aber allein die Anwendung der richtigen Formel garantiert noch nicht das Gelingen der Äußerung als einer performativen. Denn anders als bei Zauberformeln, bei denen das bloße Aussprechen – zum Beispiel: »Sesam, öffne dich!« – genügt, damit das von der Formel Gemeinte auch tatsächlich geschieht, müssen für das Gelingen performativer Äußerungen eine Reihe nicht sprachlicher Bedingungen erfüllt sein. Andernfalls missglücken sie: Sie bleiben leeres Gerede ohne die Kraft, verändernd auf die Welt einzuwirken.

Wenn zum Beispiel der Satz »Ich erkläre Sie zu Mann und Frau« weder von einem Standesbeamten noch von einem Priester noch von einer anderen hierzu ausdrücklich autorisierten Person ausgesprochen oder in einer Gemeinschaft geäußert wird, die ein anderes Verfahren für die Eheschließung vorsieht, so ist er außerstande, eine Ehe zu stiften. Als performative Äußerung missglückt er. Bei den Gelingensbedingungen, die erfüllt sein müssen, handelt es sich entsprechend nicht nur um sprachliche, sondern vor allem um institutionelle, um soziale Bedingungen. Austin listet sie wie folgt auf:

> (A.1) Es muss ein übliches konventionales Verfahren mit einem bestimmten konventionalen Ergebnis geben; zu dem Verfahren gehört, dass bestimmte Personen unter bestimmten Umständen bestimmte Worte äußern.
> (A.2) Die betroffenen Personen und Umstände müssen im gegebenen Fall für die Berufung auf das besondere Verfahren passen, auf welches man sich beruft.
> (B.1) Alle Beteiligten müssen das Verfahren korrekt
> (B.2) und vollständig durchführen.[4]

Diese Gelingensbedingungen werden von der Gemeinschaft vorausgesetzt, innerhalb derer die performative Äußerung vollzogen wird. Sie richtet sich daher auch immer zugleich an diese Gemeinschaft, die durch die jeweils Anwesenden vertreten ist. In diesem Sinne lässt sie sich durchaus als Aufführung eines sozialen Aktes begreifen und beschreiben: Mit ihr wird die Eheschließung – oder auch die Taufe oder ein anderer sozialer Akt – nicht nur ausgeführt, sondern zugleich auch öffentlich aufgeführt.

Zwar begreift Austin den Vollzug performativer Äußerungen als eine soziale Aufführung. Jedoch spricht er Äußerungen, die in einer Theateraufführung vollzogen werden, die transformative Kraft performativer Aussagen ab:

> In einer *ganz besonderen* Weise sind performative Äußerungen unernst oder nichtig, wenn ein Schauspieler sie auf der Bühne tut oder wenn sie in einem Gedicht vorkommen oder wenn sie jemand zu sich selber sagt. Jede Äußerung kann diesen Szenenwechsel in gleicher Weise erleben. Unter solchen Umständen [...] wird der gewöhnliche Gebrauch parasitär ausgenutzt. Das gehört zur Lehre der Auszehrung der Sprache.[5]

Austin fasst also den Szenenwechsel vom »ernsten« pragmatischen Kontext zum »unernsten« Inszenierungskontext als Übergang von gelingenden zu nichtigen Sprechakten auf.

Gegen diese Auffassung hat sich massiv die dekonstruktivistische Kritik der Sprechakttheorie gewandt. In seinem Aufsatz *Signatur Ereignis Kontext* (1971) stellt Jacques Derrida mit den Kategorien des Gelingens und Scheiterns von Äußerungen zugleich auch den Begriff des parasitären Gebrauchs von Sprache in Frage. Zwar stimmt er mit Austins Auffassung, dass performativen Äußerungen eine weltverändernde Kraft innewohnt, durchaus überein, wenn er feststellt: »Mitteilung heißt im Falle des Performativs, wenn so etwas in aller Strenge und Reinheit existiert [...], eine Kraft durch einen Impuls eines Zeichens zu kommunizieren.«[6] Dies könne jedoch nur deswegen geschehen, weil Zeichen *per definitionem* konventionell und daher beliebig wiederholbar seien. Entsprechend kehrt Derrida Austins Argument um. Dem Begriff des Parasitären setzt er den der Iteration (=Wiederholung) als unbegrenzte Rezitierbarkeit und nicht bestimmte Rekontextualisierung entgegen. Wegen seiner Wiederholbarkeit kann man

> ein schriftliches Syntagma immer aus der Verkettung, in der es gefasst oder gegeben ist, herausnehmen, ohne dass es dabei alle Möglichkeiten des Funktionierens und genaugenommen alle Möglichkeiten der ›Kommunikation‹ verliert. Man kann ihm eventuell andere zuerkennen, indem man es in andere Ketten einschreibt oder es ihnen aufpfropft. Kein Kontext kann es abschließen. Noch irgendein Code.[7]

Jedes Zeichen kann »zitiert – in Anführungszeichen gesetzt – werden« und aufgrund seiner Zitierbarkeit »mit jedem gegebenen Kontext brechen und auf absolut nicht sättigbare Weise unendlich viele neue Kontexte zeugen.«[8]

Während Austin das Zitat aus seinen Untersuchungen ausschließen will, weil er ihm die für das Gelingen performativer Äußerungen notwendige wirklichkeitskonstituierende Kraft abspricht, geht es Derrida darum, zu zeigen, dass performative Äußerungen nur zu funktionieren vermögen, wenn eben die Möglichkeit des Zitats vorausgesetzt wird. Da aus seiner Sicht jede Verwendung von Zeichen durch eine allgemeine Zitathaftigkeit, also eine allgemeine Wiederholbarkeit bestimmt ist, ergibt es keinen Sinn, die Möglichkeiten des Zitierens und Inszenierens aus den Überlegungen zu performativen Äußerungen auszuschließen.

Dies gilt umso mehr, als die formelhaften Äußerungen des Taufens, Eheschließens, Verfluchens, Segnens etc. quasi als Zitate gesprochen werden, welche zugleich den vergangenen Kontext aufrufen, dem sie entstammen. Der Vollzug performativer Äußerungen erinnert in diesem Sinne jedes Mal an frühere Vollzüge, eventuell gar an das erste Mal, an dem die Formel verwendet wurde, an die »Ursprungssituation«. Die in der Gegenwart vollzogene und durch ihren Vollzug wirksame performative Äußerung wird so zugleich zu einem mnemonischen Akt des nunmehr vergangenen mimetischen Handelns, welches diesem Akt selbst anhaftet.

Im weiteren Verlauf seiner Vorlesungen lässt Austin erstaunlicherweise den einleitend aufgebauten Gegensatz von konstativen und performativen Äußerungen fallen. Stattdessen schlägt er eine Dreiteilung in lokutionäre, illokutionäre und perlokutionäre Akte vor. Während der lokutionäre Akt den Weltbezug der Äußerung meint, bezieht sich der illokutionäre auf die Wirklichkeit, die durch ihren Vollzug geschaffen wird, und der perlokutionäre auf ihre später eintretenden Wirkungen. Dies soll ermöglichen, den Nachweis zu führen, dass Sprechen immer Handeln ist – weswegen auch Feststellungen (konstative Äußerungen) glücken oder missglücken und performative wahr oder falsch sein können.[9] So lässt Austin die zuvor von ihm getroffene Unterscheidung zwischen performativen und konstativen Äußerungen missglücken. Wie Sibylle Krämer gezeigt hat, kann die Inszenierung dieses Scheiterns durch Austin als ein Exempel begriffen werden, mit dem »die Anfälligkeit aller Kriterien und das Ausgesetztsein aller definitiven Begriffe für die Unentscheidbarkeiten, die Unwägbarkeiten und Vieldeutigkeiten, die mit dem wirklichen Leben verbunden sind«[10], demonstriert werden. Damit lenke Austin den Blick darauf, dass es gerade das Performative sei, welches eine Dynamik in Gang setzt, »die dazu führt, das dichotomische begriffliche Schema als ganzes zu destabilisieren«[11].

Auch wenn Austin – aus guten Gründen – das dichotomische Begriffspaar konstativ/performativ scheitern lässt, wird dadurch keineswegs die Definition fragwürdig, die er unter Bezug auf die ursprünglichen Performativa vom Begriff des Performativen gegeben hat: nämlich dass mit ihnen Sprechhandlungen bezeichnet werden, die selbstreferenziell und wirklichkeitskonstituierend sind und als solche aufgrund vor allem institutioneller und sozialer Bedingungen glücken oder missglücken können (wobei ihr Scheitern für Austin offensichtlich den attraktiveren Fall darstellte, da er ihm eine ausführliche und detaillierte Lehre von den Unglücksfällen widmet). Als transformative Kraft ließe sich, wie von Krämer gezeigt, auch seine Fähigkeit anführen, dichotomische Begriffsbildungen zu destabilisieren, wenn nicht zum Einsturz zu bringen.[12]

Während der Begriff des Performativen bei Austin ebenso wie später bei John R. Searle[13] und Jürgen Habermas[14] ausschließlich Sprechhandlungen – Sprechakte – bezeichnet, wird er von der Kulturphilosophin Judith Butler Ende der 1980er Jahre auch auf körperliche Handlungen angewendet. Ohne sich auf Austin,[15] Searle, Habermas oder Derrida zu berufen, verwendet sie ihn in ihrem 1988 entstandenen Aufsatz *Performative Acts and Gender Constitution – An Essay in Phenomenology and Feminist Theory*[16], um zu erklären, auf welche Weise »social agents *constitute* social reality through language, gesture and all manner of symbolic social sign«[17]. Im Zentrum ihres Interesses steht entsprechend ebenfalls die transformative Kraft des Performativen, die imstande ist, soziale Wirklichkeit zu konstituieren. Ihren Ausgangs- und Bezugspunkt bildet jedoch nicht die Sprachphilosophie, sondern die Phänomenologie, insbesondere »the phenomenological theory of ›acts‹, espoused by Edmund Husserl, Maurice Merleau-Ponty and George Herbert Mead, among others«[18]. Die soziale Wirklichkeit, die Butler vor allem interessiert, stellt die Identität dar, die Personen zugesprochen wird, insbesondere die Geschlechteridentität. In ihrem Aufsatz will sie den Nachweis führen, dass Geschlechteridentität *(gender)* – wie Identität überhaupt –, nicht vorgängig, das heißt ontologisch oder biologisch gegeben ist, sondern das Ergebnis spezifischer kultureller Konstitutionsleistungen darstellt: »In this sense, gender is in no way a stable identity or locus of agency from which various acts proceed; rather, it is [...] an identity instituted through a stylized repetition of acts.« Diese Akte nennt Butler »performativ«, »where ›performative‹ itself carries the double meaning of ›dramatic‹ and ›non-referential‹«.[19]

Die performativen Akte (als körperliche Handlungen) sind insofern als »non-referential« zu begreifen, als sie sich nicht auf etwas Vorgegebenes, Inneres, eine Substanz oder gar ein Wesen beziehen, das sie ausdrücken sollen: Jene feste, stabile Identität, die sie ausdrücken könnten, gibt es nicht. Expressivität stellt in diesem Sinne den diametralen Gegensatz zu Performativität dar. Die körperlichen Handlungen, die als performativ bezeichnet werden, bringen keine vorgängig gegebene Identität zum Ausdruck, sondern sie bringen Identität als ihre Bedeutung allererst hervor. Jenseits dieser Akte gibt es keine Identität. Wie Derrida geht Butler von der Wiederholbarkeit performativer Akte aus. Und da sich bei der »stilisierten Wiederholung« dieser Akte auch stets Abweichungen und Modifikationen einstellen können, ist die durch sie hervorgebrachte Identität fluide und in ständiger Verwandlung begriffen. Es sind also gerade die Wiederholungen, die aufgrund der unvermeidlichen Abweichungen und häufig intendierten Modifikationen eine spezifische Dynamik in Gang setzen, die zu durchaus signifikanten Veränderungen zu führen vermag. Die Pointe liegt hier darin, dass es eben die Wiederholungen sind, die in Transformationen resultieren.

Während nach Chomskys generativer Grammatik jegliche Ausführung/Performanz von Sprechakten auf eine zugrunde liegende Sprachkompetenz angewiesen ist,[20] lässt sich hier die Ausführung der körperlichen Akte nicht auf eine zugrunde liegende – der Kompetenz entsprechende – Identität zurückführen. Vielmehr sind sie es, die diese Identität allererst erzeugen. Diese Umkehrung ist fundamental und für jegliche Theorie des Performativen gültig: Was durch performative Akte hervorgebracht wird, entsteht erst, *indem* dieser Akt vollzogen wird.

Auch der Terminus »dramatic«, der zweifellos auf das Theater verweist, zielt bei Butler auf den Prozess der Erzeugung: »By dramatic I mean [...] that the body is not merely matter but a continual and incessant *materializing* of possibilities. One is not simply a body, but, in some very key sense, one does one's body [...].«[21] Das heißt, auch der Körper in seiner je besonderen Materialität ist das Ergebnis einer Wiederholung bestimmter Gesten und Bewegungen; es sind diese Handlungen, die den Körper als einen individuell, geschlechtlich, ethnisch, kulturell markierten überhaupt erst hervorbringen. Identität – als körperliche und soziale Wirklichkeit – wird also stets durch performative Akte konstituiert. »Performativ« meint in diesem Sinne durchaus wie bei Austin »wirklichkeitskonstituierend« und »selbstreferenziell«.

Wie allerdings bereits die Verwendung des Begriffs »dramatic« ahnen lässt, begründet die Verlegung des Fokus vom Sprechakt auf körperliche Handlungen einen wichtigen Unterschied zwischen den Theorien Austins und Butlers, der einerseits die Gelingensbedingungen performativer Äußerungen/Akte betrifft und andererseits ihre Wirksamkeit in einer Theateraufführung.

Während Austin das Kriterium »glücken/missglücken« stark macht und entsprechend die institutionellen Bedingungen für ihr Gelingen untersucht, fragt Butler nach den phänomenalen Verkörperungsbedingungen. Unter Berufung auf Merleau-Ponty, der den Körper nicht nur als eine historische Idee begreift, sondern auch als ein Repertoire von Möglichkeiten, die kontinuierlich zu verwirklichen sind, das heißt als »an active process of embodying certain cultural and historical possibilities«[22], erläutert Butler den Prozess der performativen Erzeugung von Identität als einen Prozess der Verkörperung *(embodiment)*. Sie bestimmt ihn entsprechend als »a manner of doing, dramatizing and reproducing a historical situation«[23]. Durch die stilisierte Wiederholung performativer Akte werden bestimmte historisch-kulturelle Möglichkeiten verkörpert und auf diese Weise sowohl der Körper als ein historisch-kulturell markierter als auch Identität allererst erzeugt.

Die Bedingungen, unter denen der Prozess der Verkörperung jeweils vollzogen wird, sind nun weder ausschließlich in die Macht und Verfügungsgewalt des Individuums gestellt – es kann nicht völlig frei wählen, welche Möglichkeiten es verkörpern, welche Identität es annehmen will – noch sind sie komplett von der Gesellschaft determiniert. Die Gesellschaft kann zwar versuchen, bestimmte Verkörperungsprinzipien und -standards durchzusetzen, indem sie Abweichungen mit Sanktionen bestraft, sie vermag sie jedoch nicht generell zu verhindern. Das heißt, auch in Butlers Konzept des Performativen ist offensichtlich die von Austin zur Erscheinung gebrachte Fähigkeit des Performativen virulent, Dichotomien zum Einsturz zu bringen. In/mit den performativen Akten, mit denen *gender* – und generell Identität – konstituiert wird, übt einerseits die Gemeinschaft auf die/den Einzelnen körperliche Gewalt aus. Zugleich aber eröffnen sie durchaus die Möglichkeit, dass sich in/mit ihnen die/der Einzelne selbst hervorbringt – und zwar durchaus auch abweichend von den in der Gemeinschaft dominierenden Vorstellungen, wenn auch um den Preis gesellschaftlicher Sanktionen.

Anders als Austin vergleicht Butler die Verkörperungsbedingungen mit denen einer Theateraufführung. Denn wie bei einer Theateraufführung stellen die Akte, mit denen Geschlechtszugehörigkeit hervorgebracht wird, »clearly not one's act alone« dar. Vielmehr handelt es sich bei ihnen um »shared experience« und »collective action«; die Handlung nämlich, die man ausführt, ist eine Handlung, die in gewissem Sinne immer schon begonnen hat, bevor der individuelle Akteur auf dem Schauplatz erschienen ist. Entsprechend ist die Wiederholung der Handlung ein »reenactment« und ein »re-experiencing« eines Repertoires von Bedeutungen, die bereits gesellschaftlich eingeführt sind. Dabei werden weder einem passiven Körper kulturelle Kodes eingeschrieben noch gehen die verkörperten Selbste den kulturellen Konventionen voraus, die dem Körper Bedeutung verleihen. Butler vergleicht die Konstitution von Identität durch Verkörperung mit der Inszenierung eines vorgegebenen Textes. So wie ein und derselbe Text auf verschiedene Weise inszeniert werden kann und die Schauspieler im Rahmen der textuellen Vorgaben frei sind, ihre Rolle jeweils neu und anders zu entwerfen und zu realisieren, agiert der geschlechtsspezifische Körper innerhalb eines körperlichen Raumes, der durch bestimmte Vorgaben eingeschränkt ist, und setzt Interpretationen innerhalb der Grenzen vorgegebener Regieanweisungen in Szene. Die Aufführung geschlechtlicher – oder anderer – Identität als Prozess einer Verkörperung wird in diesem Sinne analog einer theatralen Aufführung vollzogen.[24] Wie aus Butlers Vergleich mit einer Theateraufführung hervorgeht, gelten die je spezifischen Verkörperungsbedingungen nicht nur für körperliche Bewegungen durch den Raum, Gesten und Gesichtsausdruck, sondern auch für Sprechakte. Denn sie bedürfen der leiblich-stimmlichen Artikulation eines Anwesenden vor anderen, die quasi als Zeugen für ihren Vollzug – die Taufe, die Eheschließung, das Versprechen etc. – ihr Gelingen bestätigen. Auch Sprechakte sind insofern nur als verkörperte denkbar.

Gemäß den bisherigen Überlegungen lässt sich der Begriff des Performativen vorläufig wie folgt bestimmen:

Der Begriff bezeichnet bestimmte symbolische Handlungen, die nicht etwas Vorgegebenes ausdrücken oder repräsentieren, sondern diejenige Wirklichkeit, auf die sie verweisen, erst hervorbringen. Sie entsteht, indem die Handlung vollzogen wird. Ein performativer Akt ist ausschließlich als ein verkörperter zu denken.

In diesem Kontext erscheint es hilfreich, auf die Differenzierung hinzuweisen, die Sibylle Krämer vorgenommen hat. Sie unterscheidet drei Auffassungen über das Performative – das schwache, das starke und das radikale Konzept. Das schwache Konzept beinhaltet ganz allgemein die Handlungs- und Gebrauchsfunktion von Sprache, Gesten etc. Indem jemand spricht, gestikuliert, sich im Raum bewegt, Objekte manipuliert, tut er etwas. »Performativ« bezeichnet hier den Aspekt des Handelns und Tuns. Das starke Konzept bezieht sich auf eine Äußerung, die das, was sie bezeichnet, zugleich auch vollzieht. Die geläufige Unterscheidung zwischen Wort und Sache wird hier außer Kraft gesetzt. Weltzustände werden von der Sprache nicht nur repräsentiert, sondern zuallererst konstituiert und verändert. Der Begriff des Performativen bezeichnet hier eine Konstitutionsleistung, die keineswegs nur für die Sprache gilt, sondern für jedes symbolische Handeln. Das radikale Konzept verweist auf die Fähigkeit des Performativen, eine operativ-strategische Funktion zu erfüllen, welche die Grenzen von dichotomischen Klassifikationen, Typologien und Theorien aufzeigt und unterläuft. Insofern in den Existenz- und Gelingensbedingungen solcher begrifflichen Systeme etwas angelegt ist, was mit dem System in Widerstreit liegt, ist es die Performativität, welche die Grenzen des Systems überschreitet und das System selbst damit auflöst.[25]

Diese Konzepte sind auch für die nachfolgend zu diskutierenden Aufführungstheorien zentral.

2 Theorien der Aufführung/Performance

Wie einleitend ausgeführt, ging die »Entdeckung« des Aufführungscharakters von Kultur, die »performative Wende« in der europäischen Kultur um 1900, mit der Etablierung von Ritualforschung und Theaterwissenschaft einher, die beide Theorien der Aufführung entwickelten. Während die Ritualforschung den Schwerpunkt auf die Hervorbringung von Gemeinschaften durch den gemeinsamen Vollzug körperlicher Handlungen (Robertson-Smith, Frazer)[26] legte, sah der Theaterwissenschaftler Max Herrmann die Eigenart der Aufführung darin bestimmt, dass sie als »ein soziales Spiel [...], in dem alle Teilnehmer sind«[27], und durch dieses Spiel hervorgebracht würde. Wir haben es in beiden Fällen mit einer spezifischen sozialen Wirklichkeit zu tun, die sich im Falle des Rituals als religiöse und zugleich soziale und politische Gemeinschaft fassen lässt und im Falle der Theateraufführung als ein gemeinsam von allen Anwesenden gespieltes Spiel. Ganz ähnlich wie Sprechakte – die häufig als Bestandteil eines Rituals vollzogen werden – das tun, was sie bedeuten, sind nach den von der Ritualforschung und der Theaterwissenschaft um 1900 gegebenen Bestimmungen von Aufführungen – Aufführungen eines Rituals oder Theateraufführungen – diese ebenfalls als selbstreferenziell und wirklichkeitskonstituierend zu begreifen: Sie tun das, worauf sie verweisen, und konstituieren auf diese Weise eine spezifische soziale und im Falle von Theateraufführungen zugleich ästhetische Wirklichkeit. Aufführungen sind daher stets als performativ zu begreifen. Die »Entdeckung« des Aufführungscharakters von Kultur um 1900 zielt insofern nicht nur auf ihre theatrale, sondern zugleich auf ihre performative Dimension.

Im Zuge der »kulturrevolutionären« Entwicklungen im Sinne Marcuses der ausgehenden 1960er Jahre waren es wiederum Ritualforscher, wenn auch in diesem Fall Kulturanthropologen, und Theaterwissenschaftler, die sich erneut um eine Theoriebildung hinsichtlich des Aufführungsphänomens bemühten. Im Sinne Milton Singers waren es jetzt allerdings nicht mehr nur Rituale und Theateraufführungen, die berücksichtigt wurden, sondern sämtliche Genres von *cultural performances*/kulturellen Aufführungen. Im Rahmen dieser Theoriedebatte kam es nicht nur wiederholt zur Zusammenarbeit zwischen Kulturanthropologen und Theaterwissenschaftlern – wie zum Beispiel besonders prominent zwischen Victor Turner und Richard Schechner. Sie weitete sich – wie ebenfalls bereits um 1900 – zugleich zu einer Diskussion um das Verhältnis von Ritual und Theater aus: Ritualität und Theatralität wurden aufeinander bezogen und dieser Bezug durch die ihnen gemeinsame Performativität begründet.

Der Kulturanthropologe Victor Turner konzentrierte sich in seinen Forschungen zu unterschiedlichen Genres von *cultural performances* auf ihre Fähigkeit, eine neue soziale Wirklichkeit zu schaffen, auf ihre transformative Kraft. In seinem Buch *The Ritual Process – Structure and Anti-Structure* (1969)[28] führte Turner unter ausdrücklichem Bezug auf Arnold van Genneps *Les rites de passage*, die 1960 in einer englischen Übersetzung erschienen waren, den Begriff des Liminalen bzw. der Liminalität ein. Wie van Gennep gezeigt hatte, gliedern sich Übergangsrituale in die drei Phasen der Trennung, der Schwelle oder Umwandlung und der Angliederung.[29] Diese Struktur lässt sich seiner Meinung nach in den verschiedensten Kulturen beobachten. Sie wird erst in ihren Inhalten kulturspezifisch ausdifferenziert.

Bei der Entwicklung seiner Ritualtheorie griff Turner auf diese Dreigliederung zurück. Er bezeichnete den Zustand, der in der Schwellenphase hergestellt wird, als Zustand der Liminalität (von lat. *limen* – die Schwelle) und bestimmte ihn genauer als Zustand einer labilen Zwischenexistenz »betwixt and between the positions assigned and arrayed by law, custom, convention and ceremonial«[30]. Später führt er aus, dass und wie die Schwellenphase kulturelle Spielräume für Experimente und Innovationen eröffnet, insofern »in liminality, new ways of acting, new combinations of symbols, are tried out, to be discarded or accepted«[31]. Die Veränderungen, zu denen die Schwellenphase führt, betreffen nach Turner in der Regel den gesellschaftlichen Status derer, die sich dem Ritual unterziehen, sowie die gesamte Gesellschaft. Auf die Individuen bezogen bedeutet dies, dass zum Beispiel Knaben zu Kriegern werden, eine unverheiratete Frau und ein unverheirateter Mann zu einem Ehepaar oder ein Kranker zu einem Gesunden. Die gesamte Gesellschaft betreffend bestimmt Turner Rituale als Mittel zur Erneuerung und

Etablierung von Gruppen als Gemeinschaften. Dabei sieht er vor allem zwei Mechanismen am Werk: erstens die in den Ritualen erzeugten Momente von *communitas*, die er als gesteigertes Gemeinschaftsgefühl beschreibt, das die Grenzen aufhebt, welche die einzelnen Individuen voneinander trennen; und zweitens eine spezifische Verwendung von Symbolen, die sie als verdichtete und mehrdeutige Bedeutungsträger erscheinen lässt und es allen Beteiligten ermöglicht, verschiedene Interpretationsrahmen zu setzen.

Das Ritual ist wie der Sprechakt insofern performativ, als es selbstreferenziell und wirklichkeitskonstituierend ist. Es bringt eben die Transformation hervor, auf die es verweist – den Übergang von einem Status zu einem anderen. Diese Fähigkeit kommt ihm nach Turner aufgrund des besonderen Zustandes zu, der in der Schwellenphase hergestellt wird und den er als liminalen Zustand bezeichnet. Es ist der Zustand des »Dazwischen«. In ihm sei für kurze Zeit die Vergangenheit negiert und aufgehoben, während die Zukunft noch nicht begonnen habe. Er stelle daher einen Augenblick reiner Potenzialität dar, der die Voraussetzung dafür bilde, dass die Aufführung des Rituals eine Transformation zu bewirken vermöchte.

Turner entwickelte seinen Begriff des Liminalen unter Bezug auf afrikanische Stammesgesellschaften. In der Auseinandersetzung mit von ihm sogenannten Freizeitgattungen in komplexen Industriegesellschaften – wie »Theater, Tanz, Gesang, Kunst, Schriftstellerei, Komposition«[32] oder »der Massen-, Pop-, Volks-, Hoch-, Gegen-, Untergrund- usw. kultur«[33] –, vor allem aber in der Zusammenarbeit mit Richard Schechner sah er sich mit Prozessen konfrontiert, denen, zumindest partiell, Qualitäten eignen, die für seine Bestimmung des Liminalen konstitutiv sind. Gleichwohl schienen ihm die Unterschiede zu groß zu sein, um auch hier den Begriff anzuwenden. Denn während die Teilnahme an Ritualen in Stammeskulturen verpflichtend sei, ist die Teilnahme an Veranstaltungen der Freizeitgattungen in komplexen Gesellschaften freiwillig; während dort das Kollektiv im Vordergrund stehe, ginge es hier um das Individuum; während dort Gefühle der Loyalität erweckt würden, seien die Freizeitveranstaltungen eher als Ware zu begreifen.[34]

Aufgrund dieser Unterschiede sah Turner sich genötigt, nun, anders als in *The Ritual Process*, den Begriff des Liminalen nur auf Rituale anzuwenden. Für Veranstaltungen der Freizeitgattungen, die durchaus Merkmale mit ihnen teilen mögen, wie zum Beispiel das Ludische und Experimentelle, das hier sogar sehr viel stärker ausgeprägt sei,[35] führte er in *Vom Ritual zum Theater* (1982) den Begriff des Liminoiden ein. Obwohl dieser nachfolgend durchaus vereinzelt von Kulturwissenschaftlern aufgegriffen und verwendet wurde, setzte er sich letztlich nicht durch. Stattdessen trat der Begriff des Liminalen seinen Siegeszug sowohl in den Kultur- als auch in den Kunstwissenschaften an. Dies wurde durch die spezifische Rezeption ermöglicht und begünstigt, die er zum einen in der Ethnologie, zum anderen in der Theaterwissenschaft erfuhr.

Turner verwendete bei der Ausarbeitung seiner Theorie des Rituals und insbesondere seiner transformativen Kraft, seiner Liminalität den Begriff des Performativen nicht, auch wenn er ihm eben die Fähigkeit zuschreibt, für die Austin hinsichtlich der Sprache das Wort performativ erfand – die Fähigkeit, eine neue soziale Wirklichkeit zu schaffen.

In späteren Ritualtheorien wird diese transformative Kraft des Rituals, die Turner herausgearbeitet hat, ausdrücklich als performativ bezeichnet. In seinem Aufsatz *Eine performative Theorie des Rituals* (1979)[36] führt Stanley J. Tambiah den Begriff des Performativen in Anlehnung an Austin ein, um das Wirkungspotenzial von Ritualen erläutern zu können. Auf derartige durch das Ritual ausgelöste Transformationen zielt auch Bruce Kapferer in seinem Aufsatz *Ritual Process and the Transformation of Context* (1979)[37], der im selben Jahr wie derjenige Tambiahs erschien. Seiner Meinung nach ist es das Ziel und Resultat einer rituellen Aufführung, eine Transformation zu bewirken, die zur Vermittlung zwischen dem konventionellen Ausdruck von Gefühlen und den tatsächlichen Gefühlen der Teilnehmer beitrage.

In Kritik daran, dass Turner und Kapferer Rituale als Momente konzipieren, in denen gesellschaftliche Konflikte transzendiert und überwunden, zumindest jedoch kanalisiert werden, und zugleich in Weiterführung dieses Ansatzes betonen Rao und Köpping in Die *›performative Wende‹ – Leben – Ritual – Theater* (2002) die Möglichkeit, dass Rituale als konfliktbeladene soziale Interaktion erscheinen. Entsprechend fokussieren sie ihre Ereignishaftigkeit, die sie als »transformativ(e) Akt(e)« bestimmen, denen »die Macht zugeschrieben« wird, »jeden Kontext von Handlung und Bedeutung und auch jeden Rahmen und alle sie konstituierenden Elemente und Personen in jeder möglichen Hinsicht zu transformieren und dadurch Personen und Symbolen einen neuen Zustandsstatus aufzuprägen«.[38] Entsprechend gehen sie davon aus, dass die liminale Phase nicht nur zu einer Veränderung des gesellschaftlichen Status der beteiligten Personen führen kann, sondern zu ihrer Transformation »in jeder möglichen Hinsicht«, die ihre Wirklichkeitswahrnehmung betrifft. Rituale werden entsprechend als transformative Aufführungen bestimmt. Es ist, wie bereits Tambiah ausgeführt hatte, ihre spezifische Performativität, welche Transformationen ermöglicht, allerdings nicht im Sinne eines geschlossenen (wie bei Tambiah), sondern eines offenen Modells.

Ebenso wie performative Äußerungen und Akte glücken oder missglücken können, gilt auch für die Aufführung von Ritualen, dass stets die Möglichkeit ihres Scheiterns besteht. In beiden Fällen sind es bestimmte institutionelle und soziale Bedingungen, die erfüllt sein müssen, wenn das Gelingen sichergestellt sein soll. Die enge Verwandtschaft zwischen Sprechakten und Aufführungen von Ritualen zeigt sich auch darin, dass es häufig spezifische performative Äußerungen sind, in denen/durch die die vom Ritual intendierte Transformation vollzogen wird wie in den genannten Beispielen der Taufe und der Eheschließung.

Wie bereits um die Wende vom 19. zum 20. Jahrhundert werden im Kontext dieser Theoriebildung mit Blick auf Aufführungen die besonderen Beziehungen zwischen Ritual und Theater erneut diskutiert. Es war wiederum Turner, der mit Einführung des Begriffs »social drama« diese Diskussion anstieß. Er wies darauf hin, dass die sozialen Dramen, die er in afrikanischen Gesellschaften untersucht hatte, mit ihren vier Phasen auffällige Parallelen zur Verlaufsform der Tragödien aufweisen, wie Aristoteles sie in seiner Poetik beschreibt. Diese vier Phasen bezeichnet Turner als »Bruch, Krise, Bewältigung und entweder Reintegration oder Anerkennung der Spaltung«[39]. Dabei bestimmt er die Phase der Bewältigung als liminale Phase.

Die hier bereits angesprochene Beziehung zwischen dem »social drama« und dem »aesthetic drama« wurde in der Zusammenarbeit mit dem Theaterwissenschaftler und Regisseur Richard Schechner im Rahmen der neu begründeten »Performance Studies« weiter theoretisiert.

Während in Deutschland Max Herrmann die Aufführung als Spiel aller mit allen definierte, um Theaterwissenschaft im Gegensatz zur Literaturwissenschaft als Wissenschaft von Aufführungen und nicht von Texten zu begründen, wurden von amerikanischen Theaterwissenschaftlern in den 1970er Jahren ohne Kenntnis von und Bezug auf Herrmanns Arbeiten »Performance Studies« in Abgrenzung von der Theaterwissenschaft entwickelt. Es war vor allem Richard Schechner, der sie als ein interdisziplinäres Forschungsfeld proklamierte, das in Abgrenzung von und in Opposition zu den an US-amerikanischen Universitäten bestehenden »Theatre Studies« Theaterwissenschaftler mit Tanztheoretikern, Musikwissenschaftlern, Volkskundlern und Ethnologen vereinigen sollte. Als seine Gegenstände benannte er Aufführungen/Performances, wie sie vor allem von Performance-Künstlern und als Rituale in verschiedenen Kulturen hervorgebracht werden. Die Gründe für diese Neuausrichtung lagen zum einen in dem teilweise bis heute in den angelsächsischen Ländern vorherrschenden engen Theaterbegriff, der lediglich das literarische Schauspieltheater bezeichnet und weder Musik- noch Tanztheater noch Formen von Volkstheater umfasst, und zum andern in der Entwicklung neuer theatraler Formen seit den 1960er Jahren, die diesem engen Konzept von Theater ebenfalls nicht zu subsumieren waren. Diese Neuausrichtung wurde von einer elaborierten Theoriebildung begleitet, an der wiederum Schechner maßgeblich beteiligt war. Aus den verschiedenen Phasen und Reformulierungen von Schechners Performance-Theorie seien hier lediglich zwei Konzepte angeführt, die für die weitere Theoriebildung der »Performance Studies« besonders einflussreich waren – (1) sein Flussdiagramm der Beziehungen zwischen »social drama« und »aesthetic drama« und (2) sein Begriff des »restored behavior«.

In der Zusammenarbeit mit Turner entwickelte Schechner ein besonderes Interesse für das von Turner eingeführte Modell eines »sozialen Dramas«, aus dem er in den 1970er Jahren eine Theorie und Poetik von Performance zu entwickeln suchte. Dabei ging es ihm vor allem um mögliche Beziehungen zwischen dem »sozialen Drama« und dem »ästhetischen Drama«. In seinem Essay *Selective Inattention* (1976) weist Schechner zunächst die von Turner ermittelten vier Phasen einerseits am Beispiel der von US-Präsident Gerald Ford 1975 veranlassten Entlassung der Kabinettsmitglieder und andererseits an Shakespeares Tragödie *Romeo und Julia* nach. Um beide sinnvoll miteinander vergleichen zu können, schlägt er anschließend ein Diagramm vor, das er selbst und auch Turner in späteren Schriften immer wieder verwenden. Es bildet das soziale und das ästhetische Drama als die zwei Teile einer Acht ab, durch die soziale Energie hindurchfließt.[40] Während die Theaterkünstler soziale und politische Handlungen als Material bei der Inszenierung eines ästhetischen Dramas, einer Theateraufführung, verwenden, eignen soziale und politische Aktivisten sich theatrale Techniken an, um die Aktivitäten des sozialen Dramas zu unterstützen, die wiederum das Theater beeinflussen und so fort.

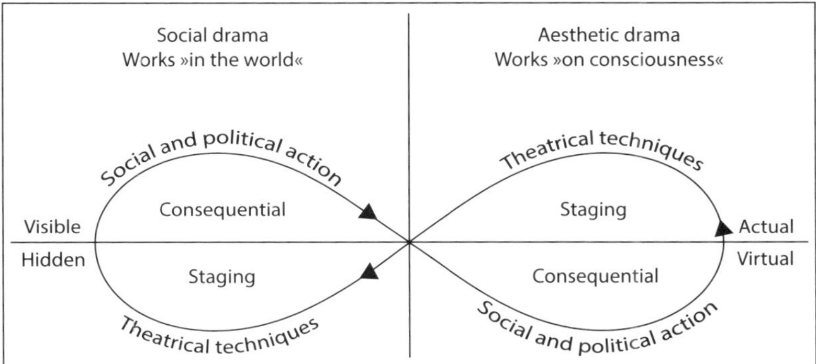

Die hier abgebildete Endlosschleife soll ein dynamisches positives Feedback darstellen. »Soziales Drama« und »ästhetisches Drama« sind aufeinander bezogen und affizieren einander. Die beobachteten Handlungen eines sozialen Dramas seien bedingt, gestaltet und geleitet von zugrunde liegenden ästhetischen Prinzipien und spezifischen theatralen und rhetorischen Techniken. Umgekehrt sei das Theater einer Kultur durch zugrunde liegende Prozesse der sozialen Interaktion bedingt, gestaltet und geleitet. Wie Schechner weiterhin ausführt, würden Politiker, Aktivisten, militante Gruppen, Terroristen Techniken des Theaters – vor allem Inszenierungsstrategien – verwenden, um auf soziale Aktionen aufmerksam zu machen und sie so zu verstärken und auf diese Weise die soziale Ordnung entweder zu verändern oder zu bestätigen. Theaterkünstler würden ihrerseits derartige Handlungen des sozialen Lebens als zugrunde liegende Themen, Rahmungen oder Rhythmen ihrer Kunst verwenden. So entstünde ein unablässiger Strom, der zwischen beiden kontinuierlich hin- und herfließe und beide aufeinander beziehe. Die Pfeile im Diagramm zeigen die Richtungen an, in die sich diese Ströme bewegen.

Das Diagramm ebenso wie Schechners Erläuterungen betonen die Problematik einer engen Grenzziehung zwischen sozialem und ästhetischem Drama. Zugleich scheinen sie jedoch eher die Theatralität des sozialen Dramas zu betonen als seine Performativität. In weiten Strecken erinnert Schechners Argumentation hier an Evreinov.

Im Zentrum von Schechners 1985 erschienenem Buch *Between Theatre and Anthropology* steht der Begriff des »restored behavior«, des »rekodierten« oder »rekonstruierten Verhaltens«. Mit ihm ist eine Aktivität gemeint, die sich bewusst von der Person trennen lässt, die sie ausführt, eine Art Erfahrungs»streifen« (strip), der wie ein Zitat angeführt wird und wie ein Material bearbeitet und verwendet werden kann:

> Rekodiertes Verhalten wird in allen Arten von Aufführungen verwendet, im Schamanismus, Exorzimus und in der Trance, im rituellen und ästhetischen Theater, in Initiationsriten und auch im sozialen Drama, in der Psychoanalyse, im Psychodrama und in der Transaktionsanalyse. Tatsächlich ist rekodiertes Verhalten das Hauptmerkmal einer Aufführung.[41]

In allen Fällen, die Schechner anführt, wird der Einsatz rekodierten Verhaltens für alle Teilnehmer, das heißt für Akteure ebenso wie für Zuschauer, durch Rahmungsstrategien markiert, die bei beiden ein Bewusstsein für die Rollenhaftigkeit von Verhalten in Aufführungen bewirken und aufrechterhalten: »[D]as eigene Selbst kann als ein anderes handeln, das soziale oder transindividuelle Selbst besteht aus einer oder mehreren Rollen.«[42] Wie Derrida die zitathafte Verwendung von Sprache und Judith Butler die Wiederholung körperlicher Akte als charakteristisch für das Performative hervorheben, betont Schechner die zitathafte Verwendung rekodierten Verhaltens, die dieses gleichwohl zu transformieren vermag, als kennzeichnend für Aufführungen.

Von Schechners Theorie, die sich ihrerseits aus einer Fülle von soziologischen, ethnologischen, sprachwissenschaftlichen u. a. Theorien speist, ohne diese jeweils zu benennen, gingen für die weitere Theoriebildung vielfältige Impulse aus, die zur Weiterentwicklung einzelner Ideen oder auch zur Formulierung von Gegenpositionen geführt haben.[43]

Während Turner die transformative Kraft von Ritualen in ihrer Liminalität lokalisiert, findet Schechner sie außerdem in der Rekodierung von Verhalten wirksam. Ähnlich wie Butler sieht er die allmähliche Transformation auch durch die in der Wiederholung erfolgenden Abweichungen und Modifikationen hervorgebracht. Übereinstimmung besteht bei allen hier angeführten Theoretikern des Performativen und der Aufführung, dass sie ihnen eine transformative Kraft zusprechen. Im Sprechakt wirkt sie durch das Aussprechen der betreffenden Äußerung, bei der Identitätsbildung durch Wiederholungen, die Abweichungen und Modifikationen produzieren, in kulturellen Aufführungen einerseits durch den Eintritt in den Zustand der Liminalität und andererseits ebenfalls durch die Wiederholbarkeit von Verhaltensmustern, die sich im Akt der Wiederholung verändern. Auf welchen Wegen auch immer die transformative Kraft wirkt, sie bringt stets eine neue Wirklichkeit hervor. Dass sie ihr Wirkpotenzial entfalten kann, hängt allerdings in allen hier behandelten Fällen von spezifischen Bedingungen ab, die außerhalb der performativen Akte und Aufführungen aufzufinden und jeweils entsprechend zu berücksichtigen sind.

Dieses Kapitel abschließend sei kurz auf jüngere Entwicklungen in amerikanischen Performancetheorien hingewiesen. Anders als die hier behandelten, die den Terminus »Performance« im Sinne von »Aufführung« verwenden, machen sie ganz explizit die Doppelbedeutung des Wortes Performance, Aufführung und Ausführung/Leistung, zum Ausgangspunkt ihrer Überlegungen. Ihr profiliertester Vertreter Jon McKenzie untersucht in seinem Buch *Perform or Else: From Discipline to Performance* (2001), wie der Performance-Begriff sich in modernen Organisationsstrukturen und -theorien sowie in Technologiediskurs und -praxis entwickelt hat. Sein Erscheinen und seine Verwendung in diesen Kontexten stellt McKenzies Meinung nach Performance »at the power matrix of the New World Order, an order in which disorder is put to work, where bodies perform both physically and digitally, where new and multiple agents are maintained by audiovisual archives and transformed by liminautic power circuits«[44].

In der Einleitung zu seinem Buch unternimmt er den kühnen »speculative forecast«, dass »performance will be to the twentieth and twenty-first centuries what discipline was to the eighteenth and nineteenth centuries, that is, an onto-historical formation of power and knowledge«[45]. Damit weitet er das bis dahin bereits äußerst umfangreiche interdisziplinäre Forschungsfeld der »Performance Studies« in ungeahntem Maße weiter aus.

Eine solche Ausweitung wirft unabweisbar die Frage nach der Ethik des Performativen auf, die sich bereits bei Austins Ausführungen nicht übersehen lässt. In diesem Zusammenhang sei ausdrücklich betont, dass das Performative *per se* weder positiv noch negativ, weder gut noch böse ist – ebenso wenig wie das Textuelle *per se*. Ebenso wie Texte in unterschiedlichen Kontexten Verwendung finden können und positive oder negative Auswirkungen haben, gilt das auch für das Performative. Ein Versprechen als solches mag zwar eine Selbstverpflichtung zu einem bestimmten Handeln beinhalten. Dies kann jedoch ebenso ein kriminelles wie ein großherziges Handeln sein – ein Drohen oder ein Verheißen. Mit Blick auf eine Kultur als Ganzes ist daher über ihre ethischen Prinzipien noch nichts ausgesagt, wenn sie als eine eher textuelle oder eher performative eingeschätzt wird. Da es beim Performativen stets um Akte, um Handlungen geht, sind diese hinsichtlich der sie leitenden ethischen Prinzipien jeweils gesondert zu untersuchen. Eine performative Sichtweise auf Kultur – das heißt eine Sichtweise, welche performative Phänomene und Prozesse sowie performative Zugangsweisen zu kulturellen Objekten fokussiert – kann sich daher nicht jenseits des Ethischen ansiedeln, noch es ganz aus dem Blick verlieren, sondern muss sich der Frage nach der zugrunde liegenden Ethik immer wieder stellen.

3 Aspekte der Aufführung

Performativität und Performance/Aufführung

Die Begriffe »performativ« und »performance« sind beide vom Verb »to perform«: tun, handeln, vollziehen, ausführen, leisten abgeleitet. Während der Begriff »performativ« einen Neologismus darstellt, der erst von Austin geschaffen wurde, handelt es sich beim Begriff »performance« um einen eingeführten Terminus der englischen Sprache, der sich, wie im letzten Kapitel erwähnt, sowohl als »Aufführung« als auch als »Ausführung/Leistung« übersetzen lässt. Nachfolgend wird der Begriff »Performance« synonym mit dem der Aufführung verwendet. Wenn der Aspekt der »Ausführung/Leistung« im Vordergrund steht, werden diese Termini gewählt.

Aufführungen sind immer performativ, während nicht alles, was wir als performativ begreifen, in einer Aufführung in Erscheinung treten muss. Zwar hat es den Anschein, als wenn sowohl Austin als auch Butler davon ausgehen, dass Sprechakte und performative körperliche Handlungen nicht nur ausgeführt, sondern auch aufgeführt werden. Denn der Sprechakt wird in Anwesenheit anderer ausgeführt – und somit für die Wahrnehmung durch andere, was auf den theatralen Aspekt von Aufführungen deutet. Ebenso müssen die performativen Akte, von denen Butler spricht, um als identitätskonstituierende innerhalb einer Gemeinschaft wahrgenommen und bewertet zu werden, vor anderen zur Aufführung gebracht werden – es genügt nicht, sie in Einsamkeit zu vollziehen. Gleichwohl scheinen beide diesem Sachverhalt keine große Bedeutung beizumessen, da sie ihn nicht eigens betonen. Darüber hinaus gilt es zu bedenken, dass es auch auf *per se* nicht performative Phänomene wie Texte, Bilder, Dinge nicht nur eine performative Sichtweise geben kann, sondern auch einen performativen Umgang mit ihnen, ohne dass der Begriff der Aufführung sich sinnvoll anwenden ließe.

Wenn nachfolgend noch einmal auf den Aufführungsbegriff eingegangen werden soll, um an ihm besondere Qualitäten herauszuarbeiten, die nicht nur Aufführungen, sondern performativen Akten schlechthin eignen, bedarf dies einer besonderen Begründung. Ein solches Vorgehen wird insofern nahegelegt, als den Ausgangspunkt für unsere Überlegungen die Entdeckung des Aufführungscharakters von Kultur um die Wende vom 19. zum 20. Jahrhundert bildet. Es erscheint daher vielversprechend, durch eine genauere Bestimmung des Aufführungsbegriffs, wie sie hier geleistet werden soll, zugleich zweierlei zu leisten: einerseits die spezifischen Qualitäten des Performativen besser zu erfassen, indem andererseits das Performative und das Theatrale an einer Aufführung klarer voneinander getrennt und in ihrem gegenseitigen Bezug aufeinander verdeutlicht werden, wo dies für das Verständnis des Performativen notwendig erscheint.

Da es sich bei Aufführungen um körperlich vollzogene Handlungen im Raum handelt, die von mindestens einem anderen wahrgenommen werden, sollen nachfolgend (1) die Beziehungen zwischen denen, die die Handlung ausführen, und denen, die sie wahrnehmen, (2) der Raum, in dem sie vollzogen werden, (3) die Handlungen selbst und (4) ihre Wahrnehmung mit Blick auf ihre je spezifische Performativität untersucht werden.[46]

Leibliche Ko-Präsenz

Den Ausgangspunkt für die weiteren Überlegungen bildet die Einsicht Max Herrmanns, dass die Aufführung ein »Spiel« darstelle, an dem alle beteiligt sind – Akteure und Zuschauer. Die Konstellationen, die sich zwischen ihnen herstellen, bedingen den Verlauf der Aufführung. Damit eine Aufführung stattfinden kann, bedarf es also der leiblichen Ko-Präsenz aller Beteiligten. Durch sie sind die medialen Bedingungen von Aufführungen bestimmt. Während die einen etwas tun, ausführen, handeln, nehmen die anderen sie wahr und reagieren auf sie – das heißt sie handeln! Derartige Reaktionen lassen sich nun ebenfalls von allen anderen Anwesenden wahrnehmen – sie spüren, hören oder sehen sie. Und diese Wahrnehmungen resultieren wiederum in wahrnehmbaren Reaktionen aller. Zwar mögen manche Reaktionen der Zuschauenden als rein »innere«, das heißt imaginative und kognitive Prozesse ablaufen. Überwiegend handelt es sich jedoch um wahrnehmbare

Reaktionen. Was immer die Akteure tun, hat Auswirkungen auf die Zuschauer, und was immer die Zuschauer tun, hat Auswirkungen auf die Akteure und andere Zuschauer.

In diesem Sinne lässt sich die These vertreten, dass die Aufführung, die aus der Begegnung oder Konfrontation aller Beteiligten hervorgeht, immer erst in ihrem Verlauf entsteht – und vergeht. Sie ist, in diesem Sinne, »wirklichkeitskonstituierend«. Gegen diese These ließe sich einwenden, dass es bei Ritualen durchaus – vor allem in der Trennungsphase bei Übergangsritualen – Phasen geben kann, in denen einzelne Teilnehmer von allen anderen isoliert werden. Dies geschieht jedoch ausdrücklich als ein vorübergehender Zustand, der sich gerade dadurch legitimiert, dass er in vorausgehende und nachfolgende ko-präsentische Situationen eingebettet ist. Leibliche Ko-Präsenz meint andererseits keineswegs eine organisierte Aufteilung in Akteure und Zuschauer. Auch wenn alle Anwesenden zugleich oder abwechselnd agieren und den anderen Agierenden zuschauen, ergibt sich eine ko-präsentische Situation, wie sie für Aufführungen charakteristisch ist.

In allen diesen Fällen gilt: Die Aufführung als ein ko-präsentischer Prozess erzeugt sich sozusagen selbst bzw. ihre eigene Wirklichkeit als eine autopoietische Feedbackschleife. Daher ist ihr Ablauf vor oder bei ihrem Beginn oder zu irgendeinem Zeitpunkt ihrer Dauer auch nicht vollständig planbar und vorhersagbar. Ihr eignet vielmehr ein hohes Maß an Kontingenz. Dies gilt nicht nur für Fußballspiele oder Gerichtsverhandlungen, sondern auch für künstlerische Aufführungen des Theaters oder der Performance-Kunst. So kann es durchaus geschehen, dass zum Beispiel in einer Theateraufführung der Schauspieler, der den Othello spielt, die sorgfältig einstudierte Ermordung Desdemonas nicht durchführt, weil das Publikum protestiert oder gar einzelne Zuschauer, die den in diesem Fall vom Schauspieler vorausgesetzten Als-ob-Pakt nicht akzeptieren wollen, auf die Bühne stürmen, um ihn an entsprechenden Handlungen zu hindern. Manche Performance von Marina Abramović, für die der Als-ob-Pakt nicht galt, wurde von Zuschauern unterbrochen, weil diese es nicht mehr ertrugen, der Künstlerin bei ihren Selbstverletzungen oder den Gefahren, denen sie Leib und Leben bewusst aussetzte, weiter zuzuschauen. In diesen Fällen erklärte Abramović die Performance für beendet. Bei Theateraufführungen, die mit dem Als-ob-Pakt arbeiten – häufig allerdings nur, um ihn zu durchbrechen – gilt, dass der Grad und das Ausmaß an Anteilnahme, das im Verhalten des Publikums spürbar zum Ausdruck kommt, als solche bereits imstande sind, die Intensität der Darstellung zu beeinflussen, die wiederum auf ihre Aufnahme durch die Zuschauer und deren Reaktionen zurückwirkt.

Was im Verlauf der Aufführung in Erscheinung tritt – und dazu gehören auch alle wahrnehmbaren Zuschauerreaktionen – ist bei ihrem Beginn nicht vorauszusehen. Manches taucht im Laufe der Aufführung erst als Folge der Interaktionen auf. Dies gilt generell für Aufführungen und nicht nur für solche, die gezielt mit Zuschauerpartizipation oder auch Improvisation arbeiten und so das Kontingente, das jeder Aufführung anhaftet, noch erheblich steigern.

Zweifellos sind es die Akteure, die ganz entscheidende Vorgaben für den Verlauf der Aufführung machen. Denn einer Aufführung geht eine Inszenierung voraus, die bestimmten Regeln folgt, seien dies Spielregeln, eine Liturgie, ein Protokoll oder im Laufe von Probenarbeit fixierte Handlungsabläufe. Nicht zuletzt deshalb ist es wichtig, zwischen den Begriffen der Inszenierung und der Aufführung zu unterscheiden. Während unter den Begriff der Inszenierung alle Strategien gefasst werden, die vorab Zeitpunkt, Dauer, Art und Weise des Erscheinens von Menschen, Dingen und Lauten im Raum festlegen, fällt unter den Begriff der Aufführung alles, was in ihrem Verlauf in Erscheinung tritt – also das Gesamt der Wechselwirkungen von Handlungen und Verhalten zwischen allen Beteiligten. Während der Begriff der Inszenierung der Theatralität der Aufführung zugeordnet ist, soll derjenige der Aufführung in dieser Gegenüberstellung auf ihre Performativität verweisen. Die Inszenierung geschieht in Hinblick auf die Wahrnehmung durch andere/die Zuschauer, die Aufführung vollzieht sich als Wechselwirkung körperlicher Handlungen aller im Raum Anwesenden.

Die Aufführung wird daher von allen Beteiligten gemeinsam hervorgebracht, ohne dass ein Einzelner oder eine Gruppe von Personen sie vollkommen durchzuplanen, zu steuern und zu kontrollieren vermöchte. Sie entzieht sich immer wieder der Verfügungsgewalt jedes Einzelnen. Dabei hebt der Begriff der Unverfügbarkeit ausdrücklich auf die Involviertheit aller Beteiligten ab und zwar sowohl auf den mehr oder weniger starken Einfluss, den diese auf den Verlauf der Aufführung nehmen, als auch hinsichtlich des Einflusses, dem sie selbst darin ausgesetzt sind, da es sich ja gerade um Wechselwirkungen handelt.

Die häufig anzutreffende Vorstellung, dass der Ablauf einer Aufführung, die Handlungen und Verhaltensweisen aller an ihr Beteiligten vollständig planbar, kontrollierbar und folglich voraussagbar seien, erscheint daher unhaltbar. Was im Laufe einer Aufführung in Erscheinung tritt, ist bei ihrem Beginn nicht vorhersehbar. Manches taucht völlig unerwartet erst in ihrem Verlauf auf. Das Verhältnis von Intentionalität und Emergenz[47] ist insofern kennzeichnend für Aufführungen und bedarf einer genaueren Bestimmung sowohl für die verschiedenen Genres von *cultural performance*, die eine jeweils andere Relation als »Normalfall« zugrunde legen, als auch für jede einzelne Aufführung.

Aus der Eigenart von Aufführungen, dass alle an ihr Beteiligten als ihre Mit-Erzeuger gelten können, die in unterschiedlichem Ausmaß und in unterschiedlicher Weise an ihrer Gestaltung mitwirken, ohne sie allein bestimmen zu können, folgt also als ein wichtiges Charakteristikum ihre prinzipielle Unvorhersehbarkeit.

Als eine weitere Eigenheit lässt sich aus ihr ein spezifischer Subjektbegriff ableiten, den Aufführungen voraussetzen. Da die Aufführung aus den Wechselwirkungen der Handlungen und Verhaltensweisen aller an ihr Beteiligten hervorgeht, eröffnet sie ihnen die Möglichkeit, sich in ihrem Verlauf als ein Subjekt zu erfahren, welches das Handeln und Verhalten anderer mitzubestimmen vermag und dessen eigenes Handeln und Verhalten ebenso von anderen mitbestimmt wird; als ein Subjekt, das weder autonom noch fremdbestimmt ist, das als Subjekt spezifische Handlungen vollzieht, die andere als Objekte intendieren, und umgekehrt den Handlungen anderer ausgesetzt ist. Die von Krämer hervorgehobene Fähigkeit des Performativen, dichotomische Begriffsschemata als Ganzes zu destabilisieren, bzw. seine spezifischen Ambivalenzen manifestieren sich so unübersehbar in Aufführungen.[48]

Diese Fähigkeit zeigt sich in künstlerischen Aufführungen auch noch in einer anderen Hinsicht. Zum einen haben wir es hier mit einem künstlerischen Prozess zu tun, der aus den Intentionen, Intuitionen, Experimenten von Künstlern hervorgeht. Da in der Aufführung in diesen Prozess auch die Zuschauer involviert sind, die auf unterschiedliche Weise reagieren, ist sie zugleich als ein sozialer Prozess zu begreifen. In ihr treffen unterschiedliche Gruppen sowie Individuen zusammen, die ihre Beziehungen zueinander auf unterschiedliche Weise aushandeln und regeln. Im Verlauf der Aufführungen können sich unterschiedliche Allianzen oder Gemeinschaften von unterschiedlicher Dauer herausbilden, hierarchische Verhältnisse zwischen verschiedenen Gruppen der Beteiligten können sich etablieren und zerstört werden.

Dieser soziale Prozess wird zu einem politischen, wenn in den Aufführungen Machtkämpfe zwischen Akteuren und Zuschauern oder auch zwischen verschiedenen Zuschauern entbrennen, in denen einer dem anderen eine bestimmte Beziehungsdefinition, Ansichten, Werte, Überzeugungen aufzuzwingen sucht. Entsprechend sind künstlerische Aufführungen sowohl als ästhetische als auch als soziale oder gar politische Prozesse zu begreifen. Die in den westlichen Gesellschaften traditionell gültige Begriffsdichotomie »künstlerisch – sozial« bzw. »künstlerisch – politisch« wird so unterminiert. Aufführungen, welcher Art auch immer, sind daher zugleich als ethische Herausforderungen zu fassen. Denn da jeder Einzelne – wenn auch in unterschiedlichem Ausmaß – sowohl den Verlauf der Aufführung mitbestimmt als auch sich von ihm bestimmen lässt, nimmt keiner »passiv« an der Aufführung teil. Jeder ist insofern auch mitverantwortlich für das, was sich während der Aufführung ereignet. Wer dabei bleibt, erklärt damit sein grundsätzliches Einverständnis mit dem, was geschieht. Wer nicht einwilligt, kann versuchen, sich mit seiner Kritik und seinen Vorstellungen durchzusetzen, oder auch den Raum verlassen. Wer teilnimmt, trägt prinzipiell Mitverantwortung.

Diese ethische Dimension von Aufführungen gilt es vor allem zu bedenken, wenn es sich um ausdrücklich politische Aufführungen wie politische Feste und andere Arten von Massenspektakeln handelt. Sehr häufig wird argumentiert, dass derartige Aufführungen besonders dazu geeignet seien, die an ihnen beteiligten Bevölkerungsgruppen im Sinne der Herrscher zu manipulieren. Das hieße, dass die Veranstalter imstande wären, den Verlauf der Aufführung zu steuern und zu kontrollieren, also erfolgreich solche Inszenierungsstrategien anzuwenden, die ein »passives«, »unschuldiges« Publikum in genau vorausberechneter Weise zu überwältigen und das gewünschte Verhalten auszulösen vermögen. Wenn man dagegen davon ausgeht, dass in eine Aufführung involviert zu sein zugleich bedeutet, für sie Mitverantwortung zu übernehmen, so kann von Manipulation nur unter Vorbehalt die Rede sein.

Da Aufführungen sich als eine autopoietische Feedbackschleife selbst hervorbringen, nur im und als Prozess ihrer Selbsterzeugung Existenz haben und nach ihrem Ende unwiederbringlich verloren sind, verfügen sie nicht über ein fixier- und tradierbares Artefakt. Sie sind vielmehr durch ihre Flüchtigkeit gekennzeichnet. Diese Flüchtigkeit ist insofern kennzeichnend auch für Sprechakte und symbolische körperliche Handlungen, als sie an den

Leib gebunden sind – im Sprechen und Handeln entstehen und vergehen. Insofern lässt sich für performative Akte generell feststellen, dass sie flüchtig sind. Zwar mögen materielle Objekte, die in der Aufführung Verwendung fanden, nach ihrem Ende als ihre Spuren zurückbleiben. Die Aufführung selbst jedoch ist unwiederbringlich verloren. Damit stellt sich die Frage nach der Materialität der Aufführung, ihrer Räumlichkeit, Körperlichkeit und Lautlichkeit.

Räumlichkeit

Auf den ersten Blick mag es so scheinen, als gelte die Flüchtigkeit nicht für die Räume, in denen Aufführungen stattfinden. Denn in der Regel sind Sportstadien, Gerichtsgebäude, Kirchen, Tempel, Parlamente, Theatergebäude bereits gegeben, auch wenn sich die entsprechenden Aufführungen an ganz anderen Orten abspielen können wie ein Fußballspiel auf der Straße, eine Theateraufführung in einem Straßenbahndepot, ein Gottesdienst auf einem freien Feld. Der jeweilige architektonisch-geometrische Raum ist in der Tat bereits vor der Aufführung gegeben und hört mit ihrem Ende nicht auf zu bestehen. Wenn es sich um ein Gebäude handelt, ist häufig mit ihm die Vorstellung eines Containers verbunden. Der Raum wird als eine Art Behälter aufgefasst, der in seinen wesentlichen Merkmalen (Grundriss, Höhe, Breite, Länge, Volumen etc.) von dem, was in ihm geschieht, nicht tangiert wird.

Von diesem architektonisch-geometrischen Raum ist allerdings die Räumlichkeit der Aufführung zu unterscheiden. Denn jegliche Materialität der Aufführung, sei es Räumlichkeit, Körperlichkeit oder Lautlichkeit, wird erst in der und durch die Aufführung hervorgebracht – sie wird performativ erzeugt. So entsteht die Räumlichkeit durch die jeweils genutzten Möglichkeiten, die verschiedenen Beteiligten bzw. Gruppen von Beteiligten zueinander in ein Verhältnis zu setzen, ihre Bewegungen durch den Raum bzw. im Raum und ihre Wahrnehmung zu organisieren und zu strukturieren. Wie immer von diesen Möglichkeiten Gebrauch gemacht wird, wirkt sich auf die Räumlichkeit der Aufführung aus. Denn jede Bewegung von Menschen, Objekten, Licht, jedes Erklingen von Lauten vermag sie zu verändern. Die Räumlichkeit der Aufführung entsteht so erst in ihrem Verlauf und wird unter den so gesetzten Bedingungen wahrgenommen. Die Räumlichkeit der Aufführung ist in diesem Sinne instabil, ständig in Fluktuation begriffen. Der Aufführungsraum ist daher als ein beweglicher und bewegter Raum zu konzipieren.

Darüber hinaus kann er als ein immersiver Raum gelten. Denn Räumlichkeit entsteht nicht nur durch die spezifische Verwendung, welche die Anwesenden vom Raum machen, durch ihre Bewegung und Wahrnehmung, sondern auch durch die besondere Atmosphäre, die der Raum auszustrahlen scheint. Dies gilt für jeden Raum. Atmosphären sind, wie der Philosoph Gernot Böhme ausführt, zwar ortlos, aber dennoch räumlich ergossen.[49] Sie gehören weder allein den Objekten – bzw. den Menschen – an, die sie auszustrahlen scheinen, noch denen, die in den Raum eintreten und sie leiblich erspüren. Sie sind für gewöhnlich das erste, das die den Raum Betretenden erfasst, auf sie ›abfärbt‹ und ihnen so eine ganz spezifische Erfahrung des Raumes ermöglicht und damit zugleich eine je besondere Räumlichkeit hervorbringt. Diese Erfahrung lässt sich nicht nur unter Rekurs auf einzelne Elemente des Raumes erklären – seine Ausdehnung, bestimmte Objekte, Gerüche, Laute, Licht zum Beispiel. Denn nicht sie als Einzelne sind es, welche die Atmosphäre schaffen, sondern das Zusammenspiel aller. Böhme bestimmt Atmosphären als »Räume, insofern sie durch die Anwesenheit von Dingen, von Menschen oder Umgebungskonstellationen, das heißt durch deren Ekstasen, ›tingiert‹ sind. Sie sind selbst Sphären der Anwesenheit von etwas, ihre Wirklichkeit im Raum.«[50] Mit dem Begriff »Sphären der Anwesenheit« wird auf einen spezifischen Modus der Gegenwärtigkeit von Dingen gezielt. Böhme erläutert ihn näher als »Ekstase der Dinge«, als die Art, auf die ein Ding dem Wahrnehmenden in besonderer Weise als gegenwärtig erscheint. Dabei sind nicht nur die Farben, Gerüche und Laute als Ekstasen gedacht, sondern auch Ausdehnung und Form. Die Ekstase der Dinge führt dazu, dass diese nach außen wirken und dem sie Wahrnehmenden in besonderer Weise als gegenwärtig erscheinen – sich seiner Aufmerksamkeit geradezu aufdrängen. Vor allem in der Atmosphäre wird die Flüchtigkeit von Räumlichkeit spürbar. Denn ein anderer Lichteinfall, eine andere Melodie, ein Geruch vermögen die Atmosphäre schlagartig oder allmählich zu verändern. Atmosphären sind *per se* flüchtig. Jeder Versuch, ihnen Dauer zu verleihen, schlägt notwendigerweise fehl.

Der Atmosphäre kommt für die Wahrnehmung von Räumlichkeit eine besondere Bedeutung zu. Denn in der Atmosphäre, die der Raum und die Dinge – einschließlich der Gerüche, die sie verströmen und der Laute, die sie erklingen lassen – auszustrahlen scheinen, werden diese dem Subjekt, das ihn betritt, in einem fast emphatischen Sinne gegenwärtig. Sie rücken dem wahrnehmenden Subjekt in der Atmosphäre in bestimmter Weise auf den Leib, ja dringen in es ein – wie vor allem bei Licht, Lauten und Gerüchen zu erfahren ist. Denn der im Raum Anwesende findet sich nicht der Atmosphäre gegenüber, nicht in Distanz zu ihr, sondern wird von ihr umfangen und umgeben; er taucht in sie ein, wird so in gewisser Weise Teil der Atmosphäre und trägt durch seine Reaktionen dazu bei, sie zu verstärken, abzuschwächen oder gar zum Verschwinden zu bringen – und so Räumlichkeit gegebenenfalls neu und anders hervorzubringen.[51] Die Flüchtigkeit von Räumlichkeit tritt vor allem in den Atmosphären geradezu emphatisch in Erscheinung.

Auch in diesem Fall muss betont werden, dass die Flüchtigkeit von Räumlichkeit insofern als performativ zu begreifen ist, als sie aus den Bewegungen der Anwesenden im Raum resultiert, welche die Räumlichkeit permanent neu hervorbringen, sowie aus dem leiblichen Erspüren als der Wahrnehmung der den Raum Betretenden bzw. in ihm Anwesenden. Flüchtigkeit als solche kann jedoch nicht als performativ bezeichnet werden. Das Zähneputzen wird auch als eine flüchtige Handlung vollzogen. Gleichwohl wird durch die Handlung keine neue soziale Wirklichkeit konstituiert. Es gilt also: Wohl sind performative Akte flüchtig, aber nicht alles, was flüchtig ist, kann auch als performativ gelten.

Körperlichkeit

Anders als im Falle von Räumlichkeit springt bei Körperlichkeit die ihr eigene Flüchtigkeit sofort ins Auge. Was immer ein Akteur tut, überdauert nicht den kurzen Moment seines Vollzuges. Dies gilt für eine rasche Bewegung quer durch den Raum ebenso wie für das Heben des Arms oder ein Zusammenziehen der Augenbrauen. Auch wenn es sich bei diesen körperlichen Handlungen um *restored behavior* im Sinne Schechners handelt, unterstreicht dies nur ihre Flüchtigkeit: Um in Erscheinung treten zu können, müssen sie immer aufs Neue vollzogen werden. Anders als der Maler, Bildhauer, Dichter, Komponist, bringen der Schauspieler, Sänger, Tänzer nicht dauerhaft ein »Werk« hervor, das von ihnen abgelöst werden könnte – ebenso wenig wie der Redner in einer politischen Versammlung, die Fußballer auf dem Feld, die singende und betende Gemeinde in der Kirche. Was immer sie zur Erscheinung bringen, ist flüchtig und transitorisch und aus einem eigenartigen, ja eigenwilligen Material hergestellt: aus ihrem eigenen Körper – oder, wie der Philosoph Helmuth Plessner es ausgedrückt hat, »im Material seiner eigenen Existenz«[52]. Wie, so ist also zu fragen, wird aus bzw. mit diesem ganz besonderen Material die spezifische Materialität der Aufführung als flüchtige Körperlichkeit hervorgebracht?

Der menschliche Körper ist keinem anderen Material vergleichbar, lässt sich nicht beliebig bearbeiten und formen. Er stellt vielmehr einen lebendigen Organismus dar, der sich beständig im Werden befindet, im Prozess einer permanenten Transformation. Für ihn kann es keinen Ist-Zustand geben; er kennt Sein nur als Werden, als Prozess, als Veränderung. Mit jedem Atemzug, jedem Lidschlag, jeder Bewegung bringt er sich neu hervor, wird ein anderer. Daher bleibt der Körper letztlich unverfügbar. Das leibliche In-der-Welt-Sein, das nicht *ist*, sondern *wird*, widerspricht vehement jeglicher Vorstellung von einem Werk. Zum Werk vermag der menschliche Leib erst in seiner Mortifikation zu werden, als Leichnam. Denn damit erreicht er zumindest vorübergehend einen Ist-Zustand, der allerdings nur durch eine schnelle Einbalsamierung erhalten werden kann. In diesem Zustand lässt er sich als Material verwenden, das nicht nur in Begräbnisritualen, sondern auch in künstlerischen Prozessen bearbeitet, präpariert und gestaltet werden kann – wie Gunter von Hagens umstrittene Ausstellung »Körper-Welten« nachdrücklich demonstriert hat. Als lebendiger Leib widersetzt er sich jedoch hartnäckig jedem Versuch, ihn zu einem Werk zu erklären, geschweige denn zu machen. Er stellt vielmehr ein »Material« dar, das sich selbst immer wieder neu hervorbringt.

Andererseits lässt der menschliche Leib sich nur begrenzt überhaupt als ein Material begreifen. Wie Plessner gezeigt hat, ist stets von einer Doppelheit im Verhältnis zum Leib auszugehen. Der Mensch *hat* einen Körper, den er ähnlich wie andere Objekte manipulieren, instrumentalisieren und als Zeichen für etwas anderes verwenden und deuten kann. Zugleich aber *ist* er dieser Leib, ist ein Leib-Subjekt. In dieser Eigenart sieht Plessner die besondere *conditio humana* begründet – die Abständigkeit des Menschen von sich selbst. Indem der Schauspieler aus sich heraustritt, um »im Material seiner eigenen Existenz« eine Figur darzustellen, weist er nachdrücklich auf diese Doppelung und die in ihr begründete Abständigkeit des Menschen von sich selbst hin. Die Spannung zwischen dem phänomenalen Leib des Schauspielers, seinem leiblichen In-der-Welt-Sein, und seiner Darstellung einer Figur, die aus Plessners Sicht dem Tun des Schauspielers in der Aufführung ihre tiefe anthropologische Bedeutung und besondere Dignität verleiht, soll nachfolgend als Spannung zwischen dem phänomenalen Leib und dem semiotischen Körper bezeichnet werden.

In Aufführungen haben wir es immer zugleich mit dem phänomenalen Leib und mit dem semiotischen Körper zu tun. Die Akteure erscheinen stets in ihrem leiblichen In-der-Welt-Sein, ganz gleich, ob es sich um Schauspieler, Politiker, Sportler, Schamanen, Priester, Sänger, Tänzer oder ganz »normale« Interaktionspartner handelt. Von ihrem phänomenalen Leib geht eine je besondere Ausstrahlung aus, welche die anderen Teilnehmer/Zuschauer ihrerseits leiblich erspüren. Wenn von Präsenz des Akteurs die Rede ist, so ist u. a. gemeint, dass er den Raum besetzt und beherrscht, so dass er die Aufmerksamkeit der anderen auf sich zieht. In Aufführungen wirkt also der phänomenale Leib der Beteiligten mit seinen je spezifischen, physiologischen, affektiven, energetischen und motorischen Zuständen unmittelbar auf den phänomenalen Leib anderer ein und vermag in diesen je besondere physiologische, affektive, energetische und motorische Zustände hervorzurufen. Die Wirkung, welche der phänomenale Leib eines vor anderen Agierenden auf diese(n) anderen auszuüben vermag, ist entsprechend auch von der Wahrnehmung dieses/r anderen abhängig. Sie wird durch die Interrelation der Akte, die der Leib des sie Ausführenden als sein phänomenaler, eine spezifische Präsenz ausstrahlender hervorbringt, und den Wahrnehmungsakten des diese Präsenz leiblich Erspürenden performativ erzeugt.

Mit den Prozessen der Verkörperung[53], mit denen der Akteur dabei seinen phänomenalen Leib in seiner Präsenz hervorbringt, wird häufig zugleich sein semiotischer Körper als ein Signifikant hervorgebracht, der auf unterschiedliche symbolische Ordnungen verweist. In diesen Prozessen sind phänomenaler Leib und semiotischer Körper unlösbar miteinander verknüpft, wobei freilich der phänomenale Leib durchaus ohne den semiotischen Körper gedacht werden kann, das Umgekehrte dagegen nicht möglich ist. Auch in diesen Fällen hängt es von der Wahrnehmung der anderen ab, ob sie ihn als einen phänomenalen Leib oder einen semiotischen Körper begreifen.

Wohl »gibt« es den Leib des Akteurs bereits vor Beginn der Aufführung, ebenso wie er nach ihrem Ende nicht aufhört zu existieren. Die von ihm während der Aufführung hervorgebrachte Körperlichkeit ist jedoch flüchtig und transitorisch – sie wird erst durch die performativen Akte erzeugt, die er in ihrem Verlauf ausführt. Insofern ist die in der Aufführung hervorgebrachte Körperlichkeit durchaus mit der von Butler angesprochenen Identität vergleichbar. In der Doppelheit von phänomenalem Leib und semiotischem Körper wird die Körperlichkeit der Aufführung durch spezifische performative Akte hervorgebracht. Und diese Körperlichkeit wirkt ihrerseits auf die anderen Beteiligten ein und ruft in ihnen spezifische somatische Zustände hervor.

Lautlichkeit

Geradezu paradigmatisch für die Flüchtigkeit von Aufführungen ist ihre Lautlichkeit. Was könnte flüchtiger sein als ein (v)erklingender Laut? Aus der Stille des Raumes auftauchend, breitet er sich in ihr aus, füllt ihn, um im nächsten Augenblick zu verhallen, zu verwehen – zu verschwinden. So flüchtig er sein mag, wirkt er doch unmittelbar – und häufig nachhaltig – auf den ein, der ihn vernimmt. Er vermittelt ihm nicht nur ein Raumgefühl; er dringt auch in seinen Leib ein und vermag häufig physiologische und affektive Reaktionen auszulösen. Lautlichkeit ist ein starkes Wirkpotenzial inhärent.

Lautlichkeit erzeugt immer zugleich auch Räumlichkeit und im Falle, dass es sich um Stimmlichkeit handelt, auch Körperlichkeit. Der durch Lautlichkeit hervorgebrachte Hörraum vermag den Raum der Aufführung über den architektonisch-geometrischen Raum, in dem sie stattfindet, hinaus zum ihn umgebenden Raum zu entgrenzen. Er öffnet sich für Räume, die außerhalb seiner liegen. Die Grenzen zwischen Innen und Außen werden durchlässig. Der umgebende Raum dringt durch Laute und Geräusche in den Aufführungsraum ein und erweitert ihn zu ungeahnten Ausmaßen. Alles, was auch zufällig zu hören ist, wie die Geräusche von Regen und Wind während der Aufführung von John Cages *silent piece 4'33"* (29. April 1952) in der Maverick Hall in Woodstock/New York wird zum Element der Aufführung, vermag diesen Raum auszuweiten und zu verändern.

Mit der Stimme entstehen alle drei Arten von Materialität – Räumlichkeit, Körperlichkeit und Lautlichkeit. Die Stimme erklingt, indem sie sich dem Leib entringt und durch den Raum schwingt, so dass sie sowohl für den Verlautbarenden als auch für andere hörbar wird. Die enge Beziehung zwischen Leib und Stimme zeigt sich vor allem im Schrei, im Schluchzen, Stöhnen, Seufzen und im Lachen. Sie wird unübersehbar in einem Prozess hervorgebracht, der den ganzen Leib affiziert: Er krümmt sich, verzerrt sich in Kontorsionen oder spannt sich aufs Äußerste an. Zugleich vermögen die sprachlosen Verlautbarungen der Stimme den, der sie vernimmt, zutiefst leiblich zu ergreifen. Wer den Schrei eines Menschen vernimmt, wer ihn seufzen, stöhnen, schluchzen, schreien oder lachen hört, wird dies als spezifische Prozesse der Verkörperung wahrnehmen, mit denen eine je besondere Körperlichkeit hervorgebracht wird. Er wird den Betreffenden in seinem leiblichen In-der-Welt-Sein wahrnehmen, wodurch auf sein eigenes In-der-Welt-Sein eingewirkt wird. Denn indem er den Schrei, das Schluchzen oder das Lachen vernimmt, dringt die schreiende, schluchzende oder lachende Stimme in seinen Leib ein, resoniert in ihm und wird von ihm aufgenommen.[54] Die Augenblicke, in denen in einer Aufführung ein Akteur einen Schrei ausstößt, schluchzt, stöhnt, seufzt oder lacht, können daher als Momente begriffen und erlebt werden, in denen er seine Stimme in ihrer je besonderen Leiblichkeit, in der ihr eigenen Sinnlichkeit zu Gehör bringt.

In Aufführungen, in denen gesprochen und gesungen wird, Stimme und Sprache eine scheinbar unlösliche Verbindung eingehen, besteht gleichwohl eine je andere Spannung zwischen Stimme und Sprache. So kann die Stimme sich weitgehend in den Dienst der gesprochenen Worte stellen und ihr Verständnis zu erleichtern suchen, wie dies bei Gerichtsverhandlungen und bei der Predigt im Gottesdienst der Fall ist. Sie kann aber auch im Gesang, vor allem in den hohen Tönen, sich von der Sprache loslösen. Wenn in diesen Höhen die gesungenen Worte nicht mehr zu verstehen sind und die Stimme des Singenden dem Hörenden einen Schauder der Lust verursacht, nähert sich der Gesang immer mehr dem Schrei an, der ihn in einen Schauder des Schreckens verwandelt. Die Stimme lässt jegliche sprachliche Bedeutung hinter sich und spricht zum Hörenden als »Schrei des Engels«[55].

Der Moment, in dem hier – ebenso wie in vielen Stimm-Performances der letzten 20 Jahre – sich die Stimme von der Sprache löst, erscheint so als letzte Steigerung bzw. als Umschlagen der Spannung zwischen Stimme und Sprache. In ihm ist die Spannung aufgehoben, weil die Stimme selbst Sprache geworden ist – eine Sprache, in der ein leibliches In-der-Welt-Sein sich ausspricht und den Hörenden in seinem leiblichen In-der-Welt-Sein anspricht.

Sie füllt den Raum zwischen beiden, setzt sie zueinander in ein Verhältnis, stellt eine Beziehung zwischen ihnen her. Mit seiner Stimme berührt der, der sie zu Gehör bringt, den, der sie vernimmt.

Rhythmus

Da Aufführungen sich in der Zeit erstrecken, bedürfen sie spezifischer Verfahren, welche die Dauer und Abfolge des Erscheinens der verschiedenen Materialien sowie das Verhältnis regeln, das Räumlichkeit, Körperlichkeit und Lautlichkeit jeweils untereinander eingehen. Eine besondere Bedeutung für die somit zu leistende Organisation und Strukturierung von Zeit kommt in Aufführungen dem *Rhythmus* zu. Unter Rhythmus wird hier im Unterschied etwa zu Takt oder Metrum ein Ordnungsprinzip verstanden, das nicht auf Gleichmaß, sondern auf Regelmaß beruht. Es handelt sich also um ein dynamisches Prinzip, das »*unterwegs* ist und bleibt: immer mit Herstellung und Darstellung bestimmter Verhältnisse beschäftigt und immer auch in der Lage, die Verhältnisse wieder neu zu entwerfen«[56]. Im Rhythmus wirken Voraussehbares *und* Nicht-Voraussehbares zusammen. Er entsteht durch Wiederholung und Abweichung vom Wiederholten. Wiederholung allein ergäbe keinen Rhythmus. Rhythmus lässt sich daher als ein Ordnungsprinzip beschreiben, das seine permanente Transformation voraussetzt und in seinem Wirken vorantreibt. In Aufführungen kann Rhythmus eingesetzt werden, um Räumlichkeit, Körperlichkeit, Lautlichkeit untereinander zu synchronisieren oder auch im Gegenteil um auf ihre Unabhängigkeit voneinander und ihre Eigenheiten hinzuweisen, indem jede ihrem eigenen Rhythmus folgt. Diese beiden Möglichkeiten markieren die beiden Pole einer Skala, zwischen denen sich Rhythmus auf ganz unterschiedliche Weise realisieren kann. Aufführungen können sich also als verschiedene Arten von rhythmischen »Systemen« vollziehen.

Nun stellt Rhythmus ein Prinzip dar, das mit dem menschlichen Körper gesetzt ist. Nicht nur folgen Herzschlag, Blutkreislauf und Atmung ihrem eigenen Rhythmus, nicht nur führen wir die Bewegungen, die wir mit unserem Körper beim Gehen, Laufen, Tanzen, Schwimmen, Schreiben, Essen u. a. vollziehen, rhythmisch aus und bringen beim Sprechen, Singen, Lachen und Weinen Laute rhythmisch hervor. Auch die Bewegungen, die in unserem Körper erzeugt werden, ohne dass wir sie wahrzunehmen vermöchten, werden rhythmisch vollzogen.[57] Der menschliche Körper ist in der Tat rhythmisch gestimmt.

Wir sind daher auch in besonderer Weise imstande, Rhythmen wahrzunehmen und uns in sie »einzuschwingen«. In Aufführungen treffen unterschiedliche »rhythmische Systeme« aufeinander: das der Aufführung und die der Zuschauer, wobei zu bedenken ist, dass jeder Zuschauer auf andere Weise rhythmisch gestimmt ist. Es ist daher prinzipiell nicht voraussehbar, ob und wieweit es der Aufführung gelingt, die anderen Teilnehmer in den von den Akteuren gesetzten Rhythmus hineinzuziehen – wobei aufgrund der autopoietischen Feedbackschleife deren »Mitschwingen« den Akteuren neue Impulse vermittelt –, ob und wieweit mehrere rhythmisch ähnlich gestimmte Beteiligte auf die anderen Teilnehmer und die Akteure einzuwirken vermögen und so fort. Wie auch immer dieser Prozess im Einzelnen ablaufen mag, es ist davon auszugehen, dass die autopoietische Feedbackschleife sich dabei weitgehend durch Rhythmusverschiebungen, -veränderungen, -wechsel selbst organisiert. Sie vollzieht sich durch wechselseitiges »Einschwingen« in den Rhythmus anderer und in diesem Sinne in und durch unmittelbares wechselseitiges leibliches Einwirken von Akteuren und Zuschauern.

Indem der Rhythmus die performative Hervorbringung von Materialität organisiert und strukturiert, lässt er die Materialität als Wirkungsfaktor in der Autopoiesis der Aufführung in Erscheinung treten. Im Rhythmus werden performative Hervorbringung von Materialität und Autopoiesis der Feedbackschleife für alle Teilnehmer wahrnehmbar aufeinander bezogen und so füreinander produktiv gemacht.

Wahrnehmung/Erzeugung von Bedeutung

Wie sich in den bisherigen Ausführungen vor allem zu Räumlichkeit, Körperlichkeit und Stimmlichkeit gezeigt hat, ist ihre Hervorbringung in der Regel auf die Wahrnehmung durch andere bezogen. Dies hat sowohl eine theatrale als auch eine performative Dimension, die sich hier fast unauflöslich miteinander verbinden. Während als theatral gelten kann, *dass* das in Erscheinung Tretende von anderen wahrgenommen werden soll, lässt sich als performativ auffassen, *auf welche Weise* und *als was* es jeweils wahrgenommen wird und welche Wirkung diese Art der Wahrnehmung auf den Wahrnehmenden selbst auszuüben vermag. Um die Performativität von Wahrnehmung zu erfassen, muss daher zwischen unterschiedlichen Arten der Wahrnehmung differenziert werden. Mit Blick auf die Differenz, die hinsichtlich der Körperlichkeit zwischen phänomenalem Leib und semiotischem Körper eingeführt wurde, erscheint es sinnvoll, von folgender Unterscheidung auszugehen: Wahrnehmung von (1) selbstbezüglichen Phänomenen, (2) von unterschiedlichen symbolischen Ordnungen und (3) als Umspringen der Wahrnehmung zwischen (1) und (2).

(1) Den Leib und die Dinge in ihrer spezifischen Phänomenalität wahrzunehmen, heißt nicht, sie als bedeutungslos wahrzunehmen, sondern sie als Etwas wahrzunehmen. Es handelt sich nicht um einen unspezifischen Reiz, ein bloßes Sinnes-Datum, sondern um die Wahrnehmung von etwas als Etwas. Die in ihrer Phänomenalität wahrgenommenen Dinge bedeuten das, als was sie in Erscheinung treten. Die Wahrnehmung von etwas als Etwas wird zugleich als Prozess der Konstitution seiner Bedeutung als dieses besondere phänomenale Sein vollzogen. Häufig ist mit diesem Modus der Wahrnehmung noch ein ganz anderer verknüpft. Wenn sich die Aufmerksamkeit aus ihrer Fokussierung auf die Phänomenalität des Wahrgenommenen löst, kann dieses als ein Signifikant erscheinen, dem sich die unterschiedlichsten Bedeutungen beilegen lassen: Assoziationen jeglicher Art, also Vorstellungen, Erinnerungen, Gefühle, Gedanken etc. Dabei ist fraglich, ob derartige Assoziationen sich nach bestimmten Regeln ergeben, also vorhersagbar sind. Eher ist davon auszugehen, dass sie den betreffenden Zuschauer plötzlich überfallen, eher zufällig auftauchen, wenn auch häufig im Nachhinein begründbar. Der Wahrnehmende vermag über sie jedenfalls nicht frei zu verfügen. Der Wahrnehmungsprozess verläuft daher als ein eher »chaotischer«, in jedem Fall emergenter Prozess. Die Wahrnehmung oszilliert hier zwischen Konzentration auf das Phänomen in seiner Selbstbezüglichkeit und dem Auftauchen von Assoziationsketten.

(2) Andererseits lassen sich die Körper der Akteure – und ihre Bewegungen im Raum – als Zeichen wahrnehmen – als Zeichen für bestimmte symbolische Handlungen im Falle eines Rituals, als Ausdruck für die Freude über ein gelungenes Tor beim Sportler, als Zeichen für eine hinterhältige Verstellung einer dramatischen Figur u.a mehr. Es wird also alles, was wahrgenommen wird, im Hinblick auf eine bestimmte symbolische Ordnung

wahrgenommen. Die Bedeutungen, die so hervorgebracht werden, erzeugen in ihrer Gesamtheit eben diese symbolische Ordnung. Sie wirken so auf die Dynamik des Wahrnehmungsprozesses ein, dass vor allem solche Elemente Beachtung finden, die sich im Hinblick auf die betreffende symbolische Ordnung wahrnehmen lassen. Der Wahrnehmungsprozess erfolgt in diesem Sinne zielgerichtet.

(3) In der Regel verläuft der Wahrnehmungsprozess in einer Aufführung weder ausschließlich nach dem ersten noch nach dem zweiten Modell, also weder völlig chaotisch noch gänzlich zielgerichtet. Vielmehr springt er immer wieder von der einen Ordnung zur anderen um. Im Augenblick des Umspringens erfolgt ein Bruch. Die Dynamik des Wahrnehmungsprozesses nimmt jedes Mal eine andere Wendung. Er verliert die Zufälligkeit und wird zielgerichtet bzw. büßt umgekehrt seine Zielgerichtetheit ein und fängt an auszuschweifen. Jede Wendung führt zur Wahrnehmung von etwas anderem – nämlich jeweils dessen, was zur Stabilisierung der neuen Ordnung beiträgt – und damit zur Erzeugung jeweils anderer Bedeutungen. Auch wenn der Zuschauer versucht, seine Wahrnehmung intentional neu einzustellen bzw. in der neuen Ordnung zu halten, wird ihm sehr bald bewusst werden, dass das Umspringen auch gegen seinen Willen erfolgt, dass es ihm zustößt. Er erfährt in diesem Moment seine eigene Wahrnehmung als emergent, als seinem Willen und seiner Kontrolle entzogen, zugleich aber als bewusst vollzogen. Das Umspringen lenkt so die Aufmerksamkeit des Wahrnehmenden zugleich auf den Wahrnehmungsprozess selbst und seine besondere Dynamik.

Der Wahrnehmende fängt an, sich selbst als Wahrnehmenden wahrzunehmen, was spezifische Bedeutungen hervorbringt, die nun ihrerseits weitere Bedeutungen erzeugen, die auf die Dynamik des Wahrnehmungsprozesses einwirken und so fort. Dem Wahrnehmenden wird zunehmend bewusst, dass ihm nicht Bedeutungen übermittelt werden, sondern dass er es ist, der sie hervorbringt, und dass er auch ganz andere Bedeutungen hätte konstituieren können, wenn das Umspringen zu einem anderen Zeitpunkt oder weniger oft bzw. häufiger eingetreten wäre. Aufführungen sind daher durch die Emergenz von Bedeutungen bestimmt.

Es ist also die Wahrnehmung, die zwischen Zeichenhaftigkeit und Phänomenalität, Konstitution von Bedeutung und somatischer Erfahrung oszillierend hin- und hergleitend einen performativen Prozess erst als einen solchen erscheinen lässt bzw. zu einem solchen macht. Die Wahrnehmung erscheint daher selbst als ein performativer Prozess und bedarf daher einer entsprechenden gesonderten Untersuchung.[58]

Ereignishaftigkeit von Aufführungen

Wie aus den bisherigen Überlegungen hervorgeht, lassen sich Aufführungen angemessen nicht als Produkte oder Werke begreifen, sondern nur als *Ereignisse*. Insofern die Aufführung aus der Interaktion aller Teilnehmer hervorgeht, sich in einem autopoietischen Prozess selbst erzeugt, erscheinen der Produkt- ebenso wie der Werkbegriff inadäquat. Denn die Aufführung liegt nicht als Resultat dieses Prozesses vor, sondern wird in und mit ihm vollzogen. Es gibt sie nur als und im Prozess der Aufführung; es gibt sie nur als Ereignis.

Als Ereignis ist die Aufführung – im Unterschied zur Inszenierung – einmalig und unwiederholbar. Exakt dieselbe Konstellation zwischen den Anwesenden wird sich nicht ein zweites Mal einstellen. Eine Aufführung ist auch in diesem Sinne als ein Ereignis zu begreifen, dass keiner der an ihr Beteiligten volle Verfügungsgewalt über sie besitzt, dass sie ihm zustößt.

Als Ereignis geschieht in einer Aufführung auch das merkwürdige Zusammenfallen von Gegensätzen. In ihr erfahren sich die Beteiligten als Subjekte, die ihren Gang mitbestimmen und sich zugleich von ihm bestimmen lassen. Sie erfahren die Aufführung als einen ästhetischen und zugleich religiösen, sozialen, ja politischen Prozess, in dem Beziehungen ausgehandelt, Gemeinschaften gebildet und wieder aufgelöst werden. Ihre Wahrnehmung vollzieht sich sowohl als ein »chaotischer« als auch als ein zielgerichteter Prozess. Was in der westlichen Kultur traditionell als Gegensatz gedacht wird, der sich in dichotomischen Begriffspaaren fassen lässt – wie autonomes vs. fremdbestimmtes Subjekt, Ästhetisches vs. Soziales/Politisches, Präsenz vs. Repräsentation – wird in Aufführungen nicht im Modus des Entweder-oder, sondern in dem des Sowohl-als-auch erfahren.

Da dichotomische Begriffspaare außer als Instrumente zur Beschreibung und Erkenntnis der Welt auch und vor allem als Regulative unseres Handelns und Verhaltens dienen, zieht ihre Destabilisierung nicht nur eine Destabilisierung der Welt-, Selbst- und Fremdwahrnehmung nach sich, sondern bewirkt zudem auch eine Erschütterung der Regeln und Normen, die unser Verhalten leiten. Die Beteiligten werden in eine Situation zwischen verschiedenen Regeln und Normen versetzt – in eine liminale Situation, wie der Ethnologe Victor Turner sie genannt hat.[59] Es ist diese Erfahrung von Liminalität, die unter bestimmten Bedingungen im Subjekt eine transformierende Kraft zu entfalten vermag.

Zurück an den Anfang: Performativität und Performance/Aufführung

Damit ist der Begriff der Aufführung/Performance hinsichtlich der medialen Bedingungen von Aufführungen, ihrer Materialität, ihrer Wahrnehmung, Bedeutungserzeugung sowie ihrer Ereignishaftigkeit bestimmt. Diese Bestimmung hat eine Reihe von Eigenheiten bzw. Charakteristika konturiert, die Aufführungen generell zugesprochen werden können, wie die prinzipielle Unvorhersehbarkeit ihres Verlaufs; spezifische Ambivalenzen und die mit ihnen verbundene Fähigkeit, dichotomische Begriffssysteme als solche zu destabilisieren; die Flüchtigkeit der Materialität, welche der Aufführung nur für die Dauer ihres Verlaufs Existenz sichert; ein spezifischer Modus der Wahrnehmung sowie der Erzeugung von Bedeutung und eine transformative Kraft.

Wenn zum Abschluss des ersten Teils das Verhältnis der beiden Begriffe »performativ« und »Performance/Aufführung« geklärt werden soll, gilt es zunächst zu überprüfen, ob bzw. inwiefern diese Eigenheiten nicht nur für Aufführungen, sondern auch für performative Akte und Prozesse im Sinne Austins und Butlers gelten.

Die *Unvorhersehbarkeit* des Ablaufs taucht unter einem anderen Namen bei Austin an ganz prominenter Stelle auf – als Lehre von den Unglücksfällen. Er widmet ihr immerhin drei Vorlesungen: die zweite, dritte und vierte. Die von ihm zu Beginn der zweiten Vorlesung aufgelisteten Gelingensbedingungen können auf die unterschiedlichsten, in der Regel nicht voraussagbaren Weisen unterlaufen werden, so dass der intendierte Sprechakt scheitert. Die möglichen Unglücksfälle sind so zahlreich, dass sie sich gar nicht im Einzelnen erfassen lassen. Die unter A und B genannten Gelingensbedingungen betreffend, erstellt Austin eine allgemeine Systematik[60]:

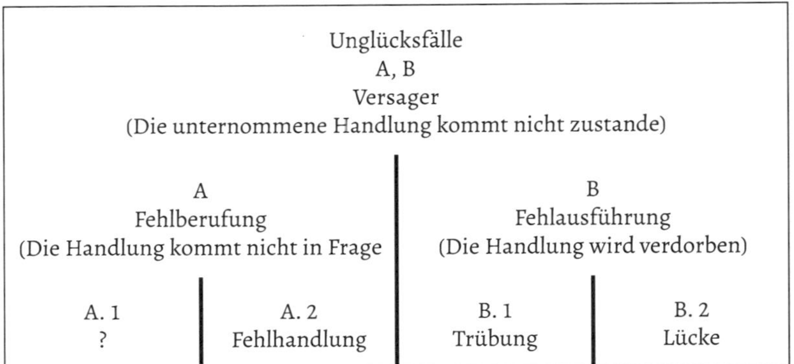

Austin betont dabei ausdrücklich, dass auch wenn ein Sprechakt nichtig oder unwirksam ist, das nicht bedeutet, »dass man gar nichts getan hat – im Gegenteil, sogar eine ganze Menge«. Zwar bleibt der Sprechakt selbst unwirksam, aber das heißt »hier nicht ›ohne Folge, ohne Ergebnisse, ohne Konsequenzen‹«[61]. Der Ablauf nimmt insofern eine nicht intendierte, unvorhergesehene Wendung.

In Butlers Theorie der performativen Erzeugung von Identität, speziell Geschlechteridentität, sind es die besonderen Verkörperungsbedingungen, deren Annahme – darin Austins Gelingensbedingungen vergleichbar – Unvorhersehbarkeit impliziert. Denn da diese Bedingungen weder allein in die Verfügungsgewalt des Subjekts gestellt sind noch vollständig von der Gesellschaft determiniert werden können, ist der Prozess, in dem die jeweilige Identität erzeugt wird, prinzipiell nicht vorhersehbar.

Auch die Ambivalenzen, die für Aufführungen/Performances kennzeichnend sind, finden sich in Austins und Butlers Theorien des Performativen. Während Austin zunächst große Mühe darauf wendet, einen Gegensatz zwischen performativen Äußerungen, die glücken oder missglücken können, und konstativen Äußerungen, die wahr oder falsch sind, aufzubauen, beginnt er in der fünften Vorlesung, ihn zu unterminieren, um ihn zuletzt ganz fallen zu lassen: Auch performative Äußerungen können wahr oder falsch sein und konstative glücken oder missglücken. Aus diesem Sachverhalt leitet Sibylle Krämer die Fähigkeit des Performativen ab, dichotomische Begriffspaare als ganze zu destabilisieren, die ihrer Ansicht nach von Austins Vorgehen impliziert wird.

Eine Ambivalenz ganz anderer Art spricht Judith Butler an, wenn sie darauf hinweist, dass Performativität *per se* weder als positiv noch als negativ gelten kann. Sie vermag als traumatisierende ebenso wie als befreiende Kraft zu wirken. Denn es sind performative Akte, die den Körper einer vorgegebenen Norm unterwerfen, ebenso wie es performative Akte sind, mit denen gegen die Norm verstoßen und Widerstand geleistet werden kann.

Die Flüchtigkeit der Materialität, welche der Aufführung eine Existenz nur während ihres Verlaufs zusichert, gilt, wie bereits konstatiert, ganz offensichtlich ebenso für performative Äußerungen und körperliche performative Akte: Ihre Ausführung ist flüchtig, aber in dieser ihrer Flüchtigkeit bringen sie eben die Wirklichkeit hervor, auf die sie verweisen. Ihr Vollzug ist nicht anders als flüchtig zu denken. In dieser Hinsicht unterscheiden sie sich nicht von anderen Handlungen. Handlungen, die auf die Herstellung eines Artefakts zielen, werden ebenfalls als flüchtige vollzogen, auch wenn durch sie ein Stoff gewebt, ein Stuhl getischlert, ein Haus gebaut wird. Flüchtigkeit stellt insofern auch nicht ein Merkmal dar, das performative Prozesse von anderen Prozessen unterscheiden würde. Sie soll daher im Folgenden nicht eigens berücksichtigt werden bzw. lediglich in dem Maße, als dies für die Erörterung der spezifischen Qualitäten des Performativen notwendig erscheint.

Ganz anders verhält es sich dagegen mit dem Aspekt der Wahrnehmung und Bedeutungserzeugung, das bei Austin ebenso wie bei Butler eher indirekt angesprochen wird. Bei Austin wird es implizit unter den subjektiven Gelingensbedingungen mitbehandelt:

> (Γ.1) Wenn wie oft, das Verfahren für Leute gedacht ist, die bestimmte Meinungen oder Gefühle haben, oder wenn es der Festlegung eines Teilnehmers auf ein bestimmtes späteres Verhalten dient, dann muss, wer am Verfahren teilnimmt und sich so darauf beruft, diese Meinungen und Gefühle wirklich haben, und die Teilnehmer müssen die Absicht haben, sich so und nicht anders zu verhalten,
> (Γ.2) und sie müssen sich dann auch so verhalten.[62]

In seiner Systematik der Unglücksfälle führt Austin die diese Bedingungen betreffenden Unglücksfälle wie folgt auf[63]:

M Missbräuche (Die Handlung kommt zustande, ist aber unehrlich)	
M. 1 Unredlichkeit	M. 2 ?

In diesen Fällen hängt es wesentlich von der Wahrnehmung und Bedeutungskonstitution des Adressaten ab, ob es sich um einen Unglücksfall oder einen »unernsten« Sprechakt handelt. Wenn derjenige, der ein Versprechen abgibt, das er nicht ernst meint, und derjenige, dem es gilt, es als ernst wahrnimmt, haben wir es in der Tat mit einem Unglücksfall zu tun. Wenn der Adressat es jedoch als unernst wahrnimmt und daher keine Konsequenzen erwartet, lässt sich kaum von »Verunglücken« sprechen. Ist das Versprechen dagegen ernst gemeint, wird aber vom Adressaten als nichtig wahrgenommen, womit haben wir es dann zu tun? Gerade die von Austin aufgelisteten subjektiven Bedingungen lassen die Wahrnehmung als eine wichtige Bedingung für das Missglücken oder Glücken von performativen Äußerungen erscheinen, die es genauer zu untersuchen gilt.

Judith Butler trägt dieser Bedingung insofern Rechnung, als sie u. a. die Frage aufwirft, warum wir auf einen Transvestiten auf der Bühne anders reagieren als auf einen Transvestiten, der neben uns im Bus sitzt. Denn damit stellt sich in der Tat die Frage nach der Wahrnehmung performativer Akte, ihren sozialen Bedingungen wie ihren Auswirkungen.

Die transformative Kraft gilt, wie sich beim Überblick über die Theorien des Performativen und der Performance/Aufführung gezeigt hat, generell für das Performative. Seine Kraft besteht gerade darin, eine soziale Wirklichkeit zu schaffen, die es vorher nicht gegeben hat, und Wirkungen auszulösen, welche die Betroffenen in unterschiedlicher Hinsicht zu verwandeln vermögen.

Wie sich gezeigt hat, gelten die bei der Bestimmung des Aufführungsbegriffs herausgearbeiteten Merkmale auch für das Performative, wie es vor allem Austin und Butler eingeführt und erläutert haben. Daraus sollte allerdings, wie bereits oben betont, nicht der Schluss gezogen werden, dass das Performative mit der Aufführung/Performance gleichzusetzen sei. Wohl ist eine Aufführung immer als performativ zu begreifen. Aber nicht alles, was wir als performativ ansehen, ist auch zugleich eine Aufführung. Wie sich vor allem im dritten Teil der Untersuchung herausstellen wird, lassen sich performative Prozesse auch ohne die Bedingung einer leiblichen Ko-Präsenz vollziehen, die für Aufführungen gilt.

Wenn im zweiten Teil das Performative weiter entfaltet und erläutert werden soll, empfiehlt es sich daher, die es kennzeichnenden Qualitäten – also Unvorhersehbarkeit, Ambivalenzen, die spezifische Art der Wahrnehmung und Bedeutungsproduktion sowie die transformative Kraft – genauer zu untersuchen und auf die Perspektiven hin zu befragen, die sie kunst- und kulturwissenschaftlicher Forschung zu eröffnen vermögen. Es mag daher auf den ersten Blick widersprüchlich erscheinen, wenn nachfolgend die spezifischen Eigenschaften des Performativen unter Rekurs auf Aufführungen – und zwar überwiegend künstlerische Aufführungen – erläutert werden. Dieses Vorgehen ist allein der Tatsache geschuldet, dass in künstlerischen Aufführungen diese Eigenschaften nicht nur besonders stark ausgeprägt sind, sondern zugleich auf sie reflektiert und so ausdrücklich die Aufmerksamkeit auf sie gelenkt wird. Sie eignen sich daher in hervorragendem Maße als Beispiele, an denen die besonderen Leistungen und Konsequenzen dieser Eigenschaften sich herausarbeiten und diskutieren lassen.

Teil II

Eigenschaften des Performativen

4 Unvorhersehbarkeit – das Verhältnis von Planung und Emergenz

Wie sich bei der näheren Bestimmung des Aufführungsbegriffs gezeigt hat, können im Verlauf einer Aufführung zu ihrem Beginn nicht vorhersehbare Phänomene auftauchen, die ihm eine nicht intendierte Wendung geben: die den geplanten Verlauf leicht modifizieren oder auch signifikant ändern, so dass er eine völlig neue Richtung nimmt. Dieser Vorgang wird mit dem Begriff der Emergenz gefasst. Er ist vom lateinischen Verbum *emergere* abgeleitet, das verwendet wurde, um das plötzliche Auftauchen eines Gegenstandes aus dem Wasser zu bezeichnen, der sich anscheinend bereits vorher unter der Oberfläche verbarg. Im Unterschied zu dieser Bedeutung wird der Begriff heute eingesetzt, um das plötzliche Auftauchen von etwas zu bezeichnen, das vorher nicht gegeben war und aus den Elementen des Systems, in dem es auftaucht, auch nicht abzuleiten ist. Deswegen hat Konrad Lorenz vorgeschlagen, statt des Begriffs der Emergenz den der Fulguration einzuführen, der vom lateinischen Wort *fulguratio* = Blitz abgeleitet ist. Denn dieser Begriff, der im späten Mittelalter von Mystikern und theistischen Philosophen geprägt wurde, um die Plötzlichkeit einer Neuschöpfung auszudrücken, entspreche sehr viel besser dem mit »Emergenz« Gemeinten.[1] Gleichwohl konnte er sich mit diesem Vorschlag nicht durchsetzen. Es blieb bei dem Begriff der Emergenz.

Zwar wurde dieser Begriff erst in den ersten Dekaden des 20. Jahrhunderts im Kontext evolutionärer Kosmologien geprägt. Die Anfänge emergistischen Denkens reichen allerdings bereits weit ins 19. Jahrhundert zurück. Sie sind bereits bei Johann Christian Reil[2], Hermann Lotze[3], Gustav Theodor Fechner[4], John Stuart Mill[5] und Wilhelm Wundt[6] zu finden. Die Hauptwerke des britischen und amerikanischen Emergentismus erschienen erst in den 20er und 30er Jahren des 20. Jahrhunderts. In den letzten Jahrzehnten erlebte der Emergentismus in der Philosophie des Geistes, im Konstruktivismus, in der Chaostheorie und in sozialwissenschaftlichen Theorien der Selbstorganisation erneut eine Renaissance.[7] In Deutschland wurde er vor allem durch Niklas Luhmann populär gemacht.[8] Trotz aller Unterschiede in Bestimmung und Verwendung des Terminus stimmen alle hier Genannten darin überein, dass sie ein Phänomen emergent nennen, welches auftaucht, ohne dass es vorhersehbar gewesen wäre, auch wenn sein Auftauchen im Nachhinein plausibel erscheinen mag: »Als emergent gelten [...] solche Eigenschaften von Systemen oder Ganzheiten, die sich aus den Gesetzen, die für ihre Komponenten und deren Wechselwirkung gelten, nicht vorhersagen lassen.«[9]

Der Begriff der Emergenz ist in den Naturwissenschaften insofern von großer Bedeutung, als er auf eine neue Einstellung der Zukunft gegenüber verweist. Während traditionell in den Naturwissenschaften die Erforschung der Naturgesetze im Zentrum steht und aus der Kenntnis dieser Gesetze Prognosen für die zukünftige Entwicklung abgeleitet werden können, stellt die Anerkennung von Emergenz diese Möglichkeit in Frage: Denn es muss immer wieder mit dem Auftauchen nicht vorhersehbarer Phänomene gerechnet werden, die dem Geschehen eine neue, nicht einkalkulierte Wendung geben.

In den Sozialwissenschaften ist der Begriff der Emergenz insofern zentral, als hinsichtlich menschlichen Handelns und Verhaltens immer mit dem Auftreten von Emergenzen zu rechnen ist. Die ausgereiftesten Pläne und die besten Intentionen können nicht verwirklicht werden, weil Unvorhergesehenes eintritt.

Bei der Beschreibung und Bestimmung von Emergenz treten interessanterweise Merkmale und Qualitäten in den Vordergrund, die auch für performative Prozesse gelten. So wird immer wieder die Selbstreferenzialität emergenter Phänomene betont, die auch für performative Akte gilt.[10] In der Diskussion der sie kennzeichnenden Simultaneität bzw. Nachträglichkeit wird auch auf die neue Wirklichkeit hingewiesen, die durch sie konstitutiert wird.[11] So wie für Aufführungen gilt, dass die in sie involvierten Subjekte weder autonom noch fremdbestimmt sind, sondern vielmehr den weiteren Verlauf sowohl mitbestimmen als sich von ihm bestimmen lassen, wird als Folge von Emergenz die Maxime eingeführt, »dass das Handeln eine Bereitschaft einschließen sollte, sich bestimmen zu lassen«[12]. Für performative Prozesse gilt, dass sie imstande sind, dichotomische Begriffsfelder aufzulösen.[13] Eben diese Fähigkeit wird auch der Emergenz zugesprochen.[14] In beiden Fällen greift zum Beispiel das dichotomische Begriffspaar Subjekt-Objekt nicht mehr – eine Konsequenz, die es noch näher zu untersuchen gilt.

Ein weiterer Aspekt der Übereinstimmung betrifft das Problem der Wahrnehmung. So erörtert Wägenbaur ausführlich das Paradox, das sich für den wissenschaftlichen Beobachter emergenter Phänomene ergibt. Entweder er beobachtet das System, in dem etwas emergiert, von außen, dann spricht er *über* einen Kommunikationszusammenhang. Oder er beobachtet das System von innen, dann befindet er sich in dem Kommunikationszusammenhang und nimmt daran teil. Im ersten Fall ist er imstande, den Sachverhalt darzustellen, der jedoch paradox erscheint; im zweiten Fall »verkörpert« er ihn; er erscheint ihm daher nicht paradox, er ist jedoch unfähig, ihn darzustellen.[15] Dies ist die Situation des Zuschauers in einer Aufführung, der versucht, sie zu analysieren: Er ist Teil eben des Prozesses, den es zu analysieren gilt. Das heißt, dass die Eigenschaft der Unvorhersehbarkeit und damit die Emergenz auch hinsichtlich der Ambivalenzen des Performativen und seiner Wahrnehmung berücksichtigt werden müssen ebenso wie mit Blick auf seine transformative Kraft, die sich in eben solchen Prozessen entfaltet, die durch Emergenzen gekennzeichnet sind.

Trotz der auffallenden Übereinstimmungen zwischen Performativität und Emergenz ist in Untersuchungen zur Emergenz bis auf wenige Ausnahmen[16] keine Beziehung zum Konzept des Performativen hergestellt, auch wenn dort mit Begriffen gearbeitet und Probleme diskutiert werden, die für die Erforschung performativer Prozesse grundlegend sind. Nun lässt sich vielleicht Emergenz ohne Bezug auf Performativität erörtern – das Umgekehrte ist jedoch nicht möglich. Denn performative Prozesse vollziehen sich – wie sich am Modell der Aufführung gezeigt hat – im Wechselspiel von Planung und Emergenz.

Was aber, so ist zu fragen, geht aus diesem Wechselspiel hervor? Im Zusammenhang mit der Emergenz wurde immer wieder von der »neuen« Wendung gesprochen, die der Verlauf des performativen Prozesses nimmt, von den »neuen« Perspektiven und den »neuen« Möglichkeiten, die damit eröffnet werden. Wie lässt sich das »Neue«, das auf diese Weise in die Welt kommt, genauer fassen und wie lässt es sich von dem »Neuen« unterscheiden, das der genialische Künstler in Einsamkeit erschafft, oder gar vom göttlichen Schöpfungsakt, in dem die Worte »Es werde Licht« das Licht erstrahlen ließen? Wie ist ein »Neues« denkbar, das aus dem Zusammenwirken oder gar nur Zusammensein mehrerer Subjekte hervorgeht, die weder autonom noch fremdbestimmt sind und körperliche und Sprechhandlungen als Wiederholung von früher bereits vollzogenen ausführen?

Mit diesen Fragen haben sich implizit oder auch ganz explizit Aufführungen des experimentellen Theaters und der Performance-Kunst der ausgehenden 1960er, frühen 1970er Jahre immer wieder auseinandergesetzt, die mit ausdrücklicher Zuschauerpartizipation arbeiteten. Sie sollen daher als Beispiele dienen, mit denen in diese Problematik eingeführt wird. In Richard Schechners Produktionen mit seiner Performance Group in New York stand durchgehend die Frage im Vordergrund, wie sich die Beziehungen zwischen allen Beteiligten so gestalten lassen, dass »a viable dialectic between solitude and being-with-others«[17] entsteht, in der alle Beteiligten den Verlauf der Aufführung offen mitbestimmen und sich ebenso von ihm mitbestimmen lassen. Die Unvorhersehbarkeit ihres Verlaufs wurde durch die Art der Zuschauerpartizipation erheblich vergrößert.

In *Dionysus in 69* (1968) war es das erklärte Ziel der Künstler, zwischen allen Beteiligten ein Verhältnis von gleichberechtigten Ko-Subjekten herzustellen. Schechner nennt zwei Bedingungen für die Partizipation – das heißt hier: den Wechsel der Zuschauer von der Rolle des Zuschauers in die eines Akteurs:

> First, participation occurred at those points [...] – when spectators felt that they were free to enter the performance as equals [...] The second point is that most of the participation in Dionysus was according to the democratic model: letting people into the play to do as the performers were doing, to »join the story«.[18]

Gleichwohl verhielten sich die Zuschauer in vielen Fällen nicht, wie es die Gruppe vorgesehen hatte, nämlich die Akteure als »equals« zu begreifen und sie entsprechend zu behandeln. Die Performerinnen fühlten sich wiederholt missbraucht, ja geradezu prostituiert;[19] eine Gruppe von College-Studenten entführte den Darsteller des Pentheus gegen dessen Willen, um Pentheus' Opfer durch Dionysus zu verhindern, wobei der Performer (William Shephard) sich Verletzungen zuzog. Das heißt, die »Befreiung« der Zuschauer zu Ko-Subjekten endete häufig damit, dass die befreiten Zuschauer nun ihrerseits die Performer unterdrückten und ihnen Gewalt antaten.

Während Schechner in *Dionysus in 69* also den Zuschauer durch die Animation zur Partizipation »befreien« wollte, entwickelte er später zusammen mit seiner Gruppe ein anderes Modell, das eine sehr viel explizitere Form der Aushandlung von Beziehungen zwischen den Beteiligten erforderte. In einer Episode von *Commune* (1970–1972), in der es um den Vietnamkrieg, genauer um die Vorfälle von My Lai ging, wählte ein Performer (James Griffith) eher zufällig 15 Zuschauer aus, die in einen Kreis in der Mitte des Raumes treten sollten, um die Dorfbewohner von My Lai darzustellen, die erschossen werden sollten. Meist folgten die Zuschauer widerspruchslos den Anweisungen. Es gab jedoch auch solche, die sich widersetzten. In diesen Fällen zog der Performer sein Hemd aus und sagte:

> I am taking off my shirt to signify that the performance is now stopped. You people have the following choices. First, you can come into the circle, and the performance will continue; second, you can go to anyone else in the room and ask them to take your place, and, if they do, the performance will continue; third, you can stay where you are, and the performance will remain stopped; or fourth, you can go home, and the performance will continue in your absence.[20]

In *Commune* wurden also klare Spielregeln für die Partizipation vorgegeben und explizite Aushandlungsprozesse vorgesehen. Obwohl hier der Rahmen in gewisser Weise enger gesteckt war, eröffnete er eine Fülle von Möglichkeiten für nicht vorhersehbares Verhalten.

Durch die Worte des Performers wurde den Zuschauern eine Reihe von Alternativen eröffnet, die jedoch alle den Zuschauer zum Akteur machen würden – auch wenn er blieb, wo er war, würde er zum Verantwortlichen für die Unterbrechung der Performance. Die Alternative, die der Zuschauer gewählt hatte, nämlich weiter als Zuschauer die Handlungen der Performer zu beobachten, ohne sich selbst zu exponieren, wurde ihm verwehrt. Von einer Freiheit der Wahl, wie sie scheinbar in *Dionysos in 69* gegeben war, konnte hier nicht die Rede sein. Es entstand eine Situation, in der die Subjekt- und Objekt-Positionen sich nicht mehr klar voneinander unterscheiden ließen. Wer übte hier Zwang und Gewalt gegen wen aus? Der Performer, der den Zuschauer zum Akteur machen wollte, oder der Zuschauer, der mit seiner Weigerung, als Akteur aufzutreten, die Aufführung unterbrach und die Performer dazu zu veranlassen suchte, entgegen ihrem Plan und ihren Absprachen weiterzuspielen? Jeder der Beteiligten beanspruchte für sich die Subjektposition und drängte den anderen in eine Objektposition. Dieser Sachverhalt wurde in den anschließenden langwierigen Verhandlungen, die Schechner wiedergibt, keineswegs ausgeräumt, sondern eher noch verstärkt. Denn sie unterstrichen lediglich das Dilemma, in das die von der Inszenierung aufgestellten Spielregeln alle Beteiligten gestürzt hatten.

Dieser besondere Fall, den Schechner nach seinen Tagebuchaufzeichnungen schildert[21], eröffnet in seinem Ablauf einen faszinierenden Einblick in das Funktionieren der autopoietischen Feedbackschleife. Denn durch diese Art des Rollenwechsels wurde die Unvorhersehbarkeit des weiteren Verlaufs der Aufführung erheblich gesteigert. Was in ihm emergierte, war weder intendiert noch plan- oder gar kontrollierbar.

Die Weigerung von 4 der 15 von Griffith ausgewählten Personen, in den Kreis zu treten und so zu Akteuren zu werden, zog die Aufmerksamkeit aller Anwesenden auf sie und machte sie paradoxerweise zu Akteuren – ob sie dies nun wollten oder nicht. Es ergab sich ein performativer Widerspruch. Denn mit ihrer Weigerung hatten sie genau das vollzogen, was sie verweigerten. Sie waren es, welche die Diskussion vom Zaun brachen. Sie beteiligten sich aktiv an der Aushandlung von Beziehungen; als Akteure bestanden sie darauf, als Zuschauer an der Aufführung teilzunehmen. Im weiteren Verlauf der Aushandlungsprozesse forderten nun einzelne Performer im Sinne des Gleichheitsgrundsatzes auch für sich das Recht ein, einen anderen, also einen Zuschauer fragen zu dürfen, ob er bereit sei, an ihrer/seiner Stelle die Aufführung fortzusetzen, um selbst frei zu sein, den Raum zu verlassen. Zwei Performerinnen fanden Zuschauerinnen, die ihr Einverständnis erklärten, allerdings den Vorbehalt äußerten, dass sie weder die betreffenden »Rollen« noch den weiteren Verlauf der Aufführung kannten. Die Unvorhersehbarkeiten wurden so weiter multipliziert.

Nach drei Stunden Diskussion entschieden sich drei der vier Verweigerer, den Raum zu verlassen. Nachdem der vierte eine Erläuterung dafür erhalten hatte, warum er in den Kreis treten sollte, erklärte er sich schließlich bereit, mitzuspielen (vielleicht auch, weil seine Freundin den Part einer Performerin übernommen hatte).

Auch wenn anschließend zum »geplanten« Verlauf der Aufführung zurückgekehrt wurde, blieb dieser gleichwohl nicht vorhersehbar. Denn die als

Performerinnen debütierenden Zuschauerinnen kannten weder den Text, den sie sprechen sollten – den Schechner ihnen soufflierte –, noch die körperlichen Handlungen, die sie auszuführen hatten. In keinem Moment der Aufführung war vorhersehbar, wie sich der weitere Ablauf gestalten würde. Aus der Tatsache der Weigerung ergab sich keineswegs mit zwingender Notwendigkeit eine bestimmte Weiterentwicklung. Sie multiplizierte lediglich die Anzahl der Möglichkeiten für den weiteren Verlauf.

Das »Neue«, das hier entstand, waren soziale Beziehungen, die sich zwar in einem vorab festgelegten Rahmen, jedoch in offenen, auf Gleichberechtigung zielenden Aushandlungsprozessen herausbildeten. Es kam nicht durch einen einmaligen Schöpfungsakt eines großen Individuums plötzlich in die Welt, sondern wurde in einem und als ein langwieriger performativer Prozess hervorgebracht, an dem viele beteiligt waren. Die prinzipielle Unvorhersehbarkeit der Verhandlungen und eine entsprechende Wahrscheinlichkeit von Emergenzen fungierte hier geradezu als Voraussetzung dafür, dass sich zwischen den Beteiligten soziale Beziehungen einer neuen Qualität herausbilden konnten.

Das von Schechner angestrebte Ziel, eine soziale Situation herzustellen, die durch »a viable dialectic between solitude and being-with-others« gekennzeichnet ist, wird seit den 1960er Jahren von vielen Sozialwissenschaftlern und Sozialphilosophen diskutiert. Dabei werden zunehmend die Begriffe problematisch, mit denen soziale Situationen bezeichnet werden, in denen mehrere, wenn nicht gar viele Individuen in Übereinstimmung miteinander agieren und interagieren – die Begriffe »Gemeinschaft« und »Kollektiv«. Gegen den Begriff der Gemeinschaft wird eingewandt, dass er geteilte Werte, Überzeugungen, Ideologien, Glauben, Weltanschauungen voraussetze. Derartige Gemeinschaften würden aufgrund dieser Basis mit strikten Mechanismen der Inklusion und Exklusion arbeiten und so prinzipiell offene soziale Situationen verhindern. Gegen dieses Argument wurde eingewandt, dass sich »ästhetische Gemeinschaften«[22] oder auch »theatrale Gemeinschaften«[23] in performativen Prozessen auf der Grundlage geteilter ästhetischer Erfahrungen herauszubilden und ebenso wieder aufzulösen vermögen, ohne dass auf gemeinsame Überzeugungen etc. und aus ihnen abgeleitete Inklusions- und Exklusionskriterien zurückgegriffen werden müsste.

Der Begriff des Kollektivs erscheint in diesem Zusammenhang noch fragwürdiger. Denn er wurde seit dem ersten Jahrzehnt des 20. Jahrhunderts als Bezeichnung für eine bestimmte Art von Gemeinschaft verwendet, die durch den Kommunismus entstehen sollte. Unter Berufung auf Marx' Vorstellungen von einer kommunistischen Urgemeinschaft, die sich zu keiner Zeit in der Geschichte nachweisen lässt, wird das kommunistische bzw. sozialistische Kollektiv durch die gemeinsam geteilte Ideologie begründet. Die Mitglieder eines Kollektivs sind entsprechend durch die Verfolgung eines gemeinsamen Ziels miteinander verbunden – in der nahen Zukunft gemeinsam eine Landwirtschaftskooperative zu betreiben, eine Theateraufführung einzustudieren oder »ideologisch Verirrte« einer Reedukation zu unterziehen; in der fernen Zukunft den Sieg des Kommunismus zu erreichen.

Beide Begriffe – »Gemeinschaft« und »Kollektiv« – sind entsprechend belastet, wenn auch in unterschiedlichem Ausmaß und divergierend je nach Sprachkultur. So beinhaltet der englische Begriff der *community* kaum diejenigen Konnotationen, die dem Begriff »Gemeinschaft« im deutschen Kontext anhaften. Seit den 1990er Jahren wurde nun ein Begriff für den Vorgang der Selbstorganisation von größeren Gruppen von Menschen eingeführt, der bis dahin überwiegend nur für größere »Gruppen« bestimmter Tierarten Verwendung fand – der Begriff des Schwarms. Die Einführung dieses Begriffs steht im Zusammenhang mit der aus den neuen Kommunikationstechnologien sich ergebenden Möglichkeit, mit sogenannten Blitzpartys, Flashmobs und anderen Massenveranstaltungen gesellschaftliche Gruppen auf bisher unbekannte Weise zu organisieren. Was ihn so attraktiv erscheinen lässt, ist die Eigenart von Bienen- oder Vogelschwärmen, dass es sie nur in ihrem Vollzug gibt – sie in diesem Sinn performative Phänomene *par excellence* darstellen. Sie bilden keine dauerhafte Struktur und sind erst recht nicht auf Institutionen bezogen. Wann immer etwas »Unvorhergesehenes« auftaucht, nehmen sie eine andere Wendung. Jeder hält einen gewissen Abstand von allen anderen, gleichwohl vollziehen sie alle gemeinsam die neue Wendung, wobei das einzelne Mitglied eines Schwarms nicht mit allen anderen, sondern nur ganz wenigen direkt kommuniziert. In einem Vogelschwarm scheint in der Tat »a viable dialectic between solitude and being-with-others« gegeben zu sein. Gleichwohl stellt sich die Frage, ob und in welcher Hinsicht ein Vogel-, Bienen- oder Fischschwarm in modifizierter Form als Modell für soziale Situationen fungieren kann, die zwar einer vorübergehenden gemeinsamen Ausrichtung bedürfen, ohne jedoch eine darüber hinausgehende Identifikation oder Konformität mit allen anderen zu verlangen oder über klare Inklusions- und Exklusionsregeln zu verfügen.

Der Soziologe Kevin Kelly geht davon aus, dass eine dezentrale rhythmische Selbstorganisation, wie sie für Schwärme typisch ist, in menschlichen Gesellschaften bisher ungeahnte Leistungspotenziale freizusetzen vermöchte. Seiner Meinung nach lässt sich aus der Synchronisierung von Bewegungsabläufen und den Vernetzungen komplexer rhythmischer Muster, wie sie in Vogelschwärmen zu beobachten sind, auf eine »Schwarmintelligenz« schließen, die nicht der Fähigkeit einzelner Mitglieder zuzurechnen ist, sondern im Schwarm bzw. Schwärmen emergiert. Wie Kelly betont, fliegt ein Vogel als Teil des Schwarms schneller und zugleich kontrollierter als allein.[24] Kelly versucht, den Nachweis für seine Behauptung zu führen, dass in ähnlich lockeren Bindungen auch Menschen schneller, flexibler und dadurch wirksamer agieren könnten, als es in den traditionell gegebenen institutionellen Organisationsstrukturen möglich ist.

Der soziale Schwarm wird entsprechend als ein loser Verbund von Individuen konzipiert, die nicht mit dem Schwarm als Ganzem, sondern immer nur mit einigen wenigen benachbarten anderen direkt kooperieren. Wenn einer oder mehrere Individuen aus dem Schwarm ausscheren, ist dadurch sein Bestand ebenso wenig gefährdet wie durch das Hinzukommen anderer Individuen. Der Schwarm ist insofern nicht hierarchisch organisiert, weil es in ihm nicht ein leitendes Individuum gibt, sondern je nach Richtungswechsel, den der Schwarm vollzieht, ein anderer die Führung übernimmt. Selbstorganisation des Schwarms wird durch den Rhythmus seiner Bewegung vorgenommen: Wer sich dem Schwarm eingliedert, schwingt in seinen Rhythmus ein. Dabei sei noch einmal daran erinnert, dass Rhythmus nicht Gleichmaß, sondern Regelmaß meint: Wiederholung und Abweichung vom Wiederholten, so dass das Prinzip der Selbstorganisation des Schwarms bereits die Möglichkeit von Emergenzen impliziert.

Während Kelly die Steigerung der Leistung, die Effizienz von sozialen Schwärmen, fokussiert, sind sie in unserem Zusammenhang vor allem in ihrer Fähigkeit von Interesse, neue soziale Situationen herzustellen. Diese Fähigkeit kann durchaus – wie das Performative ganz generell[25] – ambivalent sein. Sie kann zur Gewalteskalation führen wie beim »Sturm auf die Bastille« in Paris 1789 oder bei der »Erstürmung des Winterpalais« in St. Petersburg 1917[26]. Sie vermag ebenso eindrucksvolle Massendemonstrationen im städtischen Raum hervorzubringen, die, wie auf dem Tahrir-Platz in Kairo, einen friedlichen Umsturz bewirken.

Die zuletzt genannten Beispiele weisen darauf hin, dass unter den Schwarm-Phänomenen öffentlichen Veranstaltungen eine besondere Bedeutung zukommt. Wie Judith Butler in ihrer Studie *Zu einer performativen Theorie der Versammlung* (2018) gezeigt hat, bilden sich Versammlungen »plötzlich und unerwartet, sie lösen sich unter freiwilligen oder unfreiwilligen Bedingungen wieder auf« und »diese Flüchtigkeit sei« eng mit ihrer »kritischen Funktion verknüpft.«[27] Daher bedeute die Versammlung etwas, das über das von ihr Gesagt hinausgehe, und »dieser Bedeutungsmodus ist eine gemeinsame körperliche Inszenierung, eine plurale Form der Performativität.«[28] Die Handlungen, die während der Versammlung vollzogen werden, sind nicht im Vorhinein geplant. Sie sind auch nicht einzelnen beteiligten Individuen zuzuschreiben. Vielmehr emergieren sie aus den Beziehungen, die zwischen den Beteiligten entstehen. Noch vor jeder expliziten Forderung, die aus dem Prozess hervorgehen mag, wird mit und in diversen Versammlungen auf öffentlichen Plätzen »ein plurales und performatives Recht zu erscheinen« geltend gemacht, »das den Körper in die Mitte des politischen Feldes rückt.«[29] Derartige öffentliche Versammlungen, die häufig ungeplant zustande kommen und deren Verlauf aufgrund der Beziehungen, die zwischen den Beteiligten erst in und durch die Versammlung entstehen, nicht vorhersehbar ist, vermögen grundlegende soziale und politische Veränderungen in Gang zu setzen.

Auf ganz andere Art experimentieren Performancegruppen mit den Möglichkeiten, die Schwärme für das Miteinander in urbanen Räumen eröffnen. Auf unterschiedliche Weise setzen sie sich mit der Frage auseinander, ob und wie Schwärme eine »viable dialectic between solitude and being-with-others« begünstigen oder gar hervorbringen. Besonders eindrucksvolle und im Hinblick auf diese Fragestellung ergiebige Beispiele liefern die sogenannten *Radioballette* der Gruppe Ligna, die in den Einkaufszentren Alexa am Alexanderplatz und den Potsdamer Platz Arkaden in Berlin (2010) stattfanden. Die Zuschauer erhielten jeweils einen tragbaren Radioempfänger mit Ohrmuschel-Kopfhörer und wurden gebeten, sich unauffällig unter die Passanten der Shopping-Mall zu mischen. Über den Empfänger wurden sie zu bestimmten Bewegungen durch den Raum und besonderen Verhaltensweisen aufgefordert. Durch die Art der von allen Beteiligten gleichzeitig ausgeführten Übungen und der mit ihnen vollzogenen Aneignung des Raumes bildete sich ein sozialer Schwarm, der über das Radio koordiniert wurde und damit zugleich die spezifischen Verhältnisse, die sich so zwischen den Beteiligten herstellten, reflektierte.[30] Die Schwärme, die so entstanden, unterscheiden sich in mancher Hinsicht durchaus von den Schwärmen, für die Kelly sich interessiert, weswegen van Eikels es meines Erachtens zu Recht vorzieht, von »Schwarmeffekten« statt von Schwärmen zu sprechen.[31] Gleichwohl sind es gerade diese Differenzen, die eine Reflexion auf das soziale Potenzial von Schwärmen ermöglichten, die in der Tat auf keinen Fall mit Tierschwärmen gleichzusetzen sind.

Dieses Potenzial wurde durch Verwandlungen bzw. Emergenzen entfaltet, die nacheinander bzw. teilweise gleichzeitig auftraten. Zunächst verwandelte sich der als Zuschauer Teilnehmende in einen Akteur, der im weiteren Verlauf des Geschehens mit anderen Akteuren einen Schwarm bildete, der über die Einkaufspassage ausschwärmte. Der so entstandene Schwarm war als solcher zunächst nicht erkennbar. Erst am Ende der Performance lenkten die Teilnehmer die Aufmerksamkeit der anderen Passanten auf sich, so dass sie als »Schwarm« wahrgenommen werden konnten: In diesem Moment verwandelte sich für alle Anwesenden die Shopping-Mall in einen Aufführungsraum. Offenbar wurde, dass sich der »Schwarm« den privatisierten öffentlichen Raum der Shopping-Mall mit seiner Performance längst angeeignet hatte.

Außerdem wurden damit die Beziehungen der Beteiligten zueinander neu definiert. Sie bildeten weder eine Gemeinschaft im Sinne geteilter Überzeugungen, Werte, Weltanschauungen etc. noch ein ideologisches Kollektiv. Noch auch handelte es sich um lauter voneinander isolierte Einzelwesen. Denn die Performance eröffnete einen liminalen Raum, der weder ein individuelles noch ein kollektives Handeln erzwang, sondern sowohl individuelle als auch kollektive Handlungsmöglichkeiten eröffnete. Der so verstandene Schwarm realisierte die seit den 1970er Jahren immer wieder postulierte »viable dialectic between solitude and being-with-others« auf eine ganz spezifische Weise. In ihm kollabierten die Gegensätze. Er verlangte keine Entscheidung für das eine oder das andere, forderte kein Entweder-oder, sondern ließ ein Sowohl-als-auch zu. In diesem Sinne stellte er eine neue soziale Situation her und dar. Wie Wihstutz gezeigt hat, reflektiert die ästhetische Erfahrung, welche die an der Performance Beteiligten machen konnten, die

Erfahrung, die der Philosoph Jean-Luc Nancy als »singulär plural sein« bezeichnet:[32] dass wir immer schon mit anderen und unter anderen sind und im Mit-Sein verschieden bzw. das Singuläre gerade das Gemeinsame bezeichnet.[33]

Rituale, Feste, künstlerische Aufführungen, Spiele, soziale Schwärme, öffentliche Versammlungen, das urbane Straßenleben mögen sich wohl durch die Art und Strenge ihrer Regeln ebenso wie durch die Stärke der Bindungen zwischen allen jeweils Beteiligten unterscheiden. Gleichwohl ist für alle Unvorhersehbarkeit charakteristisch, die mit der Offenheit der Situation jeweils potenziell wächst. Auch wenn die Regeln strikt sein mögen wie in einer Gerichtsverhandlung oder einem Fußballspiel, lässt sich der Prozess nicht vollständig planen und kontrollieren. Für performative Prozesse gilt generell, dass aufgrund der Unvorhersehbarkeit für sie ein – wenn auch je anderes – Verhältnis von Intentionalität und Emergenz gilt. Aufgrund der Unterschiede in diesem Verhältnis mag es zu kleineren Veränderungen oder zu radikalen Umbrüchen kommen. In jedem Fall ist es dieses Verhältnis, was die Kultur als Ganzes ebenso wie kulturelle Subsysteme und einzelne kulturelle Prozesse in Bewegung hält und ihre jeweilige Dynamik bestimmt.

Dies gilt es für kulturwissenschaftliche Forschung nicht nur zu berücksichtigen, wenn sie sich mit der Geschichte auseinandersetzt und zu erklären sucht, wieso diese oder jene Ereignisse eintreten konnten oder diese oder jene Prozesse plötzlich eine unerwartete Wendung nahmen. Sie muss es auch jedem Versuch zugrunde legen, *Zukunftsforschung* zu betreiben, wie dies heute zunehmend der Fall ist.

Futurologie stellt im landläufigen Sinn eine Domäne der Sozial- und Wirtschaftswissenschaften dar, auch wenn in ihr multi- bzw. interdisziplinär gearbeitet wird. Ihre hauptsächlichen Arbeitsformen bilden Zukunftsstudien und Zukunftsprojekte, »Szenariologie« und »scenario planning«.[34] Sie grenzt sich ausdrücklich von Tätigkeitsfeldern wie »Trendforschung«, »Prophetie« oder »Science Fiction« ab, die zweifellos ebenfalls auf Zukünftiges bezogen sind. Allerdings arbeitet auch die Zukunftsforschung mit kreativen und phantasievollen Zukunftsbildern und Zukunftsentwürfen, die jedoch ohne normative und prospektive Elemente undenkbar sind. In den letzten Jahren sind in dieser Art der Zukunftsforschung wesentliche Veränderungen zu beobachten, insofern in ihr Blickfeld nun auch stärker Entwicklungen und Ereignisse getreten sind, die sich durch Unordnung, Vielfalt, Differenziertheit,

Interdependenz mit turbulenten Feldern, Unbestimmtheiten und Instabilitäten auszeichnen.

Mit ihrer nicht hintergehbaren Einsicht in die grundsätzliche Unvorhersehbarkeit des Verlaufs performativer Prozesse könnte die Performativitätsforschung eine andere Art von Zukunftsforschung initiieren, die sich jeder Art von Prognosen oder Zukunftsentwürfen enthält.

Wie sich gezeigt hat, sind performative Prozesse *per definitionem* auf die Zukunft bezogen: Ganz gleich, ob es sich um Sprechakte, andere symbolische Praktiken, Rituale, Feste, Sportwettkämpfe, Gerichtsverhandlungen, politische Versammlungen, künstlerische Aufführungen u. a. handelt, verweisen sie alle unüberhörbar auf eben die Zukunft, die durch ihren Vollzug hervorgebracht wird. Aus ihnen geht Zukünftiges hervor, das häufig weder so intendiert und geplant noch vollständig dem Zufall überlassen ist. Vielmehr verschränken sich in ihnen, wie wir gesehen haben, Intendiertes und Emergentes auf je spezifische Weise. Jedes neu auftauchende Phänomen führt zu einer kleineren oder größeren Abweichung bzw. Richtungsänderung, die weder geplant noch voraussagbar war. Auf diese Änderungen wird mit neuen bzw. neu angepassten Plänen reagiert, bis deren Verwirklichung durch ein weiteres emergentes Element unterbrochen wird und so fort *ad libitum*. Weder der genaue Verlauf noch das Ende des Prozesses sind daher kontrollierbar und vorhersehbar. Was im Nachhinein häufig als ein in sich schlüssiger Gesamtprozess konstruiert und interpretiert wird, löst sich vielmehr in eine Struktur von Wendungen und Abzweigungen auf, so dass sich ein kaum mehr überschaubares Netzwerk herausbildet.

Performativitätsforschung als Zukunftsforschung betreiben, kann daher auch nicht heißen, normative Zukunftsbilder zu entwerfen, sondern vielmehr den Verlauf performativer Prozesse zu erforschen, welche Zukünftiges hervorbringen. Es kann also nicht um die Frage gehen, welche Zukunft entsteht oder entstehen sollte, sondern um das Problem, auf welche Weise diese Prozesse Zukünftiges erzeugen. Aber auch, wenn dieses Problem befriedigend gelöst sein sollte, folgt daraus nicht die Möglichkeit, spezifische Selbst- und Sozialtechniken zu entwickeln, mit denen sich das Unvorhersehbare und damit Emergenz ausschließen ließe. Vielmehr ist damit lediglich die Einsicht in den spezifischen Verlauf kultureller Prozesse als performativer Prozesse vertieft, ohne die Option für gezielte Interventionen zu eröffnen.[35]

5 Ambivalenzen des Performativen

Wenn kulturelle Prozesse als performativ wahrgenommen und begriffen werden, leuchtet unmittelbar ein, dass ihre spezifische Dynamik sich der Planung und Kontrolle der einzelnen beteiligten Subjekte immer wieder entzieht. Das ist zum einen auf die im vorstehenden Abschnitt diskutierte Unvorhersehbarkeit ihres Verlaufs zurückzuführen. Zum anderen ist es den Ambivalenzen geschuldet, die für das Performative charakteristisch sind und mit der Unvorhersehbarkeit zusammenhängen. Wenn in performativen Prozessen die beteiligten Subjekte sowohl ihren Verlauf mitbestimmen als auch sich von ihm mitbestimmen lassen, ihnen *agency* sowohl verliehen als auch entzogen wird, erscheinen sie einerseits als aktiv Handelnde und zugleich andererseits als passiv die Wirkungen der Handlungen Anderer Erleidende. Der aktive Aspekt des Performativen ist in diesem Kontext unlösbar mit dem pathischen verbunden. Handeln und Geschehenlassen, Tun und Nicht-Tun treten hier als die zwei Seiten einer Medaille auf.

Judith Butler hat bereits in ihrem frühen Aufsatz die performativen Akte, mit denen (Geschlechter-)Identität konstituiert wird, als sowohl traumatisierende als auch befreiende qualifiziert, je nachdem, wie sie von dem sie Ausführenden wahrgenommen werden.[36] Diese Ambivalenz gilt auch für Rituale – ebenso wie für Schwärme. Übergangsrituale heben eine bestehende Identität bzw. Ordnung auf, um eine neue hervorzubringen. Dazu bedarf es einer liminalen Phase, die beide Identitäten bzw. Ordnungen voneinander trennt und die Bedingung dafür darstellt, dass eine neue entstehen kann. Ähnliches gilt für revolutionäre Massen. Sie zerstören eine geltende Ordnung und lassen eine Art von Leerstelle entstehen – eine liminale Phase, aus der in unterschiedlich langen Zeiträumen eine neue Ordnung hervorgeht. Ob diese revolutionären Handlungen als Zerstörung des Alten begriffen werden, die es zu beklagen gilt, oder als Erzeugung eines Neuen, das zu feiern ist, hängt auch hier von der Wahrnehmung ab.

Will man Einblick in die spezifische Dynamik kultureller Prozesse gewinnen, müssen daher die besonderen Ambivalenzen des Performativen in den Blick genommen werden. Im Vordergrund unseres Interesses sollen dabei die beiden hier genannten Ambivalenzen stehen, auf die letztlich auch andere wenn nicht zurückzuführen, so doch zu beziehen sind: (1) die Ambivalenz von aktiv vollzogenen Prozessen und passiv erlittenem Geschehenlassen, von Tun und Nicht-Tun sowie (2) die Ambivalenz von Zerstören und Erschaffen, Destruktion und Kreation.

(1): In und durch performative(n) Prozesse(n) entstehen neue soziale Situationen: Der Sprechakt »Ich erkläre Sie zu Mann und Frau«, unter den für seine Gültigkeit notwendigen Bedingungen gesprochen, bringt eine solche neue soziale Situation hervor ebenso wie das Übergangsritual, das Knaben in Krieger transformiert. In beiden Fällen wird die Welt verändert und eine neue Wirklichkeit geschaffen. Bei der Untersuchung von Sprechakten und Ritualen, die diese ihre Fähigkeit zur Wirklichkeitskonstitution erklären soll, stehen in der Regel die Handlungen im Vordergrund, die ausgeführt werden, sowie die spezifischen Bedingungen, unter denen sie ausgeführt werden müssen, wenn Sprechakt und Ritual nicht scheitern sollen. Der Aspekt des Sich-bestimmen-Lassens, der sowohl im Sprechakt als auch im Ritual immer impliziert ist, bleibt meist unbeachtet. Wie sich im ersten Teil des vorliegenden Bandes herausgestellt hat, handelt es sich bei Sprechakten, körperlich vollzogenen performativen Akten und Aufführungen gerade um das Zusammenspiel von Bestimmen und Sich-bestimmen-Lassen, das ins Zentrum der Aufmerksamkeit tritt. Welchen Anteil hat, so ist daher zu fragen, das Sich-bestimmen-Lassen, das Geschehenlassen an der Hervorbringung sozialer, politischer, religiöser, ästhetischer Wirklichkeiten?

Wie Martin Seel gezeigt hat, lässt sich die scheinbar durch diese Ambivalenz bedrohte Selbstbestimmung des Menschen ohne die Einheit von Tun und Lassen gar nicht denken. Denn »immer lassen wir uns [...] auf Situationen ein oder orientieren uns auf Situationen hin, in denen wir auf eine noch unüberschaubare Weise bestimmt *werden* – und von denen wir, soweit wir sehen können, auch bestimmt werden wollen«. Dies trete besonders deutlich bei einem Bestimmt-Werden *in actu* hervor, wie es in performativen Prozessen geschieht:

> Denn bestimmt zu sein und bestimmt zu werden ist nicht nur unumgängliche *Voraussetzung* und nicht nur ein inneres *Anliegen* von Selbstbestimmung, es ist darüber hinaus ein integrales Kennzeichen ihres *Vollzuges*. Kein Akt der Selbstbestimmung und erst recht keine selbstbestimmte Praxis kann ohne entwickelte Fähigkeiten der Rezeptivität gelingen. Sich bestimmen zu lassen ist nicht nur Rückhalt und Zielpunkt, sondern darüber hinaus ein konstitutives *Verfahren* von Selbstbestimmung.[37]

So wie Selbstbestimmung nicht ohne Bereitschaft, sich bestimmen zu lassen, zu denken ist, lässt sich auch das Tun und Handeln nur vom Lassen her denken. Seel entwickelt entsprechend eine *Kleine Phänomenologie des Lassens*, in der er unterschiedliche Modi des Lassens an- und ausführt. So bestimmt er unter Rekurs auf Nietzsches Diktum »Alles Tun ist ein Lassen« nun seinerseits alles Tun »in einem trivialen Sinn« als ein »Lassen, weil es ein Auslassen ist. Wer etwas Bestimmtes tun will, kann nun einmal nicht alles mögliche andere tun.«[38] Unterlassen charakterisiert er als eine Handlung, »die aus irgendeinem Grund angebracht oder erwartbar gewesen wäre. Der Handelnde tut etwas nicht, das es – auch, vor allem oder allein – wert gewesen wäre, getan zu werden.«[39] Das Sein-Lassen wird definiert als ein Abstandnehmen von Zielen und von Haltungen, als ein Bleiben-Lassen, mit dem freiwillig auf Handlungen verzichtet wird, und als ein Verlassen von Situationen. Das Sich-Einlassen (auf etwas, von dem wir bestimmt werden) endlich bedeutet,

> sich in einer offenen Situation aufzuhalten, ohne die Offenheit dieser Situation ausräumen zu wollen [...]. Es bedeutet, sich unter den Einfluss von Möglichkeiten zu stellen, die einen unwillkürlich bestimmen können. Es bedeutet, sich im eigenen Wünschen und Wollen weiterhin bestimmbar zu halten.[40]

Die ihm angemessene Haltung ist die der Gelassenheit.

Wie sich an dieser *Phänomenologie des Lassens* zeigt, ist das Lassen immer »ein Element des jeweiligen Tuns, und zugleich das Tun, wie sehr es eher aktiv oder passiv erscheinen mag, ein Aufenthalt in unabsehbaren Möglichkeiten und damit ein Lassen«[41].

Damit hat Seel zutreffend die hervorstechendste Ambivalenz performativer Prozesse beschrieben, ohne sich ausdrücklich auf sie zu beziehen. Aus performativitätstheoretischer Perspektive stellt sich daher die Frage, welche Wirkungen Formen des Nicht-Tuns bzw. Lassens auszulösen und welche Wirklichkeiten – soziale, politische, religiöse, ästhetische – sie zu konstituieren vermögen. Mit Blick auf den vorhergehenden Abschnitt ergibt sich sehr viel spezieller die Frage, welche Arten des Nicht-Tuns, des Auslassens, Sein-Lassens, Sich-Einlassens das Auftreten von Emergenzen begünstigen und damit die Unvorhersehbarkeit performativer Prozesse noch weiter verstärken.[42]

Diesen Fragen sind Aufführungen des experimentellen Theaters und der Performance-Kunst seit den 1970er Jahren immer wieder nachgegangen. In ihrer Performance *Rhythm O* (Galleria Studio Mora, Neapel 1974) schuf Marina Abramović eine Situation des Sich-Einlassens. Auf einem Tisch in der Galerie lagen 72 Objekte, mit denen das Publikum sie nach Wunsch »behandeln« konnte, darunter Blumen, Spiegel, Schminke, Ketten, Peitsche sowie eine geladene Pistole. Nachdem sich die Zuschauer bereits in der Galerie versammelt hatten, traf die Künstlerin zusammen mit einem Trupp zufällig auf der Straße aufgelesener Personen ein. Es waren vor allem diese Personen, welche die Künstlerin stundenlang misshandelten und quälten. Erst als einer von ihnen die geladene Pistole Abramović an die Schläfe hielt, griff ein anderer Zuschauer ein und nahm sie ihm aus der Hand. Abramović erklärte daraufhin die Performance für beendet.[43]

Offensichtlich im Zweifel, ob das die Galerie besuchende Kunstpublikum alle Möglichkeiten der von ihr geschaffenen offenen Situation ergreifen und ausnutzen würde, suchte sich Abramović vor Beginn der Performance auf der Straße einen Trupp von Personen zusammen, die diese Art von Skrupeln kaum haben würden, zumal nicht zweifelsfrei davon auszugehen war, dass sie die Situation in der Galerie als eine künstlerische Aktion wahrnehmen würden. Die Situation, auf die die Künstlerin sich hier einließ, war, auch wenn sie sie selbst geschaffen hatte, insofern ganz offen, als nicht vorherzusehen war, welche Objekte von den Anwesenden ausgewählt und in welcher Weise sie auf die Künstlerin angewendet werden würden. Sie überließ es den Anwesenden, die Situation nach eigenem Gutdünken zu nutzen.

Für die Zuschauer, die gekommen waren, um an einer künstlerischen Performance teilzunehmen, entstand durch das Sich-Einlassen der Künstlerin, ihre »Passivität«, eine Situation, die sie zwischen zwei für gewöhnlich klar voneinander abgegrenzte Felder versetzte – zwischen Kunst und Alltagsleben, zwischen ästhetisches und ethisches Verhalten. Nahmen sie eine ästhetische Haltung ein und schauten zu, wie Abramović sich misshandeln ließ, wurde diese ästhetische Haltung als voyeuristisch oder gar sadistisch entlarvt. Als einer der Zuschauer eine ethische Entscheidung traf und der Misshandlung ein Ende setzte bzw. der drohenden Verletzung wenn nicht gar Erschießung der Künstlerin zuvorkam, griff die Künstlerin ein und erklärte die Performance für beendet.

Das Sich-Einlassen der Künstlerin auf die von ihr geschaffene Situation, ihr Nicht-Tun, brachte eine Wirklichkeit hervor, die weder eine eindeutig soziale noch eine eindeutig ästhetische war, eine Wirklichkeit, auf die keine klaren ästhetischen oder ethischen Regeln anwendbar waren. Die Zuschauer wurden vielmehr in eine Situation intensiv erfahrener Liminalität versetzt. Indem die Künstlerin sich konsequent auf die Situation einließ und alles unterließ, was sie hätte beeinflussen können, erhöhte sie nicht nur die Unvorhersehbarkeit des weiteren Verlaufs, sondern intensivierte vor allem die Liminalität der Situation. Was immer die Zuschauer taten, ob sie sich »ästhetisch« oder »ethisch« verhielten, sie konnten nie sicher sein, sich »angemessen« zu verhalten: Wer den Quälereien zuschaute, ohne einzugreifen, machte sich mitschuldig. Und wer eingriff, beendete, ohne es zu wissen und vielleicht auch zu wollen, damit die Performance. Dafür allerdings war es erforderlich, dass die Performerin ihre Passivität aufgab und durch eine Handlung die Situation neu definierte – die Performance für beendet erklärte.

Während in diesem Fall das Nicht-Tun der Künstlerin die Zuschauer in eine Situation versetzte, in der die Grenze zwischen ästhetischem und ethischem Verhalten sich nicht mehr klar ziehen ließ, was zu einer extremen Verunsicherung der Zuschauer führte, eröffnete das Nicht-Tun der »Akteure« in Einar Schleefs Inszenierung der Wildeschen *Salome* (Düsseldorfer Schauspielhaus 1997) den Zuschauern einen Möglichkeitsraum für Handlungen, die weder durch bestimmte Objekte (wie in Abramovićs Performance) noch durch gegebene Konventionen (wie »normalerweise« bei einer Theateraufführung) suggeriert wurden. Nach Hochgehen des Eisernen Vorhangs präsentierte sich dem Publikum auf der Bühne eine Art *tableau vivant*. In graublaues Dämmerlicht getaucht standen 18 überwiegend grau oder schwarz gekleidete Figuren über den ganzen Bühnenraum verteilt, in malerischen Attitüden und Konfigurationen erstarrt, den Blick auf die Zuschauer gerichtet. Das ausgesprochen schöne, in feinen Schattierungen gehaltene Bild wurde den Zuschauern 10 bis 20 Minuten lang – die Aussagen der Zuschauer gehen hier auseinander – gezeigt. Dann senkte sich der Eiserne Vorhang wieder und das Publikum wurde in die Pause entlassen. Bei der Aufführung, die ich 1998 beim Berliner Theatertreffen besuchte, wurde das Bild nach Hochgehen des Vorhangs mit einzelnen bewundernden Ausrufen begrüßt. Als es jedoch länger als eine Minute anhielt, wurden die Zuschauer unruhig und legten die unterschiedlichsten Verhaltensweisen an den Tag. Ganz offensichtlich waren sie von der Annahme ausgegangen, dass das Ausgangsbild sehr bald in Bewegung geraten würde und die Akteure anfangen würden zu agieren. Da nichts dergleichen geschah und die Akteure bewegungslos in ihren Posen verharrten, anscheinend entschlossen, an ihrem Nicht-Tun festzuhalten, versuchten einige Zuschauer, sie durch alberne Bemerkungen zu Bewegungen zu provozieren. Andere applaudierten, pfiffen, riefen »bravo« und »da capo« und spielten so Verhaltensweisen aus, die konventionell auf den Theaterrahmen bezogen sind, hier jedoch deplatziert erschienen. Diejenigen, die durch ihre Bemerkungen die Aufmerksamkeit anderer Zuschauer auf sich gezogen hatten, wurden von anderen dafür gerügt. Diese bestanden lautstark auf ihrem Recht, sich ohne ablenkenden Lärm in die Betrachtung des *tableau vivant* versenken zu können. Wie auch immer die Zuschauer sich verhielten, sie wurden dabei – der Zuschauerraum war ausreichend beleuchtet – von den Schauspielern gesehen, die sich kein Lächeln, kein Räuspern, keine Bewegung entlocken ließen, auch wenn es am Ende der 10 oder 20 Minuten im einen oder anderen Fall den Anschein hatte, als hätte sich ein Arm leicht gesenkt oder ein Kopf etwas gewendet. Das scheinbar passive Verhalten der Akteure, ihre scheinbare Weigerung zu agieren, ihr Nicht-Tun provozierte die Zuschauer zu Aktivität – allerdings einer Aktivität, die sich in einem relativ engen Rahmen abspielte. Das Experiment, das zu einer ungeahnten Multiplikation der Unvorhersehbarkeit hätte führen können, enthüllte stattdessen die Selbstbeschränkung der Zuschauer auf ein Verhalten, das als einem »Kunstraum« angemessen galt – dem Theater oder der Galerie –, auch wenn es hier völlig unangemessen erschien.[44]

Das Nicht-Tun der »Akteure«, ihre scheinbare Passivität, hatte in diesem Fall eine ganz andere Qualität als Abramovićs Nicht-Tun in *Rhythm O*. Denn während Abramović sich auf die Situation insofern einließ, als sie alles mit sich machen ließ, was Zuschauer ihr antaten, erschien das Nicht-Tun der Darsteller in *Salome* als eine Weigerung, sich auf das Verhalten der Zuschauer einzulassen und damit als eine Weigerung, sich von ihnen bestimmen zu lassen. Die Situation wurde als eine soziale annulliert und als eine vorwiegend ästhetische – wie beim Betrachten eines Bildes – postuliert. Indem die Akteure sich als passive Objekte der Betrachtung den Blicken der Zuschauer darboten, negierten sie nicht nur die Situation der Aufführung als eine soziale Situation, die aus der Interaktion aller Beteiligten hervorgeht, sondern sie erkannten damit zugleich den Zuschauern den Status von Subjekten ab, die imstande sind, andere mitzubestimmen. Dieser Status wurde den Zuschauern allein durch die Reaktionen anderer Zuschauer auf ihre Bemerkungen und Verhaltensweisen bestätigt. Insofern ist es berechtigt, auch in diesem Fall davon zu sprechen, dass das Nicht-Tun der Schauspieler die Zuschauer in eine Krise stürzte, in der das gegenseitige Sich-bestimmen-Lassen auf dem Spiel stand.

Beide Aufführungen, *Rhythm O* und *Salome*, experimentierten mit der Ambivalenz performativer Prozesse, wie sie sich im Verhältnis von Tun und Lassen, von Bestimmen und Sich-bestimmen-Lassen manifestiert. Gegensätzliche Richtungen einschlagend, machten beide erfahrbar, welche letztlich nicht zu überschreitenden Grenzen überschritten werden, wenn beides voneinander getrennt wird, das Tun vom Lassen bzw. Erleiden und das Bestimmen vom Sich-bestimmen-Lassen. Performative Prozesse dynamisieren eine Kultur gerade dadurch, dass sie in ihrem Vollzug die unlösbare Verbindung von beidem realisieren und erfahrbar machen – in ihnen ist das Tun nicht ohne das Lassen noch das Bestimmen ohne das Sich-bestimmen-Lassen möglich. Sie sind nur in dieser ihrer Ambivalenz denkbar und vollziehbar.

(2): Auch wenn der pathische Aspekt des Performativen ausgeklammert wird und das Interesse sich ausschließlich auf seine wirklichkeitskonstituierende, weltverändernde Kraft fokussiert, lässt sich nicht übersehen, dass diese keineswegs *per se* als positiv zu begreifen ist. So tritt neben den Sprechakt des Versprechens oder gar der Verheißung, die, bei Erfüllung der notwendigen subjektiven Bedingungen, eine Selbstbindung des Sprechenden vollziehen und damit auf das zukünftige Eintreten eines erwünschten Gutes oder Zustandes verweisen, der Sprechakt der Drohung – zum Beispiel der Androhung eines Gewaltaktes. Zwar ist die Drohung nicht mit dem Gewaltakt selbst gleichzusetzen. Bei Vorliegen der notwendigen subjektiven Bedingungen beim Subjekt des Sprechers ist jedoch auch in diesem Fall davon auszugehen, dass mit der Ausführung des Gewaltaktes in der Zukunft zu rechnen ist. In Hassreden, Beleidigungen, Verspottungen u.a. wird dem

Adressaten bereits mit dem Aussprechen der Worte Gewalt angetan. Performative Prozesse werden, wie sich an diesen Beispielen zeigt, auch als Gewalt, Zerstörung, Überwältigung ausgeführt. Sie werden in allen diesen Fällen als destruktive Kraft vollzogen.[45] Darauf hat Judith Butler mit ihrer Gegenüberstellung der befreienden und der traumatisierenden Kraft performativer Akte hingewiesen.

Es ist insbesondere die Ambivalenz von destruktiven und produktiven Elementen in performativen Prozessen, die für die kulturelle Dynamik von Interesse ist. In verschiedenen kulturellen Bereichen, vor allem im religiösen, gelten Praktiken, mit denen Menschen sich selbst Gewalt antun und selbstzerstörerisch mit ihrem Körper umgehen, geradezu als vorbildliche Technologien des Selbst. Asketen, Eremiten, Fakire, Yogi u. a. wird gerade deshalb eine besondere Heiligkeit zugesprochen, weil sie ihrem Körper nicht nur für den normalen Sterblichen undenkbare Entbehrungen und Gefährdungen zumuten, sondern ihm auch schwere, zum Teil lebensbedrohliche Verletzungen zufügen. Umso erstaunlicher erscheint es, dass sich zu bestimmten Zeiten sogar Massenbewegungen derartige Praktiken zu eigen machen, wie dies bei der Selbstgeißelung der Fall ist. Als individuell oder gemeinsam geübte Praxis der Nonnen und Mönche seit dem 11. Jahrhundert in Europa entwickelt, wurde sie seitdem vielfach aufgegriffen: von den Geißlerzügen, die um die Mitte des 13. und 14. Jahrhunderts durch Europa zogen und öffentlich, meist vor großem Publikum, ihr Ritual durchführten, sowie von den Bußgesellschaften, die in den romanischen Ländern besonders verbreitet waren und deren Mitglieder sich bei bestimmten Anlässen gemeinsam geißelten. In der Karfreitagsprozession in Spanien und einzelnen Orten in Süditalien, in der Liturgie der *Semana Santa* und der Fronleichnamsprozession hat sich die freiwillige Selbstgeißelung bis heute als lebendige Praktik erhalten.

Selbstgeißelungen stellen besonders prägnante Beispiele für performative Prozesse dar, die durch eine unübersehbare Ambivalenz von Destruktivität und Produktivität gekennzeichnet sind, wobei das Produktive unmittelbar aus dem Destruktiven hervorzugehen scheint. Wie aus der Beschreibung des Klosterlebens der Dominikanerinnen im Kloster Unterlinden bei Kolmar zu erfahren, die Katharina von Gebersweiler zu Beginn des 14. Jahrhunderts abgefasst hat, stellte die freiwillige Selbstgeißelung einen wesentlichen Bestandteil der Liturgie, wenn nicht gar ihren Höhepunkt dar:

> Am Ende der Matutin und der Komplet blieben die Schwestern gemeinsam im Chor stehen und beteten, bis sie ein Zeichen bekamen, worauf sie mit der hingebungsvollen Verehrung begannen. Die einen quälten sich mit Kniebeugen, während sie die Herrschaft Gottes priesen. Andere wiederum konnten, vom Feuer der göttlichen Liebe verzehrt, ihre Tränen nicht zurückhalten, die sie mit hingebungsvoll klagender Stimme begleiteten. Sie bewegten sich nicht von dannen, bis sie in neuer Gnade erglühten und den fanden, »den seine Seele liebt« (*Hohelied*, 1,6). Andere schließlich peinigten ihr Fleisch, indem sie es täglich aufs heftigste malträtierten, die einen mit Rutenhieben, andere mit Peitschen, die drei oder vier verknotete Riemen besaßen, die dritten mit eisernen Ketten, die vierten mit Geißeln, welche mit Dornen versehen waren. Im Advent und während der gesamten Fastenzeit begaben sich die Schwestern nach der Matutin in den Kapitelsaal oder an andere geeignete Orte, wo sie ihren Körper mit den verschiedensten Geißelinstrumenten aufs schärfste traktierten, bis das Blut floß, so dass der Klang der Peitschenhiebe durch das ganze Kloster hallte und sich süßer als jede andere Melodie zu den Ohren des Herrn Sabaoth erhob.[46]

Die Qual, welche die Nonnen ihrem Fleisch zufügten, die zerstörerische Gewalt, die sie ihrem Körper antaten, vollzog sich dabei als Prozess der Hervorbringung eines neuen Zustands: »Jenen, die sich Gott auf all diese verschiedenen Weisen näherten, wurden die Herzen erleuchtet, ihre Gedanken wurden rein, ihr Gefühl entbrannte, ihr Gewissen klärte sich, und ihr Geist erhob sich zu Gott.«[47]

An dieser Beschreibung fällt die spezifische Zeitlichkeit auf, die dem Prozess zugeschrieben wird. Er wird nicht als ein Nacheinander, sondern als ein Zugleich konzipiert. Es wird also nicht *zuerst* die Quälerei des eigenen Leibes vollzogen, damit *danach* der Zustand der Erhebung zu Gott eintritt. Vielmehr wird dieser Zustand hervorgebracht, *indem* die Akte der Selbstgeißelung ausgeführt werden. Das heißt, der performative Prozess, der eine neue Wirklichkeit konstituiert, nämlich die Erhebung zu Gott, wird als Prozess der Malträtierung des eigenen Körpers vollzogen. Destruktives und Produktives gehen hier Hand in Hand, sind sozusagen die zwei nicht voneinander abzulösenden Seiten des Performativen.

Dabei gilt auch hier, dass die körperlichen Akte, die ausgeführt werden, zu scheitern vermögen; der Zustand der Erhebung zu Gott tritt nicht ein. Die

Akte der Selbstquälerei bleiben so lediglich Akte der Selbstzerstörung, ohne über die Fähigkeit zu verfügen, eine neue Wirklichkeit zu konstituieren. Es sind also auch in diesem Fall besondere Gelingensbedingungen zu formulieren, die gegeben sein müssen. Dabei wird es sich – um in Austins Begrifflichkeit zu bleiben – wohl eher um subjektive als um institutionelle Verkörperungsbedingungen handeln.

Zum anderen gilt es zu bedenken, dass die destruktiven Akte, um die es hier geht, wohl eine neue Wirklichkeit zu erzeugen vermögen, eine Wirklichkeit jedoch, die nicht von Dauer ist, sondern vielmehr durch ständige Wiederholung eben dieser destruktiven Akte immer wieder neu hervorgebracht werden muss. Gleichwohl ist festzuhalten, dass es eben diese destruktiven Akte sind, welche die Fähigkeit haben, den Zustand der Erhebung zu Gott hervorzubringen.

Während derartige gegen den eigenen Leib gerichtete Praktiken im Mittelalter durch den religiösen Kontext gerechtfertigt, ja, für die Nonnen geradezu gefordert wurden, lassen sie sich im sozialen Leben moderner Gesellschaften ethisch nicht mehr vertreten, auch wenn sie sich hier und da als »Einlassritual« in bestimmten Gemeinschaften bis heute erhalten haben mögen. Es fällt daher auf, dass sie seit den 1970er Jahren zunehmend von Performance-Künstlern angewandt werden.[48] Indem die auf den eigenen Körper gerichteten destruktiven Praktiken vor einem Publikum vollzogen werden, reflektieren sie durch den Modus ihrer Ausführung ausdrücklich auf die Ambivalenz der so vollzogenen performativen Prozesse und lenken so die Aufmerksamkeit der anderen Anwesenden auf sie. Ihnen kommt daher sowohl historisch als auch kontextuell ein völlig anderer Stellenwert zu. In unserem Zusammenhang sind sie gerade als Vollzug und gleichzeitige Reflexion auf die Ambivalenz performativer Prozesse relevant.

In *Lips of Thomas* (Galerie Krinzinger, Innsbruck 1975) nahm Marina Abramović Selbstgeißelungen vor und schnitt sich mit einer Rasierklinge einen fünfzackigen Stern in die Haut;[49] in *The House With the Ocean View* (Sean Kelly Gallery, New York 2002) enthielt sie sich zwölf Tage lang jeglicher Nahrung – sie trank lediglich viel Wasser.

Während ihre Praktiken in der Tat an die der Nonnen oder von Asketen erinnern, ohne doch mit ihnen gleichgesetzt werden zu können, drängt sich bei Stelarcs Aufhängungsperformances eher der Vergleich mit Fakiren auf, die auf einem Nagelbrett liegen, auch wenn der Künstler bei diesen Performances nicht lag, sondern durch die Luft schwebte und seine Haut, anders als die der Fakire, durchaus verletzt wurde und blutete. Für die Performance *Street suspension* (East Village New York, 21. Juli 1984) ließ sich Stelarc 18 Angelhaken in die Haut seiner Arme, Beine und seines Rückens stechen, die an Halteringen eines Flaschenzugs befestigt wurden. Der Flaschenzug war mit einem Seil verbunden, das zwischen Stelarcs Wohnung und einer Wohnung des gegenüberliegenden Gebäudes hoch über die Straße gespannt war. Stelarc bewegte nun seinen nackten, an 18 Angelhaken aufgehängten Körper über dieses Seil. In der Mitte des Seils blieb er bewegungslos hängen.

Das Publikum bestand zum einen aus informierten Zuschauern, die sich auf Einladung der Mo David Galerie versammelt hatten, um einer neuen Version von Stelarcs Aufhängungsperformances zu folgen. Zum anderen setzte es sich aus zufälligen Passanten und Autofahrern zusammen, die stehen blieben bzw. ausstiegen, um dem unerwarteten Spektakel zu folgen. Nicht zuletzt sind ihm die Polizisten zuzurechnen, die fünf Minuten nach Beginn der Performance mit Blaulicht und heulender Sirene eintrafen und darauf bestanden, dass Stelarcs Assistent den Künstler in die Wohnung zurückzog, da es sich bei seiner Aufhängung um ein ordnungswidriges Verhalten handele, für das ihm eine Ordnungsstrafe auferlegt werden müsse.[50]

Auch Abramovićs Performance *Lips of Thomas* wurde vorzeitig beendet. Als Abramović sich nackt mit blutender Haut auf ein Kreuz aus Eis legte, wobei ein von der Decke hängender Heizstrahler den fünfzackigen Stern wieder zum Bluten brachte, offensichtlich gewillt, so lange auf dem Eis auszuharren, bis die Wärme des Heizstrahlers das Eis zum Schmelzen gebracht haben würde, hielten einige Zuschauer ihre Selbstquälerei nicht länger aus. Sie eilten zum Eiskreuz, bedeckten Abramović mit einem Mantel und trugen sie vom Kreuz hinweg. Die Künstlerin erklärte daraufhin die Performance für beendet.

Abramović und Stelarc führten ihre Selbstverletzungen – anders als die Nonnen von Unterlinden – vor einem Publikum auf – Stelarc in diesem Fall nicht in einem Kunstraum, sondern in der Öffentlichkeit des städtischen Raumes. Abgesehen davon, in welchen Zustand die von ihnen ausgeführten Akte der Selbstverletzung sie selbst versetzen sollten, erhebt sich die Frage, welche Wirklichkeit damit für die Zuschauer konstituiert wurde.

Im Falle von *Lips of Thomas* können wir davon ausgehen, dass sie die Performance – in dieser Hinsicht *Rhythm O* vergleichbar – in eine liminale Situation versetzte, in der sie zwischen ästhetischen und ethischen Postulaten hin- und hergerissen wurden. Je nach eigener Wahrnehmung orientierten die einen ihr Verhalten an ästhetischen und die anderen an ethischen Vorgaben, ohne jeweils ganz sicher sein zu können, sich »richtig«, das heißt der Situation »angemessen«, verhalten zu haben. Die Zuschauer wurden auf dem Wege einer physiologischen, emotionalen und energetischen Affizierung zu einer Reflexion auf die gültigen Rahmen, Normen und Regeln herausgefordert – zu einer Reflexion, die sich in Tun oder Lassen niederschlagen musste: im weiteren Zuschauen oder im Eingreifen. Kein Zuschauer konnte sich *nicht* verhalten und jeder bezog durch sein Verhalten, sein Handeln oder Lassen, Stellung, womit er zugleich eine spezifische Wirklichkeit konstituierte.

Im Falle von Stelarcs Performance haben wir drei Arten von Zuschauern zu unterscheiden: das Kunstpublikum, das sich aufgrund der Ankündigung der Galerie einstellte und überwiegend ein gewisses Vorwissen über Stelarcs *body art* mitbrachte; die zufälligen Passanten und Autofahrer, die aus Neugier stehen blieben, ohne genau zu wissen, was dort geschah; und zuletzt die Polizisten, die kamen, um eine die öffentliche Ordnung störende Handlung zu beenden und zu ahnden. Anders als Abramović hatte sich Stelarc einer möglichen Intervention von Zuschauern durch seine Position hoch oben über der Straße entzogen. Das Publikum konnte nicht unmittelbar eingreifen. Dazu hätte es die verschlossene Wohnung stürmen und den Assistenten zwingen müssen, Stelarc zurückzuziehen. Diese Art des Eingriffs stand nur den Polizisten aufgrund institutioneller Bedingungen zur Verfügung, wobei ihre Anordnung, Stelarc zurückzuziehen, genügte. Welche Art von Situation bzw. von Wirklichkeit wurde für die unterschiedlichen Gruppen von Zuschauern durch Stelarcs Performance hervorgebracht?

Diese Frage lässt sich nur für die Zuschauer der dritten Gruppe, für die Polizisten, mit einiger Sicherheit beantworten. Sie nahmen die Performance ausschließlich als einen Akt bzw. Prozess wahr, der die öffentliche Ordnung nicht nur gefährdete, sondern empfindlich störte. Sie sahen es daher als ihre Pflicht an, sie zu beenden. Aber damit nicht genug. Selbst nachdem der Assistent Stelarc zurückgezogen hatte, versuchte der Einsatzleiter die Eingangstür des Gebäudes einzutreten, um sich Zugang zu dem vermeintlichen Ruhestörer zu verschaffen. Auch als ein Zuschauer der ersten Gruppe ihm entgegenhielt: »Officer, this man is a world-famous artist!«, ließ er sich nicht in seiner Wahrnehmung der Situation beirren. Dem Kameramann, der ihm sein Aufnahmegerät mit den Worten entgegenhielt: »You don't want to interfere with someone's freedom of expression?«, erwiderte er »Sure I do!« Auch dem Direktor der Galerie gegenüber bestand der Einsatzleiter darauf, zu Stelarc vorzudringen, allerdings mit der Zusicherung, diesen nicht zu verhaften, sondern lediglich eine Ordnungsstrafe zu verhängen. In der Wahrnehmung der Polizisten handelte es sich zweifellos um eine die öffentliche Ordnung störende und daher ausschließlich destruktive Aktion.

Einige Zuschauer der ersten Gruppe erklommen die Feuerleitern und sicherten sich so einen vollständigen Überblick nicht nur über Stelarcs Aktion, sondern auch über das Verhalten der Passanten und Autofahrer sowie wenig später der Polizisten. Es ist anzunehmen, dass sie die Performance als ein besonderes Kunstereignis wahrnahmen und sich zugleich für das Verhalten der Passanten interessierten, die der Performance ohne die besonderen Vorkenntnisse und Kompetenzen verfolgten, über die sie selbst verfügten. In diesem Fall scheinen es gerade die destruktiven Elemente der Aktion gewesen zu sein, die ihren Kunstcharakter garantierten und insofern als produktiv wahrgenommen wurden.

Die Gruppe der zufälligen Passanten blieb höchstwahrscheinlich wegen des spektakulären Charakters der Aktion stehen und schaute zu. So wie zufällige Passanten ehedem einen Seiltänzer anstaunten, der auf einem zwischen zwei einander gegenüberliegenden Gebäuden gespannten Seil hoch über ihren Köpfen die Straße überquerte, blickten sie zu dem nackten Mann hoch, der an Angelhaken an einem Seil aufgehängt sich über die Straße bewegte. Für diesen Teil des Publikums wird wohl das Sensationelle der Aktion im Vordergrund gestanden haben – die Angst und zugleich die Lust, bei einer Handlung zuzuschauen, die einerseits »übermenschliche« Kräfte verlangt und andererseits den Handelnden der Gefahr des Absturzes aussetzt. Dies ist der Moment, dem höchstwahrscheinlich die tiefsten Ängste ebenso wie die Faszination und Schaulust dieses Teils des Publikums galten.

Das Aufeinandertreffen dieser drei »Gruppen« von Zuschauern eröffnete die Möglichkeit der gegenseitigen Infragestellung der jeweils eingenommenen Perspektive. Kunstereignis, Sensation und Störung der öffentlichen Ordnung ließen sich kaum alle drei gleichzeitig aufrechterhalten. Auch wenn das Kunstpublikum und die zufälligen Passanten bei ihrer Perspektive blieben, setzte sich letztendlich diejenige der »Zuschauer« durch, die institutionell mit der Macht ausgestattet waren, über den öffentlichen Raum zu wachen und nach eigenem Gutdünken zu entscheiden, ob es sich um ein Kunstereignis oder eine Störung der öffentlichen Ordnung handelte. Auch nachdem der Einsatzleiter wusste, dass sich hier ein Kunstereignis zutrug, gab er offen zu, dass er sich nicht um die »Freiheit des Ausdrucks« scherte, und maßte sich kraft institutioneller Macht den Einwand an: »Why couldn't he do this inside? Let's be sensible.« – damit die künstlerische Performance als »unvernünftig« verurteilend. Die öffentliche Ordnung wurde so nicht nur als ein höherer Wert als ein Kunstereignis eingestuft, sondern zugleich kraft institutionell übertragener Macht die Anmaßung begangen, das eigene Verständnis von öffentlicher Ordnung als allgemein gültig zu setzen.

Mit der Beendigung der künstlerischen Performance durch die Polizisten wurde daher paradoxerweise gerade die von der Performance ausgespielte Ambivalenz des Performativen, zwischen Destruktivität und Produktivität zu oszillieren, ausdrücklich fokussiert. Es war die Berufung auf die öffentliche Ordnung, die hier zur Störung bzw. Destruktion der Performance führte. Der Erhalt der Ordnung erwies sich als Zerstörung des Kunstereignisses. Hier zeigte sich, dass Destruktion unmittelbar aus Ordnung hervorgehen wie umgekehrt Destruktion mit der Kristallisation von Ordnungsformen einhergehen kann. Ordnung stellt nicht *per se* einen positiven Begriff dar – sich formierende Schlachtordnungen und aufmarschierende Todesschwadronen belegen dies nachdrücklich – wie umgekehrt Zerstörung nicht *per se* als negativer Begriff gelten kann. Die jeweilige Verwendung dieser Begriffe als positiv oder negativ hängt wesentlich von der Wahrnehmung desjenigen ab, der sie gebraucht, von seiner Perspektive auf die mit ihnen erfassten Ereignisse und Prozesse.

Dies gilt, wie bereits in den einleitenden Bemerkungen zu dem Kapitel angedeutet, insbesondere für Revolutionen. Sie sind gerade dadurch definiert, dass sie eine bestehende Ordnung außer Kraft setzen und zerstören. Die Revolutionäre begreifen diese Ordnung als negativ, als Unterdrückung ihrer Rechte und Freiheiten. Die Zerstörung der bestehenden Ordnung ist daher nicht lediglich als Voraussetzung für die Aufhebung der Unterdrückung, die Erlangung von Rechten und Freiheit zu begreifen, sondern *mit ihr* werden diese Rechte gewonnen. Die Zerstörung der bestehenden Ordnung vollzieht sich als Inanspruchnahme von neuen Rechten und Freiheiten. Damit ist allerdings noch keine neue Ordnung geschaffen. Vielmehr wird mit der Zerstörung der alten Ordnung ein Möglichkeitsraum eröffnet, ein liminaler Raum und eine liminale Zeit, aus der sich dann allmählich eine neue Ordnung herausbilden kann. Die Liminalität von Raum und Zeit ist nicht als eine Leerstelle zu begreifen. Denn es ist ja nicht so, dass nun nichts wäre, wo vorher etwas war. Sie ist vielmehr als eine offene Situation zu deuten, aus der ganz unterschiedliche Möglichkeiten emergieren können. Erst die Herausbildung bzw. Etablierung einer bestimmten neuen Ordnung schränkt notgedrungen diese Möglichkeiten wieder ein.[51]

Die Anhänger der alten Ordnung dagegen nehmen die Revolution ausschließlich als Zerstörung wahr und begreifen den Möglichkeitsraum, der sich in ihr und durch sie eröffnet, nicht als einen solchen. Vielmehr sehen sie in ihm die schiere Unordnung, ein Chaos, aus dem niemals wieder Ordnung hervorgehen kann, weil sie allein das als Ordnung begreifen, was die Revolution zerstört hat. In ihrer Perspektive handelt es sich bei der Revolution nicht um »aufbauende« oder »produktive« oder »kreative« Zerstörung, sondern ausschließlich um eine Zerstörung und der Möglichkeitsraum, der durch sie eröffnet wird, erscheint ihnen in der Tat als Leerstelle, als reine Absenz. Was aus ihr hervorgeht, kann nicht eine neue Ordnung, sondern nur eine andere Unordnung sein.[52]

Auch wenn die Ambivalenzen des Performativen in Abhängigkeit von der jeweiligen Wahrnehmung in Erscheinung treten, so dass eine der beiden Seiten isoliert und absolutiert wird, während ihre Kehrseite aus dem Blick gerät, haben sie sich als charakteristisch für das Performative erwiesen. So wie Bestimmen und Sich-bestimmen-Lassen, Tun und Erleiden, zusammengehören und das eine nicht ohne das andere gedacht wird, gilt für performative Prozesse auch die Doppelheit von destruktiven und produktiven Elementen bzw. Prozessen. Es sind eben diese Ambivalenzen, welche die kulturelle Dynamik einerseits vorantreiben, andererseits unvorhersehbar erscheinen lassen.

6 Wahrnehmung von performativen Prozessen – Wahrnehmung als performativer Prozess

Wie sich in den bisherigen Ausführungen wiederholt gezeigt hat, spielt die Wahrnehmung für das Erfassen performativer Prozesse und ihre Bewertung eine fundamentale Rolle, auch wenn diese Rolle in den meisten Theorien des Performativen unterschätzt, wenn nicht gar völlig ignoriert wird. Ob die neue soziale, religiöse, ästhetische oder auch politische Situation, die sie hervorbringen, auf ein Tun oder ein Lassen, auf ein Handeln oder ein Erleiden, auf ein Bestimmen oder Sich-bestimmen-Lassen, auf Akte der Destruktion oder des Erschaffens zurückzuführen ist, diese Einschätzung hängt von der jeweiligen Perspektive und damit von den subjektiven Bedingungen der Wahrnehmung ab. Gerade weil performative Prozesse von Ambivalenzen gekennzeichnet sind, entscheidet die jeweilige Wahrnehmung darüber, in welcher Weise die Ambivalenz aufgehoben wird oder ob sie als solche in den Blick gerät – das heißt, ob der betreffende Prozess überhaupt als ein performativer wahrgenommen wird oder nicht.

Auf der anderen Seite lässt sich Wahrnehmung selbst als ein performativer Prozess beschreiben, der durch Ambivalenz charakterisiert ist.[53] Wie bei der Bestimmung des Aufführungsbegriffs dargelegt, gleitet die Wahrnehmung ständig zwischen der Fokussierung auf die phänomenale Erscheinung der Leiber, Räume, Objekte sowie die physiologischen, affektiven, energetischen und motorischen Reaktionen, die dies auslöst, und der Fokussierung auf die Zeichenhaftigkeit der Körper, Räume und Objekte sowie die Bedeutungen, die ihnen zugesprochen werden können, oszillierend hin und her. Wir haben es also letztlich mit zwei Ordnungen der Wahrnehmung zu tun – mit der Ordnung der Präsenz, die sich auf die spezifische Phänomenalität aller wahrgenommenen Erscheinungen bezieht; und der Ordnung der Repräsentation, welche die Erscheinungen in ihrer Zeichenhaftigkeit berücksichtigt.

Der Prozess der Wahrnehmung verläuft nun in der Regel nicht entweder in der einen oder in der anderen Ordnung. Vielmehr springt er immer wieder von der einen zur anderen um, so dass es sich bei Wahrnehmung um einen nicht vollständig intentional steuer- und kontrollierbaren Prozess handelt. Sie ist daher als ein Prozess zu denken, der in dieser Hinsicht kontingent zu verlaufen scheint. Die daraus resultierende Unvorhersehbarkeit ist nun nicht nur auf das Umspringen zwischen diesen beiden Ordnungen zurückzuführen. Sie ist auch der Eigenheit der Wahrnehmung geschuldet, dass jede der beiden Ordnungen in sich bereits ambivalent ist. Die Ordnung der Präsenz betreffend heißt das, dass eine Fokussierung der Wahrnehmung auf die besondere Phänomenalität in einem bestimmten Moment eine Assoziationskette in Gang zu setzen vermag, wobei meist unklar bleibt, welche Assoziationen einander aus welchem Grund folgen. Das Oszillieren der Wahrnehmung zwischen Konzentration auf das Phänomen in seiner Selbstbezüglichkeit und beim Abschweifen als Wahrnehmung eines Signifikanten, dem unterschiedliche Assoziationen als Signifikate zugeordnet werden, scheint dem Willen und der Kontrolle des wahrnehmenden Subjektes weitgehend entzogen zu sein. Der Wahrnehmungsprozess verläuft daher in der Ordnung der Präsenz als ein eher »chaotischer« und insofern unvorhersehbarer Prozess.

Aber auch die Ordnung der Repräsentation erzeugt nicht notwendigerweise eine zusammenhängende symbolische Ordnung. Wie Experimente gezeigt haben, können wir ein und dieselbe Figur auf zwei verschiedene Weisen wahrnehmen: als Gesichtsprofil oder Vase, als Entenschnabel oder Hasenkopf, als Frau im Pelzmantel oder Kopf mit dichtem Haar.[54] Auch der ganz und gar auf die Zeichenhaftigkeit der Phänomene konzentrierte Wahrnehmungsprozess vermag ungewollt und unkontrollierbar umzuspringen und so die betreffenden Phänomene in wechselnden Bedeutungen wahrzunehmen.

Wenn wir berücksichtigen, dass eine solche perzeptive Multistabilität sich sowohl innerhalb jeder der beiden Ordnungen als auch als ein Umspringen zwischen beiden Ordnungen ereignet, wird unmittelbar einsichtig, dass es sich bei der Wahrnehmung um einen Prozess handelt, dessen Verlauf weder vorhersehbar noch vollkommen kontrollierbar ist. Unter unterschiedlichen Bedingungen wird er entsprechend unterschiedlich verlaufen. Darüber hinaus handelt es sich um einen Prozess, der, wie ebenfalls deutlich geworden, durch die Ambivalenz des Bestimmens und Sich-bestimmen-Lassens charakterisiert ist. Das Umspringen der Wahrnehmung ist nicht in die Verfügungsgewalt des wahrnehmenden Subjekts gegeben. Es stößt ihm zu – es muss sich von ihm bestimmen lassen. Ganz allgemein lässt sich feststellen, dass bei der Wahrnehmung das wahrnehmende Subjekt und das wahrgenommene Objekt auf eine Weise aufeinandertreffen, dass jedes der beiden das andere bestimmt und sich von ihm bestimmen lässt. Auch das leblose Wahrgenommene bestimmt durchaus den Modus mit, in dem es wahrgenommen wird (vgl. dazu Teil III).

Wie sich bereits bei der Erläuterung der verschiedenen Aspekte der Aufführung gezeigt hat, ist die Erzeugung von Räumlichkeit, Körperlichkeit, Lautlichkeit und Zeitlichkeit wesentlich von der jeweiligen Wahrnehmung abhängig. Dabei gilt es nicht nur den Gesichts- und Gehörsinn, sondern auch den Tast-, Geruchs- und Geschmackssinn sowie das leibliche Spüren zu berücksichtigen, vor allem aber die intermodale Wahrnehmung. Denn wir nehmen in der Regel nicht nur mit einem einzigen Sinn wahr, sondern mit mehreren zugleich. So wird die Wirklichkeit eines spezifischen Raums für uns dadurch hervorgebracht, dass wir uns in ihm und durch ihn hindurch bewegen, unsere Blicke schweifen lassen und wieder fokussieren, auf die Laute achten, die in ihm zu hören sind oder sie nur als Hintergrundgeräusch wahrnehmen, den Geruch einatmen, Gegenstände betasten, die Atmosphäre leiblich erspüren. Wahrnehmung ist dabei nicht als ein Vorgang zu deuten, der von einem festen Platz aus – und letztlich nur als ein visueller – sich vollzieht. Wahrnehmung ist vielmehr immer von unserer Position im Raum abhängig und an ihr sind sämtliche Sinne beteiligt.[55] Sie ist es, die für uns eine spezifische Räumlichkeit erst hervorbringt.

Diese Einsicht liegt den vielen Theaterexperimenten zugrunde, welche die Zuschauer seit den 1960er Jahren aus ihrer Fixierung auf einen bestimmten Platz im Raum lösen und zur Bewegung durch den Raum animieren bzw. provozieren, seien dies Happenings, Nutzung von neuen Räumen, in denen die Zuschauer sich frei bewegen können, oder spezifische Installationen. Sie können in dieser Hinsicht als Experimente begriffen werden, mit denen der Zusammenhang zwischen Bewegung und Wahrnehmung genauer untersucht wurde.

Der Regisseur Klaus Michael Grüber ließ 1979 in den von Bomben nicht oder nur leicht zerstörten Räumen des ehemaligen Berliner Grandhotels Esplanade von seinem Bühnenbildner Antonio Recalcati Installationen anbringen: in der vorderen Eingangshalle, im Palmenhof, im Frühstückssaal und im sogenannten Kaisersaal.[56] Diese Räume waren bis zum Bau der Mauer, die den zum Tiergarten offenen Vorplatz des Hotels mit Mauer und Stacheldraht absperrte, noch regelmäßig für Opern-, Presse-, Filmbälle, Modenschauen und Misswahlen genutzt worden. Nach dem Mauerbau fanden bis in die 1970er Jahre noch gelegentlich Veranstaltungen statt; die Räume verödeten jedoch zusehends. Hierher luden Grüber und Recalcati die Zuschauer/Besucher ein. Im Frühstücksraum saß der Schauspieler Paul Burian und las aus Bernard von Brentanos Novelle *Rudi* (aus dem Jahre 1934) mit eher monotoner Stimme vor, was die Aufmerksamkeit stark auf die Qualität seiner Stimme lenkte. Seine Lesung wurde zeitversetzt in die anderen Räume übertragen. Die Kronleuchter in diesem Raum waren mit Tüll verhangen. Burian saß vor dem Kamin, über den sich Spinnweben ausbreiteten. Neben ihm stand ein Eisenofen, auf dem Boden um ihn herum stapelten sich Bücher. In einem anderen Raum spielte ein Junge mit langen Haaren, in Jeans, ein Hemd mit großem Kragen und einen Pulli gekleidet. Hier saß außerdem eine füllige alte Frau mit grauen Haaren, in schwarzem Kleid und schwarzer Weste, in einem hölzernen altmodischen Rollstuhl. In der Mitte des Raums war aus sorgfältig ausgeschnittenen Zeitungen ein Achteck arrangiert. An einer Seite stand ein aufgeklappter Flügel.

Im Palmenhof wuchsen keine Palmen mehr. Auf der Empore befand sich ein Schminktisch mit Spiegel sowie ein Kleiderständer, an dem ein schwarzes Kleid hing. Die Türen an der Rückwand waren mit Brettern vernagelt. Im Kaisersaal waren zwei riesige zweidimensionale Objekte aufgebaut: in der Mitte ein Baststuhl und in der Ecke ein Holzbett – beides Kopien von Bildelementen aus Van Goghs berühmtem Gemälde aus seinem Schlafzimmer.

Die Besucher konnten von einer Empore auf den Raum hinunterschauen, in dem der Junge spielte und die alte Frau saß. Sie konnten durch die einzelnen Räume wandern, sich beliebig lange aufhalten, der Stimme lauschen, die aus dem Lautsprecher klang, sich hinsetzen oder weitergehen, in die einzelnen Räume so oft zurückkehren, wie sie wollten. Je nachdem, wie die Zuschauer sich in den Räumen bewegten oder auf einen Raum hinunterschauten, veränderte sich in ihrer und durch ihre Wahrnehmung der Raum. Je nachdem ob sie bewusst auf die lesende Stimme hörten oder sich eher auf die Objekte im Raum konzentrierten, ob sie den spezifischen Geruch auf sich einwirken ließen, ob sie herumgingen, standen oder sich setzten – jedes Mal entstand eine andere Räumlichkeit. Sich durch die Räume bewegend, ihre

Ausdehnung, die in ihnen verteilten Objekte, die lesende Stimme, die Gerüche – kurz, die Atmosphäre der Räume mit allen Sinnen wahrnehmend, ließ die Wahrnehmung des Besuchers die spezifische Installation erst entstehen. Die Erinnerungen, Gefühle, Imaginationen, Gedanken, die, ausgelöst durch die Wahrnehmung der Objekte, dabei in ihm auftauchten, wirkten auf die weiteren Wahrnehmungen ein und so fort. In diesem Prozess wurde nicht nur die Wirklichkeit eines spezifischen Raums konstituiert, sondern zugleich die einer spezifischen Zeitlichkeit, in der gegenwärtige Wahrnehmung, Erinnerung und Imagination ineinandergriffen und aufeinander einwirkten.[57] Entsprechend ist davon auszugehen, dass jeder Besucher durch/in seine/r Wahrnehmung eine andere Wirklichkeit konstituierte.

Grübers Arrangement erlaubte jedem Besucher, sich konzentriert, wenn nicht gar meditativ, in die Wahrnehmung der Räume, Objekte, des Lichtes, der Laute, der Atmosphäre zu versenken. Es eröffnete ihm allerdings ebenso die Möglichkeit, sozusagen mit »gleichschwebender Aufmerksamkeit« durch die Räume zu schlendern und Räume, Dinge, Laute im Modus der Zerstreuung wahrzunehmen. Dieser Modus der Wahrnehmung, bei dem wir aus dem Augenwinkel einen Blick tun, ohne ihn zu fokussieren, ein Geräusch hören, ohne es genauer identifizieren zu wollen, uns von unterschiedlichen Gerüchen anwehen lassen, ohne einen bestimmten tief einzuatmen, ist eher für unsere Wahrnehmung im urbanen Raum charakteristisch. Aber auch dieser Modus lässt in unserer Wahrnehmung den Raum entstehen, durch den wir uns bewegen, und die Veränderungen, die er dabei durchläuft, tragen nicht nur zur Konstituierung der räumlichen Wirklichkeit bei, sondern bringen zugleich ein Gefühl für das Verstreichen von Zeit hervor.

In Grübers Installation waren Wahrnehmung und Erfahrung von Zeit in besonderer Weise an die Wahrnehmung des Raumes und die in ihm sich manifestierende Geschichte sowie an das Lauschen auf die lesende Stimme gebunden. Sie las eine Geschichte vor, die von einem Kampf zwischen Kommunisten und Nationalsozialisten in den frühen 1930er Jahren erzählte. Insofern wurden bereits in der Wahrnehmung unterschiedliche Zeitlichkeiten miteinander verflochten, auf die zu reflektieren das langsame Durchwandern der Räume ausreichend Zeit und Gelegenheit bot.

Das Flanieren im urbanen Raum, vor allem aber das zielgerichtete Sich-durch-ihn-hindurch-Bewegen, ermöglichen jeweils ganz andere Wahrnehmungen nicht nur des Raums, in dem die Bewegung vollzogen wird, sondern ebenfalls der Zeit, die während der Bewegung verstreicht. Es ist neben der Veränderung der Umgebung vor allem der Rhythmus, in dem die eigenen Bewegungen ausgeführt werden, der eine spezifische Wahrnehmung der Zeit ermöglicht und so eine je besondere Zeitlichkeit hervorbringt.

Die Unterschiede in der Wahrnehmung von Raum und Zeit, die zur Konstituierung je anderer räumlicher und zeitlicher Wirklichkeiten beitragen, machen sich vor allem als Unterschiede in Graden der Aufmerksamkeit bemerkbar. Ganz offensichtlich handelt es sich jeweils um eine andere Ökonomie der Aufmerksamkeit[58]. Unter Aufmerksamkeit wird dabei einerseits eine »relativ starke Zuwendung des Bewusstseins auf einen wie immer gearteten Gegenstand oder Gehalt«[59] verstanden sowie andererseits ein »more bodily and multisensory engagement than we usually allow for«[60]. Dabei ist zu berücksichtigen, wie Csórdas anmerkt, dass »somatic modes of attention are culturally elaborated ways of attending to and with one's body in surroundings that include the embodied presence of others«[61]. Damit erhebt sich die Frage, ob sich Kriterien finden lassen, nach denen die Ökonomie der Aufmerksamkeit, die für die Wahrnehmung zweifellos fundamental ist, jeweils organisiert ist. Als solche Kriterien bezeichnet Seitter den Grad der Intensität von Erscheinung, der Abweichung oder Überraschung oder auch Auffälligkeit. Wie unschwer zu erkennen, handelt es sich dabei um Kriterien, die im Wesentlichen auf subjektive Bedingungen zurückzuführen sind – was den einen als auffällig in den Bann schlägt, an dem geht ein anderer achtlos vorüber.

Nun sind die subjektiven Bedingungen in einem hohen Maße von den kulturell gesetzten Bedingungen abhängig. So konnte Grüber am Ende der 1970er Jahre im Kontext der spezifischen Westberliner Situation davon ausgehen, dass seine Installation für die Besucher einen besonders hohen Grad an *Intensität der Erscheinung* aufweisen würde, der ihr einen hohen Grad an Aufmerksamkeit sicherte. In der Tat lässt sich aufgrund der Art der Bewegung, der Dauer des Aufenthaltes in einem Raum oder auch an einem Platz, des Ausdrucks eines konzentrierten Zuhörens oder auch einer nahezu meditativen Versenkung in das Anschauen eines Objekts oder eines räumlichen Arrangements schließen, dass die Installation vielen Besuchern einen hohen Grad an Aufmerksamkeit entlockte. Allerdings gab es auch eine Reihe von Besuchern, welche die Räume schnell mit suchendem oder auch gelangweiltem Blick durchquerten und augenscheinlich wenig, wenn nicht gar nichts fanden, das ihre Aufmerksamkeit fesselte.

Stelarcs Aufhängungsperformance in New York verfügte aus offenbar ganz anderen Gründen Mitte der 1980er Jahre in hohem Maße über das Kriterium *Auffälligkeit,* so dass ihr die Aufmerksamkeit unterschiedlicher Gruppen sicher war: des Kunstpublikums, das auf Grund seines Vorwissens der Performance dabei sein wollte, der Passanten und Autofahrer, die wegen ihres spektakulären Charakters stehen blieben und sich eine Sensation nicht entgehen lassen wollten, und der Polizisten, denen die Störung der öffentlichen Ordnung in die Augen sprang. Während die Besucher, die bei *Rudi* der Installation ein hohes Maß an Aufmerksamkeit entgegenbrachten, diese überwiegend für einen langen Zeitraum aufrechterhielten, war die Aufmerksamkeit im Falle von Stelarcs Aufhängungsperformance nur für einen kurzen Zeitraum erfordert, da diese kaum länger als fünf Minuten dauerte.

Im Falle der permanent erhöhten Aufmerksamkeit einiger Besucher bei *Rudi* lässt sich geradezu von einer »Verschwendung« der kostbaren Ressource Aufmerksamkeit sprechen. Bei Stelarcs Performance dagegen handelte es sich eher um eine plötzliche Explosion von Aufmerksamkeit, die sich nach relativ kurzer Zeit in Nichts auflöste. Vergleichen wir mit diesen beiden Beispielen die Situation der *Radioballette* von Ligna. Während die »Zuschauer« hier zu den eigentlichen Akteuren wurden, die diese permanent erhöhte Aufmerksamkeit im Hinblick auf die ihnen übermittelten Anweisungen und deren Ausführung aufbringen mussten, scheint die Aufmerksamkeit der Passanten erst sehr spät erregt worden zu sein und ebbte je nach Interesse und Zeitbudget der einzelnen Passanten nach kürzerer oder längerer Zeit wieder ab.

Wie sich daraus schließen lässt, hängt es auch von Grad und Dauer der Aufmerksamkeit ab, welche Wirklichkeit die Wahrnehmung jeweils konstituiert. Über diese allgemeine Aussage hinaus, welche die drei Beispiele ermöglichen, sind diese auch deswegen in unserem Kontext von besonderem Interesse, als sie die von Csórdas betonten kulturellen Bedingungen für Aufmerksamkeit unübersehbar belegen. Vergleicht man die Situation der *Radioballette* mit derjenigen von *Rudi,* so drängt sich die Annahme auf, dass sie hinsichtlich des von ihnen ermöglichten bzw. nahegelegten Wahrnehmungsmodus und vor allem der von ihnen gestellten Anforderungen an die Aufmerksamkeit der Besucher/Passanten auf zwei historisch bedingte unterschiedliche kulturelle Modelle verweisen, auch wenn sie beide übereinstimmend Bewegung durch den Raum und entsprechend Wechsel der Perspektive auf das Wahrzunehmende voraussetzten.

Rudi lud die Zuschauer in einen abgelegenen, in gewisser Weise aus der Zeit gefallenen Raum ein. Der Ort, an dem sich der Raum befand, ebenso wie die Installationen, die Recalcati ihm hinzufügte, waren enigmatisch. Sie enthielten keine klare Botschaft, sondern eröffneten den Besuchern Frei- und Möglichkeitsräume, durch die erhöhte Aufmerksamkeit für die einzelnen Objekte, Details, Laute, Szenen – den lesenden Schauspieler, den spielenden Jungen, die im Rollstuhl sitzende alte Frau – Wahrnehmung, Erinnerung, Imagination und Reflexion bewusst ineinanderfließen zu lassen. In gewisser Weise war der Besucher selbst aus Raum und Zeit herausgefallen: Indem er seine alltägliche Welt verließ, sich durch andere reale und zugleich irreale Räume und Zeiten bewegte, eröffnete sich ihm die Möglichkeit, sich selbst andere Räume und Zeiten zu erschließen und damit gegebenenfalls andere Identitäten anzunehmen.

Die Performance/Installation reflektierte unübersehbar die ihr eigene Performativität, indem sie der Struktur eines Übergangsrituals folgte, wobei die entscheidende zweite Phase, die Schwellen- oder Transformationsphase, weitgehend in die Hand des individuellen Besuchers gegeben war. Er konnte die von dieser Situation implizierten Möglichkeiten nutzen und so für sich selbst neue Möglichkeiten eröffnen. Da nichts im räumlichen Arrangement ihn dazu nötigte, es also ihm überlassen blieb, konnte er ebenso gut durch die Räume schlendern, ohne seine Aufmerksamkeit auf etwas Bestimmtes zu fokussieren, und mit einem gewissen Erstaunen über und Unverständnis für die vorgefundene Situation den Ort wieder verlassen, ohne dass sich für ihn irgendetwas verändert hätte.

In den *Radioballetten* wurden die Zuschauer ganz ebenso wie die Besucher in *Rudi* selbst zu Akteuren. Während dort jedoch jeder einzelne Besucher selbst entscheiden musste, wie er mit dem angebotenen Arrangement umging, erhielten die Besucher der *Radioballete* medial – nämlich über einen Radioempfänger – vermittelte Anweisungen, wie sie sich in dieser Situation zu verhalten hatten. Auf das räumliche Arrangement hatten weder die Besucher noch die Veranstalter Zugriff, da es sich um, wenn auch privatisierte, öffentliche Räume handelte, die von vielen Passanten mit den unterschiedlichsten Zielen, Verhalten etc. durchquert wurden. Während in den Zuschauern = Akteuren vielleicht im Laufe der gleichzeitigen Ausführung der ihnen übermittelten Anweisungen das Gefühl entstanden sein mag, innerhalb einer Menge von Passanten einerseits vereinzelt, andererseits jedoch als Teil eines sehr spezifischen »Kollektivs«, nämlich eines Schwarms zu handeln, vermochten sie bei den vorüberhastenden oder schlendernden Passanten kaum Aufmerksamkeit zu wecken. Hier ging es nicht um Versenkung, nicht um das Auslösen von Erinnerung und Imagination oder gar nachhaltige Reflexion, sondern um die anscheinend eher zufällig eintretende Erregung einer vorübergehenden Aufmerksamkeit, die weder beim Aufmerkenden noch bei dem von ihm Wahrgenommenen Spuren hinterließ. Die Performance ereignete sich in den Räumen des alltäglichen Lebens, tauchte in sie ein, so dass sie von diesem alltäglichen Leben kaum mehr unterscheidbar war – ebenso wie die als Zuschauer Gekommenen letztlich zu den einzigen Akteuren wurden, die gleichwohl hinsichtlich des größeren Teils ihrer Aktionen von den Passanten nicht als eine andere Spezies von »Akteuren« wahrgenommen wurden als sie selbst. Wenn die Performance Auswirkungen hatte, wenn sie einen Unterschied machte, dann wohl nur für die Akteure, nicht jedoch für die sie wahrnehmenden Passanten.

Jedes der beiden ästhetischen Modelle setzt auf einen anderen Modus der Wahrnehmung, einen je anderen Stil der Aufmerksamkeit. Während das *Rudi* zugrunde liegende Modell eine in Abwechslung von Bewegung durch den Raum und Stillstand vollzogene Kontemplation favorisiert, einen Zustand permanent erhöhter Aufmerksamkeit, der Wahrnehmung, Erinnerung und Imagination in eins fließen lässt und eine eher ungerichtete Reflexion auslöst, die unter bestimmten Bedingungen nachhaltige Wirkungen zu zeitigen vermag, begünstigte das den *Radioballetten* zugrunde liegende Modell auf Seiten der Zuschauer/Akteure Aufmerksamkeit für die gemeinsam durchgeführten Bewegungen im und durch den Raum und auf Seiten der zufälligen Passanten eine kurzzeitig aufflackernde Aufmerksamkeit, die sich schnell wieder anderen Objekten zuwandte. Nachhaltige Wirkungen waren in diesem Fall vor allem mit Blick auf die Wahrnehmung privatisierter öffentlicher Räume zu erwarten, die durch solche Aktionen als öffentliche zurückerobert wurden.

Um kein Missverständnis aufkommen zu lassen: In beiden Fällen wurde eine politische Situation hervorgebracht. Keineswegs haben wir es bei *Rudi* mit einem »nur« ästhetischen und bei den *Radioballetten* mit einem politischen Modus der Wahrnehmung und entsprechenden Stilen der Aufmerksamkeit zu tun. In *Rudi* konnte insofern eine politische Situation entstehen, als hier ein Freiraum eröffnet wurde, um auf die deutsche Geschichte und ihre Konsequenzen fast 20 Jahre nach dem Mauerbau zu reflektieren. Die *Radioballette* dagegen schufen eine politische Situation, indem sie u. a. auf die zunehmende Privatisierung öffentlicher Räume reagierten und diese für die sich im Modus eines Schwarms Versammelnden zurückforderten.

Die Unterschiede im Wahrnehmungsmodus und Aufmerksamkeitsstil stehen mit einem zunehmend immer rasanteren Wandel unserer Kultur in einem Zusammenhang, der sich durch die explosionsartige Vermehrung und Weiterentwicklung der digitalen Medien vollzieht. Die Auswirkungen, die dieser Wandel auf das Entstehen neuer Modi der Wahrnehmung und Aufmerksamkeitsstile hat, sind unübersehbar. Der Kampf um die kostbare Ressource Aufmerksamkeit wird allenthalben mit einer Härte und Konsequenz ausgetragen, wie sie vor 30 Jahren noch undenkbar waren. Die Wahrnehmung hat sich tiefgreifend verändert, auch wenn der biologische »Wahrnehmungsapparat« derselbe geblieben ist. Nicht nur die »Wirklichkeit« hat sich gewandelt. Da sich ebenfalls die Modi der Wahrnehmung weiter ausdifferenziert haben, während andere vom Verschwinden bedroht sind, werden auch die Wirklichkeiten, die unsere Wahrnehmung konstituiert, andere sein – auch wenn sie sich auf eine Wirklichkeit richtet, die »objektiv« dieselbe geblieben ist, wie zum Beispiel eine bestimmte Häuserzeile oder ein Gedächtnisort. Dies liegt nicht nur an den geänderten subjektiven Bedingungen des Wahrnehmenden wie zum Beispiel an den in 30 Jahren angesammelten Lebenserfahrungen, sondern auch, wenn nicht vor allem, an den kulturellen Bedingungen, wie sie durch den rasanten Medienwandel eingetreten sind. Wahrnehmung als ein performativer Prozess findet heute unter eben diesen Bedingungen statt, die zugleich als Gelingensbedingungen reformuliert werden müssen.[62]

Wenn man davon ausgeht, dass einerseits Wahrnehmung selbst als ein performativer Akt oder Prozess begriffen werden kann und andererseits es von unserer Wahrnehmung abhängt, ob wir etwas als performativ auffassen oder nicht, erhebt sich die Frage, ob tatsächlich nur Sprechakte, symbolische körperliche Handlungen und Praktiken sowie Aufführungen als performativ wahrgenommen werden können, wie es die bisherigen Ausführungen zu suggerieren scheinen. Dagegen spricht zunächst, dass Dinge, Bilder, Texte als Elemente von Ritualen, Gerichtsverhandlungen, Installationen, Dichterlesungen, Theateraufführungen und anderen Genres von *cultural performances* verwendet werden und fungieren können. Als integrierte – und häufig wesentliche – Bestandteile der entsprechenden kulturellen Aufführungen sind sie zweifellos als performativ zu begreifen; sie sind Teil eben des Prozesses, der durch Unvorhersehbarkeit, Ambivalenzen und transformative Kraft gekennzeichnet ist, die entsprechend auch für sie gelten. Das Kreuz, das der Exorzist zur Austreibung des Teufels über den Leib des Besessenen hält; das Foto, das im Strafprozess als Beweismittel vorgelegt wird; der Bibeltext, der im Gottesdienst verlesen wird, sind wesentlich an der Konstitution der Wirklichkeit beteiligt, die von der betreffenden kulturellen Aufführung hervorgebracht wird.

Wie aber verhält es sich mit Dingen, Bildern (bewegten oder unbewegten) und Texten, die nicht als Element einer kulturellen Aufführung oder spezifischer symbolischer Praktiken Verwendung finden, sondern losgelöst von derartigen Kontexten betrachtet oder gelesen werden? Was tun wir mit ihnen, wenn wir sie betrachten bzw. lesen, und was tun sie in diesem Prozess mit uns? Unter welchen Bedingungen nehmen wir sie als performativ wahr?

Wie das Beispiel von *Rudi* noch einmal veranschaulicht hat, vollzieht sich Wahrnehmung häufig im Zusammenspiel mit Imagination, Erinnerung oder auch Reflexion. Die Situation, in der losgelöst aus dem Kontext einer kulturellen Aufführung Bilder betrachtet und Texte gelesen werden, begünstigt in besonderer Weise dieses Zusammenspiel. Die Wirklichkeit, die dabei konstituiert wird, ist nun nicht als solche bereits im Bild bzw. im Text enthalten, so dass sie nur noch als eben diese wahrgenommen zu werden bräuchte. Vielmehr wird sie erst im Prozess der Wahrnehmung in der besonderen Begegnung zwischen diesem wahrnehmenden Subjekt und diesem wahrgenommenen Bild oder Text konstituiert. Sie entsteht erst in diesem Prozess. Dabei kann es sich sowohl um eine Wirklichkeit handeln, die in ähnlicher Weise durch die Wahrnehmung desselben Bildes durch unterschiedliche Subjekte konstituiert wird, als auch um Wirklichkeiten, die als eine jeweils andere durch die Wahrnehmung hervorgebracht werden. In jedem Fall ist es erst der Prozess der Wahrnehmung, welcher in der Flüchtigkeit, mit der er vollzogen wird, diese Wirklichkeit erzeugt. Wahrnehmung ist in diesem Sinne als ein performativer Prozess zu begreifen.

Eine ähnliche Wirklichkeit kann auf Grund im Bild gegebener struktureller Merkmale entstehen, die von verschiedenen Subjekten wahrgenommen und auf ähnliche Weise gedeutet werden. Wie Horst Wenzel am Beispiel der

Madonna von Piero della Francesca (entstanden 1477–1474) gezeigt hat, ist die spezifische Appellstruktur dieses Bildes dadurch gekennzeichnet, dass sie dem Wahrnehmenden einen Positionswechsel nahelegt, aus dem ein Blickwechsel folgt. Der vom Betrachter aus gesehen links im Bild erscheinende Johannes der Täufer steuert mit dem Zeigestab, den er mit der linken Hand hält und auf den der unübersehbar ausgestreckte Zeigefinger der rechten Hand hinweist, den Blick des Betrachters.

> Die Neigung des Stabs markiert eine Abweichung von 20° gegenüber der Vertikale. Folgen wir Johannes und versetzen uns annähernd in die von ihm angezeigte »Lage«, müssen wir uns auf die Knie begeben und damit verschieben sich die Proportionen des senkrecht hängenden Bildes.[63]

Aus der Haltung des Stehenden oder Knieenden ergibt sich ein anderes Bild. Während für den Kniene den die Proportionen zu stimmen scheinen, wirken die Figuren für den Stehenden gestreckt; das Jesuskind scheint vom Schoß Marias herunter zu gleiten. Der Kniende erblickt über dem Kopf Marias eine Perle, die aus der den Abschluss des Bildes nach oben krönenden Muschel herabhängt; der Stehende sieht ein großes Ei – eventuell ein Straußenei. Jede der beiden Wahrnehmungen verweist auf andere Deutungskontexte. Im Zusammenhang mit dem auf die Perle hinweisenden Stab des Johannes legt die Wahrnehmung des Knieenden eine Deutung nahe, die dem *Physiologus* entspricht, einer frühchristlichen Naturlehre, die auf den Zeitraum zwischen dem 2. und 4. nachchristlichen Jahrhundert datiert wird. Der Text war im Mittelalter weit verbreitet, er gehörte zur Schullektüre. In dieser Schrift wird zum einen ausführlich die Entstehung der Perle in einer Muschel beschrieben sowie deren Öffnen durch den Achat. Dies erfährt anschließend eine allegorische Deutung: »Der Achat bedeutet den heiligen Johannes, denn er hat uns die geistliche Perle gezeigt mit seinen Worten: ›Siehe, das ist Gottes Lamm, welches der Welt Sünde trägt‹ (Joh. 1, 29)«.[64] Der Kniende, der die Perle wahrnimmt, auf die Johannes der Täufer mit seinem Stab hinweist und die direkt über Marias Haupt und – in Verlängerung der Linie – über dem Jesuskind auf ihrem Schoß schwebt, wird daher das Wahrgenommene in einen ganz anderen Kontext integrieren als der Stehende, der ein Straußenei wahrnimmt. Wie der Kunsthistoriker Millard Meiss ausführt, waren Straußeneier in vielen Kirchen aufgehängt und auf einer Reihe von Mariendarstellungen zu finden. Außerdem sei der Strauß das Wappensymbol Federigo da Montefeltros gewesen, so dass das Straußenei auf eine Einschreibung der Herrscherfamilie in den heilsgeschichtlichen Kontext hinweise.[65]

Zum einen lässt die eingenommene Körperhaltung des Betrachters ihn jeweils etwas anderes wahrnehmen – eine Perle oder ein Straußenei – wodurch eine je andere Interpretation und Kontextualisierung nahegelegt wird. Zum anderen ist es eine spezifische Wahrnehmung des Bildes durch den stehenden Betrachter, die ihm eine andere Körperhaltung suggeriert, welche ihn statt des Eis eine Perle wahrnehmen lässt – die Wahrnehmung nämlich des Stabs, den Johannes der Täufer hält, als eine Art Handlungsanweisung, die Position zu wechseln. In jedem Fall geht die besondere Wirklichkeit des Bildes, die im Akt der Wahrnehmung konstituiert wird, aus dem Zusammentreffen der durch die körperliche Haltung des Wahrnehmenden bestimmten Wahrnehmung dieses wahrnehmenden Subjekts und des auf diesem Bild in Erscheinung Tretenden hervor. Sie wird in diesem Sinne performativ hervorgebracht.

Darüber hinaus ist die unterschiedliche Position des Betrachtenden auch in anderer Hinsicht für seine Wahrnehmung wichtig. Denn wenn er, im Stehen auf das Bild blickend, den Stab des Johannes als einen Hinweis wahrnimmt, sich auf seine Knie niederzulassen, verändert sich die vorwiegend ästhetische Betrachtung in einen Akt der Devotion, ja, der Anbetung, der durch eine spezifische Art der Wahrnehmung des Bildes ausgelöst wird. Das Bild entfaltet in diesem Akt eine transformative Kraft.

Wie sich an diesem Beispiel gezeigt hat, hängt es von der Wahrnehmung ab, ob das Bild selbst als performativ erfahren wird oder nicht – ob es mit dem Wahrnehmenden etwas tut oder keinerlei Wirkung auf ihn ausübt. Wir können daher davon ausgehen, dass, was für unbewegte Bilder gilt, auch auf bewegte Bilder zutrifft ebenso wie auf Dinge und Texte. Die besonderen Bedingungen, unter denen sie als performativ wahrgenommen und erfahren werden, gilt es gesondert zu erörtern.[66]

7 Die transformative Kraft des Performativen

Die transformative Kraft des Performativen gehört seit seiner »Entdeckung« durch Austin zu seinen es definierenden Merkmalen: Die Sprechakte des Taufens, Segnens, Fluchens, Versprechens bezeichnen nicht einen bestimmten Vorgang, sondern sie vollziehen ihn. Das Aussprechen der jeweils notwendigen Worte bzw. Formeln unter Einhaltung bestimmter institutioneller und zum Teil auch subjektiver Bedingungen bringt eben die Wirklichkeit hervor, auf die jeweils verwiesen wird. Wie durch »Magie« haben sie die Welt verändert – eine neue soziale Wirklichkeit geschaffen und damit bisher Zukünftiges in Gegenwart verwandelt. Dies gilt auch für andere performative Akte, die, wie Butler gezeigt hat, Identität durch stilisierte Wiederholung hervorbringen. In allen diesen Fällen handelt es sich um nachhaltige Veränderungen, wenn auch von unterschiedlicher Art. Während das Kind den Namen, auf den es getauft ist, voraussichtlich bis an sein Lebensende tragen wird, ist die Identität, die sich allmählich herausbildet, als fluide zu begreifen – sie kann sich ständig verändern.

Rituale – und insbesondere Übergangsrituale – erfüllen quasi *per definitionem* die Funktion, den Status oder die Identität einzelner Mitglieder oder Gruppen von Mitgliedern der Gemeinschaft zu verändern und damit zugleich die Gemeinschaft als Gemeinschaft zu bestätigen. Wie im zweiten Kapitel erläutert, vollziehen Rituale eben die Transformation, auf die sie verweisen – den Übergang von einem Zustand in einen anderen – vom Zustand des Krankseins in den des Gesundseins – oder von einer Identität in eine andere – von der sozialen Identität eines Knaben in die eines Kriegers.

Da es sich bei der hier wirksamen transformativen Kraft nicht um eine magische Kraft handelt, die sozusagen aus sich heraus Verwandlungen zu bewirken vermag, gilt es, die jeweiligen Bedingungen zu berücksichtigen, von denen ihr Gelingen abhängt. Entsprechend hat Austin mit Blick auf die

Sprechakte institutionelle und subjektive Bedingungen formuliert, Butler hinsichtlich der körperlichen symbolischen Akte spezifische gesellschaftliche sowie Verkörperungsbedingungen und Turner in Bezug auf Rituale u. a. die Bedingung der Liminalität. Es lässt sich insofern annehmen, dass für die Entfaltung des transformatorischen Potenzials, das performativen Akten und Prozessen zugesprochen werden kann, jeweils spezifische Bedingungen gegeben sein müssen, die es im Einzelfall zu klären gibt.

Bei der Erläuterung des Aufführungsbegriffs wurde dargelegt, inwiefern mit der Ereignishaftigkeit von Aufführungen generell die Erfahrung von Liminalität verknüpft sein kann, die in den Beteiligten eine transformierende Kraft zu entfalten vermag. Um welche Art von Transformation es sich bei verschiedenen Genres von *cultural performance*/kulturellen Aufführungen handeln kann, soll nachfolgend mit Blick auf einige ganz unterschiedliche Genres untersucht werden – auf Feste, öffentliche Versammlungen, Sportwettkämpfe, Gerichtsverhandlungen und künstlerische Aufführungen.

Ausgehend vom gegenwärtigen Stand der Festforschung lassen sich *Feste* folgendermaßen charakterisieren und bestimmen: Feste stellen besondere, aus dem Alltag herausragende Ereignisse dar; als ein die alltäglichen Routinen gliederndes, repetitives Geschehen müssen sie jedoch zugleich auch als Teil des Alltags angesehen werden. Ihnen liegt ein Anlass zugrunde, der religiöser, sozialer, politischer, jahreszeitlicher oder lebensgeschichtlicher Natur sein kann. Feste lassen sich als ein spezielles Genre von kulturellen Aufführungen begreifen, das sich durch die doppelte Dialektik – oder das Paradoxon – von Periodizität und Liminalität einerseits sowie Regelhaftigkeit und Transgression andererseits auszeichnet. Der erste Gegensatz betrifft die Zeitverhältnisse: Einerseits sind Feste in die Routinen des Alltags eingebettet, indem sie sich regelmäßig wiederholen; andererseits ermöglichen sie auch in zeitlicher Hinsicht eine Transgression, weil sie eine eigene Zeit konstituieren, die die jeweils gültige Zeitgestaltung unterbricht. Die Zeit des Festes lässt sich insofern als liminale Zeit begreifen. Der zweite Gegensatz betrifft das Handeln im Festraum: Einerseits unterliegt es einem genauen Reglement; es hat Vorgaben zu folgen, die nur für das Fest gelten; andererseits besteht die Quintessenz festlichen Handelns gerade darin, bestimmte Regeln, vor allem solche, welche die Beschränkungen des Alltags betreffen, zu durchbrechen. Der Festraum stellt insofern einen liminalen Raum dar.[67]

Aus dieser Bestimmung lassen sich spezifische Wirkdimensionen ableiten, die für Feste charakteristisch sind. Beide Gegensätze betonen eine liminale Dimension, die als Voraussetzung für das Eintreten einer transformativen Dimension und damit für die Entfaltung eines transformatorischen Potenzials zu begreifen ist. Die eigene Zeitlichkeit, welche das Fest konstituiert, ist eine Zwischenzeit, eine Zeit des Übergangs, in die Alltagszeit und in die historische Zeit eingelagert. Sie setzt voraus, dass sich die Festteilnehmer aus ihrem Alltag herauslösen, in den sie nach dem Ende des Festes verwandelt – nämlich in einer spezifischen Identität bestärkt oder mit einer neuen Identität – zurückkehren. Wieweit mögliche im Laufe des Festes übernommene und probeweise ausagierte Identitäten tatsächlich die Zeit des Festes überdauern, ist – anders als bei klassischen Übergangsritualen – nicht festgelegt und auch nicht immer zu überprüfen. Eine Stärkung des Gefühls der *communitas* ist allerdings anzunehmen.

Dazu trägt auch der zweite Gegensatz bei, der dem Handeln im Fest einen liminalen Raum zuweist. Die nach bestimmten Regeln vollzogenen Handlungen betreffen häufig Darstellungen, welche auf die gemeinsame Geschichte der betreffenden Gemeinschaft verweisen. In diesen Darstellungen manifestiert sich neben der performativen zugleich eine theatrale Dimension. Denn sie werden in Szene gesetzt, um von den übrigen Teilnehmern des Festes wahrgenommen zu werden und so ihre spezifische Wirkung zu entfalten. Theatralität und Performativität sind hier untrennbar miteinander verwoben. Insofern wir davon ausgehen, dass es sich, wie Benedict Anderson gezeigt hat, bei Gemeinschaften meist um »imagined communities«[68] handelt, lässt sich eine solche Darstellung einer überlieferten gemeinsamen Geschichte, ihr gemeinsamer Nachvollzug, als Bekräftigung eben dieser auf sie zurückgehenden Gemeinschaft begreifen. Dazu trägt andererseits auch die Transgression bei, die sich in unterschiedlichen Arten von Exzessen äußert. Zu derartigen Exzessen ist sowohl das gemeinsame Anschauen von Gewalt – wie bei den mittelalterlichen Passionsspielen – zu rechnen als auch das gemeinsame Ausagieren von Gewalt – gegen einen »Sündenbock« wie in den den Festen eingelagerten Opfer- und Sündenbockritualen. Sie können sich auch als gemeinsamer exzessiver Verzehr von Essen und – alkoholischen – Getränken vollziehen. Die kathartische Dimension des Festes, die in derartigen Transgressionen aufgerufen wird, verstärkt den liminalen Zustand, in den die Teilnehmer des Festes versetzt werden, und trägt so zur Bestätigung der gegebenen Gemeinschaft oder auch zur Bildung neuer Gemeinschaften bei.

Festen eignet entsprechend ein großes transformatorisches Potenzial. Wieweit es sich im Einzelfall zu entfalten vermag, hängt von der Intensität ab, in der die Teilnehmer Zeit und Raum des Festes als liminal zu erfahren vermögen und daher sich selbst als in einem Zustand des Zwischen – auf der Schwelle. Wenn wir davon ausgehen, dass die Transformationen, die im Fest durchlaufen werden können, vor allem auf die betreffende Gemeinschaft bezogen sind, wird deutlich, dass ihre Wirkung kaum dauerhaft sein kann, weswegen Feste sich in regelmäßigen Zeitabständen wiederholen müssen.

Auch die Transformationen, die in/durch *öffentliche(n) Versammlungen* vollzogen werden, sind nicht von Dauer. In den meisten Fällen bleiben sie lediglich für die Zeit des Versammeltseins effektiv. Wie Judith Butler gezeigt hat, gilt dies vor allem für die grundlegende Transformation der vielen beteiligten »Ichs« in ein »Wir« – ein »Wir«, das noch vor Einigung auf eine gemeinsame Agenda durch den bloßen Akt des Sich-Versammelns, durch das gemeinsame Erscheinen von Körpern in einem öffentlichen Raum konstituiert wird. Diese Transformation bildet die Basis für alle folgenden Aktionen, Proklamationen und aus ihnen möglicherweise resultierenden weiteren Transformationen, die sich im Verlauf der Versammlung ereignen mögen – sei es geplant, sei es unvorhergesehen.

Die grundlegende Voraussetzung für das Eintreten einer solchen Transformation stellt entsprechend der Zugang zu einem öffentlichen Platz dar, wie Butler mit Hinweis auf die *Occupy*-Bewegung erläutert. Es ist der bloße Akt des Sich-an-einem-solchen-Ort-Versammelns, welcher die Transformation von »Ich« zum »Wir« bewirkt, das in der Folge durch Gesten, Bewegungen und gemeinsames Handeln bekräftigt und gefestigt wird. Dieses Handeln kann durchaus ein »plurales Handeln«[69] sein.

Butler begreift die Versammlung von Körpern als »performative Inszenierung«, mit/ in der »Volkssouveränität performativ geltend gemacht wird« und die »notwendigerweise eine performative Inszenierung von Körpern einschließt.«[70] Wenn aus einer Versammlung politische Forderungen hervorgehen, so dürfen die Körper bzw. die Pluralität von Körpern nicht als Instrument für die betreffenden Forderungen begriffen werden, vielmehr müssen sie »zur Voraussetzung aller zukünftigen Forderungen« gemacht werden.[71] Das durch die Versammlung von Körpern entstandene »Wir« manifestiert sich eben in dieser Versammlung, die es performativ hervorbringt. So wie der Sprechakt »We the people« eben die soziale Pluralität herbeiführt, die er benennt, transformiert die Versammlung die sich versammelnden pluralen Subjekte in ein »Wir«.

Wie für Feste gilt für öffentliche Versammlungen ihre eigene Zeitlichkeit, das Heraustreten aus dem Alltag, das Zusammenkommen an einem gemeinsamen Ort – also das gemeinsame Erscheinen, aus dem ein gemeinsames Handeln resultiert. Ebenso überdauert die jeweils bewirkte Transformation der Teilnehmer in beiden Fällen das Ereignis nicht. Ein wesentlicher Unterschied besteht jedoch darin, dass die Versammlung länger andauernde Wirkungen zu zeitigen vermag – sei es dass die von ihr erhobenen Forderungen erfüllt werden, sei es dass wegen ihrer Nicht-Erfüllung weitere Versammlungen oder andere Aktionen notwendig werden. Die Transformation in das »Wir« kann insofern durchaus auch länger andauern. Sie erfährt bereits durch die Einberufung einer weiteren Versammlung eine Erneuerung.

Sportwettkämpfe dagegen zielen in der Regel auf eine unmittelbare Transformation – sie generieren Sieger und Verlierer. Auch wenn der Sieger des einen Wettkampfes zum Verlierer des nächsten wird, bleibt er doch der Sieger des Wettkampfes des Jahres X. Der durch den einen Sieg errungene Status kann ihm nicht aberkannt werden. Er ist in der Zeremonie der Siegerehrung ein für allemal festgeschrieben und mit Überreichung der Medaille, Trophäe, des Olivenzweiges o. Ä. öffentlich beglaubigt.

Es ist kaum zu übersehen, dass Sportwettkämpfe in geradezu prononcierter Form der Struktur von Übergangsritualen folgen. Der Abtrennungsphase, die sich als Training, Vorbereitung, Aufwärmung o. Ä. vollzieht, folgt der Wettkampf selbst als Schwellen- oder Transformationsphase. Im Unterschied zum Übergangsritual bleibt allerdings bis zum Schluss ungewiss, welcher Status im Verlauf der Schwellenphase erworben wird – der des Siegers oder des Verlierers. Der Verlauf ist unvorhersehbar – in ihm kann ständig etwas nicht Erwartbares auftauchen. Und wenn es nach den vorgesehenen 90 Minuten eines Fußballspiels bei Europa- oder Weltmeisterschaften unentschieden steht, wird die Spielzeit verlängert, eventuell noch ein Elfmeterschießen angeschlossen, damit ein Sieger generiert werden kann. Die Siegerehrung lässt sich als Inkorporationsphase begreifen: Der Sieger wird in seinem neuen Status öffentlich anerkannt und in die Gesellschaft mit diesem neuen Status wieder eingegliedert.

Im Falle von Sportwettkämpfen sind die Gelingensbedingungen als klare Regeln formuliert, die dem Wettkampf zugrunde liegen und nach denen er ablaufen muss. Wer gegen die Regeln verstößt, muss ausscheiden – was für den Einzelkämpfer bedeutet, dass die Transformation in einen Sieger ihm nicht mehr offensteht, und für das Mitglied einer Mannschaft, dass deren Chancen erheblich verringert werden.

Diese rituelle Struktur, die Wettkämpfen generell zugrunde liegt, gleichwohl häufig nicht mehr wahrgenommen wird, tritt besonders deutlich bei den Olympischen Spielen und Weltmeisterschaften in den Vordergrund. Die Eröffnungs- und Schlusszeremonie der Olympischen Spiele ebenso wie die Siegerehrungen der einzelnen Sportler und Mannschaften betonen die Transformation, die im Verlauf der Spiele nicht nur die beteiligten Sportler, sondern auch die Zuschauer erfahren können. Die Eröffnungszeremonie, wie sie zuerst vom Begründer der modernen Olympischen Spiele, Baron Pierre de Coubertin, entworfen wurde, sollte zuallererst die Athleten aus den verschiedenen Ländern in Mitglieder der olympischen Gemeinschaft verwandeln – wobei dem olympischen Eid eine wichtige Rolle zukam – und wenn möglich die Zuschauer ebenfalls in diese Gemeinschaft einschließen. Sie sollte entsprechend ein Band zwischen allen Teilnehmern knüpfen. Die olympische Gemeinschaft, die so aus Individuen aus verschiedenen Nationen gebildet wurde, war eine vorübergehende: Sie löste sich spätestens nach der Abschlusszeremonie wieder auf.

Die Siegerehrung für den einzelnen Sportler bzw. die einzelne Mannschaft dagegen verwandelt diese(n) dauerhaft in einen Sieger – sowie in den Zweit- und Drittplatzierten – im betreffenden Wettkampf dieser Olympischen Spiele. Dieser Ruhm bleibt ihm ein Leben lang – wie dem griechischen Sieger im Marathonlauf der ersten Olympischen Spiele 1896 in Athen, Spiridon Louis, oder dem amerikanischen Läufer Jessie Owens bei den Olympischen Spielen 1936 in Berlin. Der Sieger erwirbt so einen neuen sozialen Status, eben den eines Siegers bei den Olympischen Spielen, was ihm eine gewisse Aura verleiht. Von nun an gehört sie/er der internationalen Gemeinschaft der Olympiasieger an, ist inkorporiert in die Gemeinschaft der »Besten«, nicht nur ihrer/seiner eigenen Nation, sondern der ganzen Welt. Die Siegerehrung fungiert hier wie eine Erhebung in den Olymp, um von den dort thronenden Göttern als Gleiche/r aufgenommen zu werden. Wie in einem

Übergangsritual ist diese Transformation unumkehrbar und von der Gesellschaft akzeptiert. In diesem Sinne hat eine Initiation stattgefunden.[72]

Von ganz anderer Art sind die Transformationen, die ein Strafprozess zu bewirken vermag. Auch im Falle von *Gerichtsverfahren* sind eine Fülle von institutionellen und subjektiven Gelingensbedingungen zu beachten, von denen der Verlauf des Prozesses abhängt und entsprechend die Entfaltung des ihm inhärenten transformatorischen Potenzials. Ganz gleich, wie lange sich ein Verfahren hinziehen mag oder welche speziellen Verfahrensordnungen jeweils zugrunde gelegt werden, lässt sich auch hier – wie beim Fest oder beim Sportwettkampf – die Struktur eines Übergangsrituals erkennen. Die Verhaftung und Überführung in Untersuchungshaft lässt sich als Trennungsphase beschreiben: Der Inhaftierte wird aus seinem alltäglichen Milieu herausgerissen und seiner persönlichen Lebensform entfremdet. Spätestens mit der Klageerhebung beginnt die Schwellenphase: der Angeklagte durchläuft nun eine Fülle von bisher unbekannten Prozeduren und macht neue, teilweise verstörende Erfahrungen. Ständig können neue Zeugen auftreten, bisher unbekannte Fakten ans Licht kommen, widersprüchliche Gutachter Einlassungen machen etc. etc. Insofern bleibt der Ausgang des Verfahrens unvorhersehbar – Freispruch oder Schuldspruch und im Falle des Schuldspruchs Art und Höhe der Strafe. Indem das Urteil gesprochen wird, wird die Transformation vollzogen: Von einem Angeklagten zurück in einen unbescholtenen Bürger oder in einen wohl aus Mangel an Beweisen Freigesprochenen, jedoch weiterhin Verdächtigen, dem dieser Makel auch in Zukunft anhaften wird, in einen für schuldig Befundenen, einen Verbrecher, der die nächsten Jahre seines Lebens abgesondert von der Gesellschaft unter harten Bedingungen verbringen muss. Häufig ist mit dem Urteil in der ersten Instanz die Schwellenphase noch nicht abgeschlossen. Das Urteil kann von beiden Parteien angefochten werden. Wird davon Gebrauch gemacht, ist erst mit dem Urteil der letzten Instanz, die keine Berufung mehr zulässt, die Schwellenphase an ein Ende gekommen und die Transformation vollzogen. Die Integrationsphase, die nach dem Urteilsspruch der Schwellenphase folgt, fällt entsprechend unterschiedlich aus. Im günstigsten Fall geschieht sie als vollkommene Reintegration, als Wiederherstellung des früheren Zustands, und im ungünstigsten Fall in lebenslanger Absonderung – oder in Ländern, in denen es die Todesstrafe gibt, in der radikalsten Form der Ausstoßung aus der Gesellschaft, in der Hinrichtung, mit der die vom Verurteilten verletzte Ordnung der Gesellschaft wiederhergestellt werden soll.

Wie diese ganz unterschiedlichen kulturellen Bereichen entstammenden Beispiele zeigen, erweist sich die transformative Kraft des Performativen in kulturellen Aufführungen als besonders stark, so dass sie häufig nachhaltige Verwandlungen bewirkt – wenn auch zum Teil, wie beim Fest, nur unter der Bedingung regelmäßiger Wiederholung. Wie aber äußert sich die transformative Kraft des Performativen in *künstlerischen Aufführungen*? Welche vorübergehenden Verwandlungen vermag sie auszulösen? Oder lassen sich gegebenenfalls sogar nachhaltige Transformationen belegen?

Aus den in den vorhergehenden Kapiteln angesprochenen Aufführungen des experimentellen Theaters und der Performancekunst seit den 1970er Jahren lässt sich zweifellos der Schluss ziehen, dass sie Zuschauer in einen liminalen Zustand zu versetzen vermochten, der teilweise einer Krise ähnelte: Die Zuschauer bei Schleefs *Salome* oder bei Marina Abramovićs Performances fanden sich in der Tat zwischen verschiedenen Rahmen – Theater oder Kunstmuseum; Kunst oder Alltagswelt – und entsprechend zwischen verschiedene Postulate versetzt: Bestimmen und Sich-bestimmen-Lassen im Theater vs. Betrachten eines nicht lebenden Objekts; ästhetisches vs. ethisches Verhalten. Ein solcher Zustand der Liminalität artikuliert sich häufig in physiologischen, affektiven, energetischen und motorischen Veränderungen,[73] die, wie häufig im Falle von Abramovićs Performances in den 1970er Jahren, zu einem Statuswechsel einiger Beteiligter führten: Indem die Zuschauer den Qualen ein Ende setzten, verwandelten sie sich in Akteure.

Wie aus dem hier zugrunde gelegten Aufführungsbegriff hervorgeht, vermögen alle an einer Aufführung Beteiligten in ihrem Verlauf derartige vorübergehende Transformationen zu durchlaufen, wobei diese sich in einer eventuell gar abwechselnden Identifikation mit dargestellten Figuren realisieren, als Immersion in Atmosphären, in rhythmischen Veränderungen, wechselnden energetischen Zuständen und Stimmungen, um nur einige Möglichkeiten zu nennen.

Inwiefern der Status des Zuschauers in gewisser Weise immer zwischen dem eines Zuschauenden – Zuhörenden, Tastenden, Erspürenden, Riechenden – und dem eines Akteurs oszillierend hin- und hergleitet, nicht zuletzt, da das sensorische Wahrnehmen selbst bereits als eine Form des Handelns begriffen werden kann, wurde sinn- und sinnenfällig wiederum in einer Performance von Marina Abramović und ihrem Partner Ulay vorgeführt und zugleich reflektiert.

In *Imponderabilia* (1977 in der Galeria Communale d'Arte Moderna in Bologna) standen beide Künstler sich in der Eingangstür zur Galerie nackt gegenüber. Jeder, der die Galerie betreten wollte, musste sich zwischen beide hindurchzwängen, wobei sie/er unweigerlich einen der beiden Künstler berühren musste. Nahezu alle Besucher vermieden den Blickkontakt mit Abramović oder Ulay, auch wenn Einzelne sich nach Überschreiten der Schwelle heimlich nach der Künstlerin bzw. dem Künstler, die/den sie berührt hatten, umsahen (wie auf einem Dokumentationsvideo festgehalten und gut zu sehen ist). Die ganze Performance bestand darin, die Schwelle zu betreten, sie zu überschreiten und sie zu verlassen, wobei das Arrangement so getroffen war, dass viele Besucher sich beim Überschreiten unwohl fühlten. Sie agierten hier gleichzeitig als Zuschauer und als Akteure – als Zuschauer allerdings, die das Schauen vermieden, und als Akteure, die ihre Aktion mit offensichtlich widerstrebenden Gefühlen ausführten. Die Künstler dagegen ließen sich einerseits von den Besuchern berühren, andererseits schauten sie ihnen bei ihrem Übergang über die Schwelle zu.

Damit reflektierte die Performance nicht nur das oszillierende Verhältnis zwischen Zuschauer- und Akteursrolle, sondern zugleich das oszillierende Verhältnis zwischen Grenze und Schwelle. Wurde hier eine Grenze überschritten, die hätte gewahrt werden müssen, oder ging es tatsächlich eher um einen Übergang – nicht nur von einem Raum in einen anderen, sondern auch von einem Zustand in einen anderen? Wurde die Schwelle hier zur Grenze oder die Grenze zur Schwelle? Was unterscheidet beide voneinander?

Sowohl der Grenze als auch der Schwelle eignet ein gewisses Risikopotenzial. Die Verletzung von Grenzen ist häufig mit Sanktionen belegt. Aber auch das Überschreiten von Schwellen birgt mannigfache Gefahren und Risiken, da man nicht wissen kann, was einen jenseits der Schwelle erwartet, mit welchen Erscheinungen, Herausforderungen, Ungewissheiten man dort konfrontiert wird. Der Unterschied zwischen Grenze und Schwelle liegt daher weniger in den Gefahren einer Überschreitung als in dem Hof von Konnotationen, der beide Begriffe umgibt. Der Begriff der Grenze konnotiert eher den Ausschluss, das Trennende, den Endpunkt. Die Grenze markiert die deutliche Differenz; jenseits liegt das Ersehnte, die Freiheit, das Paradies oder im Gegenteil das Verabscheute, Gefürchtete, die Hölle. Die Grenze legal zu überqueren, erfordert bestimmte, häufig komplizierte Verfahren und Rechtfertigungsprozeduren. Sie illegal zu überqueren, stellt einen gefährlichen, heimlichen, subversiven Akt dar, sie offen zu durchbrechen gar einen aufrührerischen, revolutionären, heroischen Akt oder auch einen feindlich aggressiven von außen, einen Überfall.

Ganz anders sind die Konnotationen, die den Begriff der Schwelle umgeben. Während die Grenze das Weiter-, das Überschreiten zu hindern sucht, scheint die Schwelle dazu einzuladen. Schwellen sind jedoch häufig magische, zum Teil sogar verruchte Orte. Ihre Magie zu bannen, ihre Verruchtheit in Segen zu verwandeln, bedarf es spezieller Fähigkeiten und Kenntnisse. Trotz aller möglichen Widrigkeiten, Risiken und Gefahren, die mit dem Passieren von Schwellen verbunden sein mögen, verspricht der Übergang, wenn er auf die rechte Weise vollzogen wird, überwiegend Positives. Werden beim Überschreiten jedoch Fehltritte begangen, kann der Übergang in einem Desaster enden. Die Schwelle ist hoch ambivalent.

Während die Grenze eher auf das Gesetz bezogen ist, verweist die Schwelle eher auf Magie. Während die Grenze als eine Linie gedacht wird, die etwas ein- und anderes ausschließt, als eine Scheidelinie, ist die Schwelle als ein Zwischenraum vorzustellen, in dem sich alles Mögliche ereignen kann. Während die Grenze eine klare Trennung vornimmt, stellt die Schwelle einen Ort der Ermöglichung, Ermächtigung, Verwandlung dar. Bei dem Versuch einer solchen Differenzierung darf allerdings nicht übersehen werden, dass es sich bei Grenze oder Schwelle um ein Phänomen der Wahrnehmung handelt: Was dem einen als eine – vielleicht unüberwindbare – Grenze erscheint, wird von dem anderen als eine Schwelle wahrgenommen, die zum Überschreiten einlädt. Auch werden Grenzen oft erst im Akt der Übertretung – indem sie als Schwellen genutzt werden – überhaupt als Grenze erfahren.[74]

Diese Ambivalenz von Grenze und Schwelle wurde in *Imponderabilia* für die Künstler wie für die Besucher beim Überschreiten erfahrbar und reflektiert, indem die Performance sich buchstäblich als eine Schwellensituation, als eine liminale Phase auswies, in der Veränderungen durchlaufen wurden.

Ob die Transformationen, die in solchen und anderen künstlerischen Aufführungen bewirkt werden, über die Dauer der Aufführung hinaus anhalten, erscheint zweifelhaft; es hängt wohl überwiegend von subjektiven Bedingungen der einzelnen Zuschauer ab. Auch wenn künstlerische Aufführungen in diesem Sinne als eine Art von Schwellenzustand bestimmt werden können, der, wie Stelarcs Aufhängungsperformance zeigt, nicht unbedingt einer vorherigen Trennung der Zuschauer vom alltäglichen Milieu bedarf, folgt daraus noch keineswegs, dass aus der liminalen Phase wie bei den bisher behandelten Genres von kulturellen Aufführungen nachhaltige Transformationen hervorgehen können oder gar sollen.

Diese Frage stellte sich nicht erst im Kontext der Diskussion einer spezifischen Eigenschaft des Performativen, wie sie heute geführt wird. Die transformative Kraft von künstlerischen Aufführungen ist Theatertheoretikern seit Aristoteles immer wieder als ein erklärungsbedürftiges Phänomen aufgefallen. Wie nachfolgend ein kurzer Rekurs auf verschiedene Wirkungsästhetiken demonstrieren soll, wurde ihr Wirken stets bemerkt. *Dass* die Teilnahme an einer Aufführung bei Zuschauern eine Transformation hervorzurufen vermag, wird übereinstimmend konstatiert, wobei von einer länger andauernden Veränderung in der Regel nur unter der Bedingung eines wiederholten Theaterbesuchs ausgegangen wird. *Welche Art* von Transformation eintreten kann, hängt dagegen von den je unterschiedlichen historischen und kulturellen Bedingungen ab. Entsprechend wird die Transformation jeweils anders bestimmt und unterschiedlich bewertet. Die konkreten Veränderungen, die in einer Aufführung durchlaufen werden, stellen daher kein ahistorisches oder universelles Phänomen dar, sondern sind untrennbar an den jeweiligen historischen, kulturellen, sozialen, politischen, religiösen, ästhetischen Kontext gebunden, in dem die Aufführungen stattfinden.

Aristoteles, von dem unsere Überlegungen ihren Ausgang nehmen sollen, beschreibt in seiner *Poetik* die Wirkung des tragischen Theaters als Erregung von *ἔλεος* und *φόβος*, von Jammer und Schauder, also als einen außergewöhnlichen affektiven Zustand, der in der/durch die Aufführung hergestellt wird, sich körperlich artikuliert und die von ihm Befallenen verändert. Der Begriff, den er einführt, um das Ziel, die letztendliche Wirkung des Theaters als Reinigung von eben diesen Affekten zu bestimmen, der Begriff der Katharsis, ist Heilungsritualen entlehnt. Während die Erregung der Affekte den Zuschauer in einen liminalen Zustand versetzt, ist es die Katharsis, mit der die Transformation vollzogen wird. Da die Großen Dionysien, bei denen Tragödien zur Aufführung gelangten, jedes Jahr wiederholt wurden – allerdings jeweils mit anderen Tragödien, da die Aufführung einer Tragödie im 5. vorchristlichen Jahrhundert in Athen ein einmaliges Ereignis darstellte – ist anzunehmen, dass die jährlich wiederholte Erregung von Jammer und Schauder und die mit ihr verbundene Katharsis zu einer gewissen Stabilisierung und damit zu einer länger andauernden Veränderung führen sollte.

Auch von späteren Wirkungsästhetiken wird eine Transformation vorausgesetzt; allerdings wird nur selten ausgeführt, unter welchen Bedingungen sich solche Veränderungen auch nach dem Ende der Aufführung auf den Einzelnen und gegebenenfalls sogar auf die Gesellschaft bzw. eine bestimmte gesellschaftliche Gruppe oder ein Milieu auswirken können. Wenn dieses Problem angesprochen wird, geht der Verfasser in der Regel nicht von der Wirkung einer einzigen Aufführung aus, sondern setzt, wie bereits erwähnt, wiederholte Theaterbesuche voraus. Rousseau zum Beispiel begreift derartige länger andauernde Transformationen als negativ – vor allem für den männlichen Zuschauer. Indem sich das »hauptsächliche Interesse des Theaters auf die Liebe gründet«, drohe es den Mann zu verweichlichen und zu effeminieren: »Die dauernden Gefühlsaufwallungen, denen man im Theater unterworfen ist, entnerven und schwächen uns und machen uns unfähiger, unseren Leidenschaften zu widerstehen.«[75] Der wiederholte Besuch von Theateraufführungen entfremde nicht nur den Mann, sondern auch die Frau, die nicht in die Öffentlichkeit, sondern nur in die heimischen und weiblichen Zirkel gehöre, ihrer »natürlichen Bestimmung«[76] und bedrohe die kulturelle, geschlechtliche und individuelle Identität der Genfer.

Rousseau war keineswegs der erste, der Aufführungen eine negative transformative Kraft zusprach. Wenn in der Spätantike die Kirchenväter und im Mittelalter und der frühen Neuzeit andere Gegner des Theaters vor den Gefahren warnten, die der Besuch einer Theateraufführung für das Seelenheil der Zuschauer berge, so hatten sie eben die transformativen Potenziale von Aufführungen im Blick, welche länger andauernde, nachhaltige Veränderungen herbeiführen, die als negativ und unumkehrbar gelten und daher zu meiden sind.[77] Dabei ist interessant, dass die Gefahr einer Transformation stets in den besonderen medialen Bedingungen von Aufführungen lokalisiert wird, also in der leiblichen Ko-Präsenz von Darstellern und Zuschauern. Sie wird vor allem durch die Art und Weise heraufbeschworen, in der die Schauspieler ihre Körper einsetzen.

Zwar teilen auch die Theoretiker des 18. Jahrhunderts – wie Henry Home, Denis Diderot, Gotthold Ephraim Lessing, Georg Lichtenberg, Johann Jakob Engel oder Johann Georg Sulzer – die Auffassung, dass es die Wahrnehmung der durch die Schauspielkunst am Körper des Schauspielers erscheinenden

Affekte sei, welche Affekte im Zuschauer auslöse. Diese Auffassung wird von ihnen jedoch positiviert. So geht Lessing von der Annahme aus, dass der wiederholte Besuch von Aufführungen bürgerlicher Trauerspiele in den Zuschauern Empfindungen des Mitgefühls zu wecken und so die menschliche Empfindungskraft nachhaltig zu stärken vermöchte. Die Aufführungen sollen

> unsere Fähigkeit Mitleid zu fühlen, erweitern [...] – sie sollten uns so weit fühlbar machen, daß uns der Unglückliche zu allen Zeiten, und unter allen Gestalten, rühren und für sich einnehmen muß [...]. *Der mitleidigste Mensch ist der beste Mensch,* zu allen gesellschaftlichen Tugenden, zu allen Arten der Großmut der aufgelegteste. Wer uns also mitleidig macht, macht uns besser und tugendhafter.[78]

Kein Zweifel, Aufführungen von Schauspielen eines bestimmten Genres wird hier eine transformative Kraft zugesprochen, die nachhaltige Veränderungen des emotionalen Habitus[79] der einzelnen Zuschauer und auf diesem Wege auch der bürgerlichen Gesellschaft zu bewirken vermag. Über die Zukunft der bürgerlichen Gesellschaft wird in diesem Sinne auch in Theateraufführungen entschieden.

Zwar verschwanden am Ende des 18., zu Beginn des 19. Jahrhunderts als Folge des Postulats der Autonomie von Kunst Wirkungsästhetiken und machten Werk- und Produktionsästhetiken Platz. Gleichwohl blieb die Vorstellung vom transformativen Potenzial von Theateraufführungen lebendig. Im Konzept des Bildungstheaters, wie Goethe und Schiller es entwickelten, lässt sich eine neue Variante dieser Vorstellung finden, wie sie vor allem in Schillers *Briefen über die ästhetische Erziehung des Menschen* (1795) formuliert wird. Der in den *Briefen* zentrale Begriff des Spiels lässt sich durchaus im Sinne eines Turner'schen »betwixt and between«, einer Schwellenerfahrung, begreifen. Denn im Spiel verwandelt sich der gewöhnliche Mensch, bei dem Stofftrieb und Formtrieb, sinnliche und vernünftige Natur, auseinanderstreben, ja, in einem ewigen Kampf miteinander liegen, für die Dauer des »Spiels«, der ästhetischen Erfahrung, in den idealen Menschen, in dem beide miteinander versöhnt sind. Je öfter das »Spiel mit der Schönheit« aufgenommen wird, desto nachhaltiger ist die Verwandlung. Sie führt letztendlich zu einem »freien Menschen«, der die Voraussetzung für die Herausbildung eines freien Staats darstellt, da »man, um jenes politische Problem in der Erfahrung zu lösen, durch das ästhetische den Weg nehmen muss, weil es die Schönheit ist, durch welche man zu der Freiheit wandert«.[80]

Eine solche Auffassung ist zweifellos idealistisch. Die Vorstellung von der transformierenden Kraft von Theateraufführungen dagegen, die ihr zugrunde liegt, ohne jedoch eine bestimmte Art der Transformation zu beinhalten, wurde an der Wende vom 19. zum 20. Jahrhundert wieder aufgenommen und im Rahmen neuer, zum Teil materialistischer Wirkungsästhetiken weiterentwickelt. Dieser Prozess ist bis heute nicht abgeschlossen.

Jahrhunderte-, ja, jahrtausendelang hat sich die Vorstellung gehalten, dass der wiederholte Besuch von Theateraufführungen nachhaltige Veränderungen beim Zuschauer zu bewirken vermag, die je nach Einstellung positiv oder negativ bewertet wurden. Die transformative Kraft des Performativen, die sich in künstlerischen Aufführungen entfalten kann, wurde also in ganz unterschiedlichen historischen Kontexten bemerkt. Sie bewirkte jeweils andere Verhaltensweisen und wurde jeweils anders theoretisiert. Die diesen Theoretisierungen häufig zugrunde liegende Überzeugung, dass sie in länger andauernden Veränderungen zumindest des ethischen und emotionalen Habitus resultieren könne, wird allerdings kaum je als begründungsbedürftig angesehen. Denn sie wurzelte in der Regel in bestimmten, im jeweiligen historischen Zeitraum gültigen, nicht weiter hinterfragten Vorstellungen.

Auch wenn sich diese Frage wohl kaum abschließend wird klären lassen,[81] verspricht eine historische Untersuchung, welche den wiederholten Theaterbesuch in einen umfassenderen Kontext einbettet, eine Antwort zumindest auf die Frage, ob er zur Ausbildung eines speziellen Habitus beigetragen hat. Wenn wir das Zitat aus Lessings Brief an Nicolai zu Berichten über die Reaktionen von Zuschauern bei bürgerlichen Trauerspielen in eine Beziehung setzen, so scheint dies durchaus die Annahme zu rechtfertigen, dass Theater habe in der zweiten Hälfte des 18. Jahrhunderts in Deutschland einen – vielleicht sogar bedeutenden – Beitrag zur Ausbildung eines neuen emotionalen Habitus im Bürgertum geleistet. In Briefen und Autobiographien dieses Zeitraums finden sich eine Fülle von Belegstellen für die Auslösung von Rührung und Tränen im Zuschauer bei Aufführungen bürgerlicher Trauerspiele, was als Zeichen des Mitleids gewertet wird.

So berichtet Karl Wilhelm Ramler in einem Brief an Gleim (vom 25. Juli 1755) über die Uraufführung der Lessing'schen *Miß Sara Sampson* am 10. Juli

1755 durch die Ackermann'sche Truppe in Frankfurt an der Oder: »[D]ie Zuschauer haben drey und eine halbe Stunde zugehört, stille gesessen wie Statüen, und geweint.«[82] Ähnlich ging es anscheinend bei den Berliner Aufführungen von *Miß Sara Sampson* zu, die am 19. Oktober und 4. November 1756 von der Schuchischen Gesellschaft gegeben wurden. In einem Brief vom 3. November, in dem Nicolai Lessing ausführlich Mitteilung von der ersten der beiden Aufführungen macht, schildert er ihre Wirkung mit folgenden Worten:

> Ehe ich Ihnen genauer von der Aufführung Nachricht gebe, muß ich Ihnen sagen, daß ich ungemein gerührt worden bin, daß ich bis an den Anfang des fünften Akts öfters geweint habe, daß ich aber am Ende desselben und bey der ganzen Szene mit der Sara, vor starker Rührung nicht habe weinen können.[83]

Entsprechende Wirkungen werden auch über die Aufführungen anderer bürgerlicher Trauerspiele berichtet, so zum Beispiel über Aufführungen von Lillos *Kaufmann von London*, sozusagen des Prototyps dieser Gattung. Über eine Hamburger Aufführung aus dem Jahre 1755 erzählt Johann Heinrich Vincent Nölting:

> Schon am Schluss des ersten Akts, da Barnwell nach langem Kampf seiner Unschuld mit den Reitzungen und Ueberredungen der abscheulichen Buhlerin, der Milwoud, endlich in einer unglücklichen Minute unterliegt, und an ihrer Hand in ihr Haus, wie in eine Mördergrube, eilt, standen unsere Augen in Thränen. Feine und zärtliche und rechtschaffene Seelen, wenn sie dieses Trauerspiel kennen, werden leicht denken, wie sehr unsere Rührungen mit jedem Akt müssen zugenommen haben, und wie gewaltig und erschütternd sie am Schluß des Trauerspiels gewesen sind.[84]

Der Wiener Hofschauspieler Johann Heinrich Friedrich Müller erinnert sich an die Wirkung, welche eine Aufführung desselben Trauerspiels durch die Ackermannsche Gesellschaft in Magdeburg im selben Jahr auf ihn ausübte:

> Ich sah diese Vorstellung, und wurde am Ende des dritten Aufzuges, wo der verlarvte Barnwell den Dolch zieht, seinen bethenden Vetter zu ermorden, so

> hingerissen, daß ich laut aufschrie: »Halt er ein! es ist ja sein Onkel!« ... Männer von Gefühl und Würde, tief gerührte Damen, die mich umgaben, lobten meine Aufmerksamkeit, meine so innige Theilnahme, und suchten mich, da ich Thränen vergoß, liebreich zu trösten.[85]

Als letztes Beispiel sei die Reaktion des Publikums bei einer Festaufführung genannt, die aus Anlass der Vermählung des Pfalzgrafen Maximilian mit der Prinzessin Auguste von Darmstadt am 20. November 1785 in Mannheim stattfand. Sie wurde von einem Prolog eröffnet, den August Wilhelm Iffland geschrieben hatte und vortrug. Über seine Wirkung berichtet er in seiner Autobiographie *Meine theatralische Laufbahn* (1798):

> Da rufen viele Stimmen laut durcheinander: »Mein Gott! O mein Gott!« Das Parterre erhebt sich von seinen Sitzen, ein Rufen, endlich ein wildes Geschrei wird allgemein – man sieht emporgehobene Arme – im Jubel geschwenkte Hüte! »Lebet, lebet! Erhalte euch Gott!« Dies rief die Liebe, die Threue, das Entzücken der Familie entgegen. Die jungen Fürstinnen küssten die Hand ihrer Großtante, welche in Tränen schwamm – laut weinend umarmten sich die fürstlichen Brüder – der Jubel erneute sich – die Vorstellung mußte innehalten und die Gefühle des Volkes walten lassen.[86]

Während die ersten Beispiele Wirkungen von Aufführungen bürgerlicher Trauerspiele kolportieren und deren transformative Kraft bezeugen, ist das letzte Beispiel aus einem anderen Grund interessant. Offensichtlich war zu diesem Zeitpunkt das bürgerliche Ideal der Tränen- und Rührseligkeit so weit verbreitet, dass auch die fürstliche Familie in ihrer für alle sichtbaren Loge dieses Ideal als für sich selbst gültig zur Aufführung brachte und so die Gleichgestimmtheit der fürstlichen Familie mit ihren bürgerlichen Untertanen zur Schau stellte. Dies lässt darauf schließen, dass in der zweiten Hälfte des 18. Jahrhunderts sich in den deutschen Staaten beim Bürgertum ein entsprechender emotionaler Habitus durchgesetzt hatte, worauf auch eine Reihe von kulturhistorischen Forschungen zum »weinenden Saeculum«[87] verweisen. Bis zu welchem Grade die Ausbildung eines solchen emotionalen Habitus und damit eine länger andauernde Transformation auch durch wiederholte Besuche derartiger Theateraufführungen sich verwirklichte, wird sich kaum eindeutig klären lassen. Immerhin lässt sich in Anbetracht solcher

Zeugnisse die Annahme nicht von der Hand weisen, dass die wiederholte Teilnahme an Aufführungen von bürgerlichen Trauerspielen und Rührstücken einen Beitrag dazu geleistet hat, auch wenn das Gewicht dieses Beitrags sich nicht genauer einschätzen lässt.

Die neuen institutionellen und künstlerischen Bedingungen, die sich in der zweiten Hälfte des 18. Jahrhunderts in den deutschen Staaten herausbildeten, scheinen das Gelingen einer solchen Transformation besonders begünstigt zu haben. Zu ihnen ist die Errichtung stehender Bühnen zu rechnen, mit denen ein vom Alltag abgelöster Raum auf Dauer zur Verfügung stand, der aufgrund seiner Bestimmung als ein liminaler Raum ausgewiesen war. Eine vielleicht noch wichtigere Bedingung stellte die Entstehung einer neuen, einer realistisch-psychologischen Schauspielkunst dar. Sie ermöglichte dem Zuschauer eine fast vollkommene Illudierung und damit totale Immersion in die dargestellte Wirklichkeit, die zwar ein Abbild seiner eigenen alltäglichen Wirklichkeit sein sollte, jedoch ein Abbild, das sich in mancher Hinsicht von dieser abgrenzte. Die Möglichkeit einer Immersion ebenso wie einer Identifikation mit den dargestellten Personen wurde erst dadurch eröffnet.[88]

Darüber hinaus ist zu berücksichtigen, dass der Zuschauerraum im 18. Jahrhundert beleuchtet war. Die Zuschauer konnten daher auch die Reaktionen anderer Zuschauer wahrnehmen. Im Weinen brachten sie sich füreinander und miteinander als fühlende Subjekte zur Aufführung. Die gemeinsam durchlebten Erfahrungen und insbesondere das gemeinsame Weinen knüpfte ein Band zwischen den einzelnen Zuschauern. Es verwandelte den Einzelnen in das Mitglied einer Gemeinschaft von Mitfühlenden und Mitleidigen – einer Gemeinschaft, die ihre Identität in eben dieser Fähigkeit zum Mitleid und Mitgefühl erleben und erfassen konnte. Während der Einzelne in/von der Aufführung in ein fühlendes Subjekt transformiert wurde, verwandelte sich die Gesamtheit der anwesenden bürgerlichen Zuschauer in eine Gemeinschaft der Weinenden – die sich eben im Akt des Weinens als eine Gemeinschaft erwies und erfuhr.

Wie das historische Beispiel zeigt, ist es keineswegs abwegig, künstlerischen Aufführungen die Fähigkeit zur Transformation der Zuschauer zuzusprechen, die nicht nur für die Dauer der Aufführung oder auch erheblich kürzere Zeiträume anhält, sondern durchaus auch sich noch nach dem Ende der Aufführung weiter auszuwirken vermag. Wenn die Möglichkeit auf spezifische institutionelle Bedingungen zurückzuführen ist, die länger andauernde Transformationen begünstigen, wie es im vorstehenden Beispiel der Fall war, erscheinen entsprechende, wenn auch nur hypothetische Annahmen insofern berechtigt, als sie sich durch Untersuchung derartiger Bedingungen plausibilisieren lassen. Wenn das Eintreten nachhaltiger Transformationen dagegen ausschließlich von subjektiven Bedingungen abhängt, lässt sich ihre Möglichkeit zwar konstatieren, weitergehende, gar verallgemeinernde Aussagen erscheinen jedoch problematisch. Nun sind es zweifellos eben solche subjektiven Bedingungen, die in künstlerischen Aufführungen eine besondere Rolle spielen. Während über auf sie zurückzuführende beobachtbare vorübergehende Transformationen, die einzelne Zuschauer in der Aufführung durchlaufen, durchaus nachvollziehbar und gewinnbringend argumentiert werden kann, lassen sich mit Blick auf ausschließlich auf subjektiven Bedingungen beruhenden möglichen nachhaltigen Transformationen kaum belastbare Aussagen machen. In diesem Fall sind wir auf entsprechende Selbstzeugnisse angewiesen, deren Glaubwürdigkeit in vieler Hinsicht zweifelhaft ist.

Was die vorübergehenden physiologischen, affektiven, energetischen und motorischen Veränderungen betrifft, die in den historischen Zeugnissen zu Aufführungen des 18. Jahrhunderts benannt und beschrieben werden, so fällt eine in mancher Hinsicht geradezu verblüffende Übereinstimmung mit dem Verhalten von Kinobesuchern auf, die sich einen melodramatischen Film ansehen. Dies betrifft zum einen die Auslösung starker Gefühle, die sich – wie im Theater des 18. Jahrhunderts – in gemeinsamem Schluchzen und Weinen, allerdings in einem verdunkelten Raum, äußern, und zum anderen die vollkommene Illudierung durch die filmischen Bilder, die sich auch bei nicht melodramatischen Filmen einstellt und auf eine spezifische Wahrnehmung zurückzuführen ist, die durch besondere filmische Verfahren herausgefordert wird. Deshalb sollte man aus dieser Übereinstimmung auch nicht den Schluss ziehen, dass es sich in beiden Fällen um dieselbe Transformation handelt. Vielmehr weist der jeweilige historische und mediale Kontext die Transformation als wohl vergleichbar, jedoch deutlich verschieden aus.

Die Illudierung, welche die Theatertheoretiker des 18. Jahrhunderts nicht müde wurden als notwendige Voraussetzung für die Auslösung von Emotionen in den Zuschauern zu beschwören, wird in der heutigen Diskussion überwiegend mit dem Ausdruck »Immersion« bezeichnet, der in der vorliegenden Untersuchung bisher vor allem im Zusammenhang mit Atmosphären verwendet wurde, in die die Zuschauer/Besucher von Aufführungen und Installationen einzutauchen vermögen. Da Atmosphären leiblich erspürt werden, meint der Begriff der Immersion in diesem Zusammenhang eine in erster Linie leibliche Erfahrung.

Diese Komponente ist für die Verwendung des Begriffs »Immersion« mit Blick auf eine vollkommene Illudierung beim Betrachten eines Films ebenfalls wichtig. So definiert Allison Griffith Immersion als »the sensation of entering a space that immediately identifies itself as somehow separate from the world and that eschews conventional modes of spectatorship in favor of a more bodily participation in experience«[89]. Diese »more bodily participation in experience« muss nun allerdings nicht als ein tatsächliches Sich-Aufhalten in diesem Raum – wie bei der Atmosphäre – noch gar als eine Bewegung in ihm konzipiert werden. Sie stellt sich vielmehr in einem spezifischen Zusammenspiel von Wahrnehmung und Imagination beim Kinobesucher ein. Es handelt sich – in dieser Hinsicht der Erfahrung der Theaterbesucher im 18. Jahrhundert vergleichbar – um ein von diesem Zusammenspiel ermöglichtes Sich-Versetzen in einen anderen Raum und ein sich in ihm abspielendes Geschehen, das man als Illudierung oder auch als Einfühlung bezeichnen könnte.[90] Anders als im Theater des 18. Jahrhunderts ist dafür jedoch kein psychologischer Realismus notwendig, wie ihn die neue Schauspielkunst seinerzeit ermöglichte.

In der Immersion – Einfühlung, Illudierung – entfaltet der Film ein ganz ähnliches transformatorisches Potenzial wie Aufführungen des Theaters im 18. Jahrhundert. Durch die Möglichkeit der Immersion seines Betrachters erweist sich der Film als ein performatives Phänomen, auch wenn bei seiner Betrachtung keine leibliche Ko-Präsenz von Akteuren und Zuschauern, sondern lediglich eine von Zuschauern gegeben ist. Ganz ähnlich wie die Illudierung im Theater des 18. Jahrhunderts im Zuschauer Gefühle auszulösen vermochte, die sich u. a. im gemeinsamen Weinen äußerten, ist die Immersion im Kino imstande, im Zuschauer den Ausdruck von Gefühlen zu begünstigen und sie zum Weinen zu veranlassen, auch wenn sie im verdunkelten Kinosaal sich gegenseitig nicht sehen, sondern nur hören, riechen und spüren können.

Wie Hermann Kappelhoff gezeigt hat, lässt sich der melodramatische Hollywoodfilm in dieser Hinsicht durchaus dem Theater der Empfindsamkeit des »weinenden Saeculums« vergleichen. Der vollständig illudierte Zuschauer bricht angesichts des Schicksals der Heldin in Tränen aus. Dies gilt nicht nur für die Hollywoodmelodramen der 1930er bis 1950er Jahre, sondern auch für einen Film, der weder dem Muster des klassischen Erzählkinos folgt, noch der Chronologie eines vergangenen Ereignisses, wie es für die genannten Melodramen typisch ist – für James Camerons *Titanic* (1997)[91]. Wie beim bürgerlichen Rührstück und beim Hollywood-Melodram schwamm in der Szene, in der Rose auf der Eisscholle ihrer Rettung entgegentreibt, während Jack, sich für sie opfernd, die Hände von der Scholle löst und langsam unter den Klängen einer mit Macht auf die Zuschauer einwirkenden Musik in der Tiefe des Meeres versinkt, der dunkle Zuschauerraum in Tränen. Wie im Theater des 18. Jahrhunderts weinten die Zuschauer gemeinsam und schienen ihr Gefühl zu genießen, auch wenn sie es nicht vor den und für die anderen aufführten, sondern im Dunkeln sich ganz und gar in die Szene hineinbegaben – in sie einfühlten. Die transformative Kraft, die der Film zu entfalten vermochte, verwandelte die Zuschauer nicht nur für die Dauer dieser Szene, sondern, wie Kappelhoff gezeigt hat, auch im Hinblick auf ihre rauschhafte Verschmelzung mit den Bildern und Tönen, die leiblich auf sie einwirkten und zugleich imstande waren, sie in eine quasi-mythische Welt hineinzuziehen, nahezu für die gesamte Dauer des Films. Die transformative Kraft des Performativen erwies sich hier als besonders stark – auch wenn wir ähnlich wie bei zeitgenössischen künstlerischen Aufführungen keine belastbaren Aussagen über eine mögliche längere Dauer oder gar Nachhaltigkeit der erfahrenen Transformation machen können.

Wie sich bereits im vorigen Kapitel am Beispiel des Bildes der *Madonna* von Piero della Francesca gezeigt hat, können Bilder – bewegte ebenso wie unbewegte – als performativ wahrgenommen werden. Zwar sind sie weder als Aufführungen zu begreifen, die wir durch die leibliche Ko-Präsenz von Akteuren und Zuschauern bestimmt haben, noch als Sprechakte, noch als symbolische körperliche Akte, die in ihrem Vollzug das hervorbringen, worauf sie verweisen. Gleichwohl ist ihnen Performativität nicht abzusprechen, insofern sie über die Fähigkeit verfügen, auf die sie Betrachtenden leiblich einzuwirken und in ihnen physiologische, affektive, energetische und motorische Veränderungen auszulösen, wobei offensichtlich der Verschränkung von Wahrnehmung, Imagination, Erinnerung eine besondere Bedeutung zukommt, mit der die jeweilige Wirklichkeit konstituiert wird, auf die sich die Veränderungen beziehen.

Ob bzw. wieweit sich dies gewinnbringend unter den bisher entwickelten Begriff des Performativen subsumieren lässt oder ob dieser erweitert oder vielleicht gar entscheidend verändert werden muss, soll im nachfolgenden dritten Teil des Buches geklärt werden, der sich mit Texten, Bildern und Dingen aus performativitätstheoretischer Perspektive auseinandersetzt.

Teil III

Ausweitung des Feldes: Performative Studien

Performative Studien/performative studies

In der Einleitung zum vorliegenden Band wurde als seine Aufgabe die Klärung der Fragen bestimmt, was unter einer performativen Sichtweise auf Kultur bzw. dem Begriff der Performativität zu verstehen ist und wie dieser Begriff produktiv in den Kunst- und Kulturwissenschaften verwendet werden kann. Um dies zu leisten, wurden im ersten Teil unterschiedliche Theorien des Performativen und der Aufführung vorgestellt. Zwar stimmen alle diese Theorien in der Auffassung überein, dass ein Akt bzw. ein Prozess sich dann als performativ begreifen lässt, wenn er selbstreferenziell und wirklichkeitskonstituierend ist. Trotz dieser Übereinstimmung kann, wie bereits einleitend betont, nicht von einer einheitlichen Theoriebildung ausgegangen werden. Denn die hier angesprochenen Theorien divergieren durchaus in ihrer Fokussierung weiterer Aspekte und Eigenschaften des Performativen.

Im zweiten Teil wurden vier dieser Eigenschaften genauer untersucht – Unvorhersehbarkeit, Ambivalenzen, Wahrnehmung und transformative Kraft. Dabei zeigte sich, dass sie sich jeweils unterschiedlich gestalten. So bestehen zum Beispiel mit Blick auf die transformative Kraft des Performativen erhebliche Unterschiede, welche die Art der Transformation, die Zeitspanne, welche sie benötigt, die Bedingungen, unter denen sie sich vollziehen kann, ihre Dauer und Nachhaltigkeit sowie ihre gesellschaftliche Relevanz betreffen. Je nach kulturellem Feld oder Gattung von kulturellen Aufführungen sowie je nach historischem Kontext können entsprechend andere Abschattungen des Performativen in den Vordergrund treten. Auch dieser Sachverhalt steht einer einheitlichen Theoriebildung entgegen.

In beiden Teilen wurden bisher ausschließlich solche Phänomene und Prozesse berücksichtigt, die sich körperlich materialisieren, wie Sprechakte, symbolische körperliche Handlungen und Praktiken sowie Aufführungen.

Dabei hat sich jedoch herausgestellt, dass es weitgehend von der Wahrnehmung abhängt, ob ein Phänomen als performativ aufgefasst wird oder nicht. Nun ist Wahrnehmung selbst nicht anders denn als verkörpert zu denken. Wie die Beispiele von Piero della Francescas *Madonna* oder James Camerons *Titanic* gezeigt haben, lassen sich auch diese als performativ wahrnehmen und erfahren. Vor allem an der *Madonna* hat sich der enge Zusammenhang zwischen Wahrnehmung, Handeln und Bedeutungskonstitution erwiesen.

Wenn Objekte als performativ wahrgenommen werden können, die sich selbst nicht als verkörperte materialisieren, sondern zum Beispiel als geschriebene Texte, Bilder – auf einer Felswand, einer Leinwand, einem Monitor o. Ä. –, Dinge aus unterschiedlichen Materialien, dann gilt in der Tat die Metapher »Kultur als Performance« in dem Sinne, dass Kultur generell unter der Perspektive des Performativen betrachtet und untersucht werden kann. Das Feld der Performativitätsforschung muss daher von der Sprach- und Kulturphilosophie sowie der Theaterwissenschaft und den Performance Studies zu anderen Disziplinen bzw. zur Interdisziplinarität ausgeweitet werden. Denn wie sich gezeigt hat, fordert das Performative Interdisziplinarität geradezu heraus. Es eröffnet ein interdisziplinäres Forschungsfeld, das von einer einzigen Disziplin – wie Philosophie, Ethnologie, Theaterwissenschaft – allein sinnvoll nicht zu bearbeiten ist. Dieses interdisziplinäre Forschungsfeld soll unter den Begriff der Performative Studies/Performative Studien gefasst werden. Unter diesem Begriff soll *nicht* eine neue Superdisziplin verstanden werden, unter die alle Kunst- und Kulturwissenschaften zu subsumieren wären. Vielmehr bezeichnet er eine spezifische interdisziplinäre Herangehensweise an unterschiedliche Gegenstände, die aus der Perspektive des Performativen untersucht werden, ganz gleich, ob es sich um Sprechakte, soziale Praktiken und Aufführungen oder um Texte, Bilder und Dinge handelt. Welche spezifischen Probleme sich bei der Umsetzung dieses Postulats stellen, soll in den nächsten Kapiteln jeweils gesondert für Texte, Bilder und Dinge herausgearbeitet werden.

Dabei gilt es zu bedenken, dass Texte, Bilder und Dinge – darin Sprechakten und Aufführungen vergleichbar – in allen kulturellen Feldern zu finden sind, in Religion ebenso wie in Politik, in der Justiz ebenso wie in der Ökonomie, in der Wissenschaft wie in der Kunst. Es versteht sich daher von selbst, dass der Performativität von Texten, Bildern und Dingen in den nachfolgenden Kapiteln nicht *in extenso* nachgegangen werden kann. Vielmehr lässt sich lediglich an ausgewählten Beispielen zeigen, was wir mit Texten, Bildern, Dingen tun und was umgekehrt Texte, Bilder und Dinge mit uns tun. Im Zentrum der Ausführungen steht die Frage, wie Unvorhersehbarkeit, Ambivalenzen und die transformative Kraft des Performativen sich in Texten, Bildern und Dingen ereignen und auswirken. Die Beispiele, an bzw. mit denen ihr nachgegangen wird, entstammen überwiegend dem Felde der Kunst.

8 Literatur als Akt – Lesen als Akt: Zur Performativität von Texten

Einleitend sei eine grundsätzliche Unterscheidung getroffen: diejenige zwischen verkörperten und nicht verkörperten Texten. Als verkörperte Texte werden hier Texte verstanden, die von anderen vorgelesen bzw. gesprochen und in diesem Sinne zur Aufführung gebracht werden. Darunter fallen Poetry Slams, Dichterlesungen, das Vorlesen im Freundes- oder Familienkreis, die Aufführung von Dramen, das Vortragen von Liedern u. a. mehr. Die vortragende Stimme löst sich aus dem Körper des Vortragenden und dringt durch das Ohr der Zuhörenden in deren Körper ein. Zugleich kehrt sie auf demselben Wege in den Körper des Vortragenden zurück. Als gesprochene und gesungene Sprache tritt der Text als verkörperter in Erscheinung. Bis weit ins 18. Jahrhundert hinein war dies der dominante Modus der Übermittlung von Texten. Es braucht daher auch nicht zu verwundern, dass Lessing in seinem *Laokoon* (1766) Literatur als gesprochene Sprache voraussetzt und den Unterschied zwischen Malerei und Dichtung als den zwischen einer Raumkunst und einer Zeitkunst definiert.

Gesprochene und gesungene und in diesem Sinne verkörperte Sprache soll nachfolgend nicht berücksichtigt werden, da sie in der Regel in einer Aufführungssituation verlautbart wird: Ob es sich um einen Liedvortrag oder eine Dramen- oder Opernaufführung handelt, um eine Dichterlesung oder Vorlesen im Familienkreis, stets sind die allgemeinen Bedingungen gegeben, die für Aufführungen gelten. Die Performativität verkörperter Texte ist daher von der spezifischen Performativität von Aufführungen impliziert.

Wie aber gestaltet sich die Performativität von nicht verkörperten Texten, von Texten, die in geschriebener oder gedruckter Form vorliegen? In diesem Fall ist zunächst zwischen Texten zu unterscheiden, die in spezifische institutionelle Kontexte wie Religion, Rechtsprechung, Politik oder Ausübung hoheitlicher Akte eingebettet, und solche, die der Dichtung, der Literatur – und damit der Institution Kunst – zuzurechnen sind. Der Bibel, Gesetzestexten, gedruckten Unabhängigkeitserklärungen und Einsetzungstexten wird generell eine bestimmte Performativität zugeschrieben. So formuliert der Theologe Joseph Ratzinger als Papst Benedikt XVI. in der Enzyklika *Spe Salvi*:

> So können wir jetzt sagen: Christentum ist nicht nur »gute Botschaft« – eine Mitteilung von bisher unbekannten Inhalten. Man würde in unserem heutigen Sprachgebrauch sagen: Die christliche Botschaft ist nicht nur »informativ«, sondern auch »performativ«. Das heißt: Das Evangelium ist nicht nur Mitteilung von Dingen, die es wert sind gewusst zu werden, sondern eine Mitteilung, die Handlungen bewirkt und das Leben verändert.[1]

Wie für das Gelingen von Sprechakten bestimmte institutionelle Bedingungen gegeben sein müssen, vermögen heilige Texte, Gesetzestexte, konstitutionelle Texte wie Unabhängigkeitserklärungen und Einsetzungstexte wie Ernennungs- oder Promotionsurkunden auch in gedruckter Form spezifische Wirkungen zu entfalten, wenn entsprechende institutionelle Bedingungen erfüllt sind. Die Berufung auf die Bibel oder auf ein Gesetz reicht unter Umständen bereits aus, um eine Verhaltens- oder sogar Haltungsänderung zu bewirken. Der öffentliche Aushang der Unabhängigkeitserklärung oder die Übersendung der Ernennungsurkunde tut eben das, was auf ihr geschrieben steht: Sie erklärt die Unabhängigkeit des betreffenden Staates und ernennt den, dessen Namen auf der Urkunde steht, zum Inhaber eines bestimmten Amtes. Wird die Unabhängigkeitserklärung öffentlich verlesen und die Ernennungsurkunde unter Aussprechen der Ernennung durch die dazu autorisierte Person an den zu Ernennenden überreicht, haben wir es mit »klassischen« Sprechakten zu tun. Unter speziellen Bedingungen vermögen jedoch die öffentliche Aushängung und die Übersendung des gedruckten Textes eine ähnliche Wirkung zu entfalten: Sie werden von dem Adressaten gelesen, als ob mit ihnen eben dieser Sprechakt vollzogen sei. Es sind in diesen Fällen die institutionellen Bedingungen, die eine solche Wirkung ermöglichen.

Ganz anders verhält es sich dagegen im Falle der Literatur. Zwar spricht Austin in dem auf S. 45 zitierten Passus, auf den sich Derridas kritische Auseinandersetzung mit Austin bezieht, Literatur generell einen Handlungscharakter im Sinne der Sprechakte ab. Gegen diese Auffassung sind nicht nur von Derrida, sondern vor allem von Literaturwissenschaftlern immer wieder überzeugende Argumente ins Feld geführt worden, um zu erläutern, inwiefern literarische Texte »etwas zu erzeugen vermögen, was sie selbst noch nicht sind«[2]. Ganz ähnlich heißt es bei Culler:

> […] like the performative, the literary utterance does not refer to a prior state of affairs and is not true or false. The literary utterance, too, *creates* the state of affairs to which it refers, in several respects. First and most simply, it brings into being characters and their actions, for instance. […] Second, literary works seem to bring into being ideas, concepts which they deploy.[3]

Nach Iser und Culler sind literarische Werke also insofern Sprechakten vergleichbar, als sie das zu erzeugen vermögen, von dem sie sprechen: Indem sie davon sprechen, bringen sie es erst hervor. Deswegen spricht Culler von »literature als act«[4] und Iser vom »Akt des Lesens«[5].

Dies ist ein feiner, wenn auch nicht unbedeutender Unterschied. Denn Culler scheint dem vorliegenden literarischen Text als solchem die Qualität des Performativen zuzusprechen, während Iser das Performative des literarischen Textes im Akt seiner Lektüre lokalisiert, in dem erst die »Appellstruktur der Texte«[6] ihre Aktualisierung erfährt. Für Iser steht im Zentrum seiner Überlegungen zur Performativität von Literatur die Interaktion von Text und Leser. Culler dagegen spricht in seiner Auseinandersetzung mit Austin ausdrücklich dem Text selbst Performativität zu, wie er gegen Schluss seines Aufsatzes noch einmal bekräftigt: »[…] the literary work seems to accomplish a singular, specific act. It creates that reality which is the work, and its sentences accomplish something in particular in that work.«[7] Während er diese Formulierung als »the Austinian version of the literary event«[8] bezeichnet, schließt er im nächsten Absatz unter Bezug auf Butlers Theorie des Performativen den Leser in seine Definition ausdrücklich ein, wenn er schreibt:

> If a novel happens, it does so because, in its singularity, it inspires a passion that gives life to these forms, in acts of reading and recollection, repeating its inflection of the conventions of the novel and, perhaps, effecting an alteration in the norms or the forms through which readers go on to confront the world. A poem may very well disappear without a trace, but it may also trace

> itself in memories and give rise to acts of repetition. Its performativity, then, is less a singular act, accomplished once and for all than a repetition that gives life to forms that it repeats.[9]

Während die Formulierungen der beiden zuerst angeführten Zitate aus Cullers Aufsatz dazu verleiten könnten, dem Autor einen Hang zum Animismus zu unterstellen – »the literary utterance [...] brings into being characters and the actions [...], ideas, concepts [...]« bzw. »the literary work [...] creates that reality which is the work [...]« – stellt das letzte Zitat klar, dass »acts of reading« die Voraussetzung dafür darstellen, dass literarische Texte etwas tun und bewirken können – nämlich im Leser. Wenn von der Performativität literarischer Texte gehandelt werden soll, muss daher vom Akt des Lesens ausgegangen werden. Diese Aussage mag manchem als selbstverständlich, ja geradezu als banal und daher als überflüssig erscheinen. Gleichwohl muss sie den weiteren Ausführungen vorangestellt werden – nicht zuletzt, um dem Verdacht zu entgehen, dem Culler sich durch einige Formulierungen aussetzt: dem Verdacht, dass der vorliegende Text als solcher bereits imstande sei, wie ein lebendiges Wesen zu handeln.

Dennoch soll in diesem Zusammenhang weder auf Isers noch auf psychoanalytische Lesetheorien eingegangen werden, die sich ausdrücklich mit der Wirkung des Leseaktes auf das lesende Subjekt auseinandersetzen.[10] Vielmehr ist in unserem Kontext das Lesen zuallererst als eine Wahrnehmungshandlung – und das heißt als eine verkörperte Handlung – von Interesse.

Beim Lesen handelt es sich um visuelle – oder im Falle von Blinden haptische – Wahrnehmung, die stets mit kognitiven, imaginativen, memorialen und emotionalen Aktivitäten verwoben ist. Da, anders als in einem Bild, nicht alles, was es zu erfassen gibt, simultan auf einer Fläche angeordnet ist, sondern mehrere solcher Flächen/Seiten einander folgen und jede eine Lesetätigkeit von Zeile zu Zeile, Absatz zu Absatz verlangt – auch wenn man prinzipiell stets vor- und zurückblättern kann –, beansprucht das Lesen einen längeren Zeitraum. Ein Roman lässt sich nicht auf einmal überblicken, sondern entfaltet sich erst allmählich im Verlauf des Lesens. Während der Lektüre wird die Leserin daher immer weiter in die Welt des Romans hineingezogen. Insofern kann man behaupten, dass der Leser sich dem Gelesenen nicht gegenüber befindet, sondern in es eintaucht. In diesem Sinne haben wir es auch beim Lesen mit dem Phänomen der Immersion zu tun.

Zum einen also eignet sich der Leser das Gelesene an – er »verschlingt« den Roman, er inkorporiert ihn. Lesen vollzieht insofern einen Akt der Inkorporation, der Ein- bzw. Verkörperung. Das Gelesene wird Teil der Leserin und vermag in ihr somatische – physiologische, emotionale, energetische – Wirkungen auszulösen. Lesen vollzieht sich als ein leiblicher Prozess.

Zum anderen versetzt das Eintauchen in den Roman, die Versenkung in die Lektüre die Lesende in eine liminale Situation: Sie ist losgelöst von ihrem Alltag, absorbiert in eine andere Welt, die ihr neue Möglichkeiten der Imagination, Reflexion, Emotion, Identifikation u. a. eröffnet und sie für die Dauer der Lektüre in ihrem Bann hält. Der Akt der Lektüre entfaltet so eine transformative Kraft, deren Wirkung auf die Dauer der Lektüre beschränkt sein kann, jedoch durchaus weit über sie hinaus noch längere Zeit anzuhalten vermag.

Damit sind zwei wichtige Prämissen für die Untersuchung der Performativität von Texten genannt: (1) Lesen wird als Akt der Inkorporation des Gelesenen vollzogen und ist in diesem Sinn als ein Prozess der Verkörperung zu begreifen. (2) Das Eintauchen in die Welt des Gelesenen versetzt das lesende Subjekt in einen liminalen Zustand, der ganz unterschiedliche Transformationen ermöglicht.

Während in Aufführungen das Phänomen der Verkörperung und die Möglichkeit, alle Teilnehmer in den Zustand der Liminalität zu versetzen, durch die leibliche Ko-Präsenz aller Teilnehmer gegeben ist, wird beides beim einsamen stillen Lesen von der spezifischen Interaktion zwischen der jeweiligen »Appellstruktur des Textes« und der jeweiligen Subjektivität des Lesenden geleistet. Um diese Interaktion genauer untersuchen zu können, wurde im Sonderforschungsbereich »Kulturen des Performativen« die Unterscheidung zwischen *struktureller* und *funktionaler Performativität* literarischer Texte eingeführt:[11]

> Strukturelle Performativität [...] lenkt die Aufmerksamkeit auf die Ebene des *discours*, des Erzählens, also die Vermittlungsebene zwischen Text und Leser [...]. Der Aspekt der funktionalen Performativität hingegen verschiebt den Akzent von der Machart des Textes auf seine kulturelle Wirkmächtigkeit. Während die Frage nach struktureller Performativität darauf fokussiert, wie der Text das *macht*, wovon er spricht, oder gegebenenfalls etwas anderes macht, als er behauptet, zielt der Begriff der funktionalen Performativität auf

> das ab, was der Text *auslöst*. Funktionale Performativität bezeichnet zunächst die Wirkungen und Dynamiken, die ein Text an der Schnittstelle mit seinem Rezipienten entfaltet. [...] Des Weiteren zielt der Begriff der funktionalen Performativität auf die gesellschaftliche Zirkulation von Texten, durch die Produkte der schriftlichen Kultur in performative Kulturpraktiken eingebunden werden.[12]

Auf die strukturelle Performativität nicht nur literarischer, sondern auch philosophischer Texte wie Austins *How To Do Things With Words*, der allerdings in gewisser Weise selbst als ein literarischer Text gelesen werden kann, haben ausdrücklich Shoshana Felman[13] und in Weiterführung ihrer These Sibylle Krämer aufmerksam gemacht. Sie wird hier in der Diskrepanz aufgefunden, die zwischen dem, was Austin sagt, und dem, was er damit tut, klafft. Entsprechend wird zwischen einem konstatierenden Modus und einem performativen Modus des Textes unterschieden.

> Austins Text kann im konstatierenden Modus als ein System behauptender Aussagen, im performativen Modus jedoch als Inszenierung des Zusammenbrechens gewisser Aussagen gelesen werden. Diese »Zweistimmigkeit« von Sagen und Zeigen in Austins Text wahrzunehmen, heißt nicht nur auf das zu hören, was Austin sagt, sondern auch auf das zu schauen, was Austin, indem er es sagt, zugleich auch tut.[14]

Das, was Austin tut, steht also in einem gewissen Widerspruch zu dem, was er sagt; das eine unterminiert geradezu das andere, so dass sich der Leser verblüfft der Frage konfrontiert sieht, was denn nun gelten soll. Wie Krämer ausführt, ist es eben diese Wirkung des Textes, um die es geht:

> [...] in der performativen Perspektive dessen, was Austin macht, indem er etwas sagt, sind seine Texte Aufführungen des Scheiterns einer philosophischen Begriffsarbeit und geben so einen Kommentar ab zu den Grenzen philosophischer Rationalisierung von Sprechereignissen.[15]

Entsprechend wird die Möglichkeit einer solchen »Doppelbelichtung«, die zwischen dem Sagen und dem Tun unterscheidet, als eine wichtige Spielart struktureller Performativität begriffen. Wo sie möglich ist, »kann das, was in der ›konstativen Lesart‹ eines Textes behauptet wird, in seiner ›performativen Lesart‹ zugleich in Frage gestellt bzw. kritisch kommentiert werden«[16].

Eben diese Spannung zwischen der konstativen und der performativen Funktion von Sprache legt Paul de Man in seinen *Allegories of Reading* (1979) seinen Untersuchungen zu Texten Rousseaus, Nietzsches, Rilkes und Prousts zugrunde. Wie Culler zeigt, ist in diesen Essays das Konstative begriffen als »the inescapable claim of language to transparency, to represent things as they are, to name things that are already there«; das Performative dagegen begreift de Man als »the rhetorical operations, the acts of language, that undermine this claim by imposing linguistic categories, organizing the world rather than simply representing what is«[17]. Eine solche unentscheidbare Beziehung zwischen dem Konstativen und dem Performativen kennzeichnet nach de Man sowohl philosophische als auch literarische Texte, wobei er einräumt, dass literarische Texte meist sehr viel bewusster mit ihr umgehen. Mit der Möglichkeit, dass der performative Modus keineswegs den konstativen unterminiert, sondern, im Gegenteil, ihn affirmiert – Sagen und Tun des Textes also übereinstimmen – rechnet de Man nicht. Er schließt sie aufgrund der von ihm postulierten Aporie einer nicht auflösbaren Oszillation grundsätzlich aus.

In Krämers Text tauchen zwei Begriffe auf, die implizit auf weitere Möglichkeiten einer strukturellen Performativität von Texten verweisen: die Begriffe »Inszenierung« und »Aufführung«. Sie beziehen sich u. a. auf solche rhetorischen Operationen, mit denen im literarischen Text Situationen der Mündlichkeit simuliert werden. Der Text inszeniert zum Beispiel eine Gesprächssituation zwischen dem Erzähler und dem Leser, indem er den Leser direkt adressiert und so zu bestimmten Reaktionen auffordert. Oder der Erzähler stellt Überlegungen an, welche Möglichkeiten des Weitererzählens sich ihm bieten, und diskutiert seine Entscheidungsschwierigkeiten. Generell sind hierzu alle autoreferenziellen Textstrategien zu rechnen, denen durchaus eine theatrale Komponente eignet. Damit ebenso wie mit der Spannung zwischen dem konstativen und dem performativen Modus verwandelt sich der Text metaphorisch in eine Bühne, auf der sein eigener Diskurs zur Aufführung kommt.

Darüber hinaus können literarische Texte Körperlichkeit, Präsenz – oder eben auch Ko-Präsenz – und Ereignishaftigkeit simulieren und suggerieren. Häsner et al. zählen als entsprechende Textstrategien »das Fingieren von Mündlichkeit, Verfahren der Blicklenkung und Visualisierung, *showing* statt *telling*, das Vor-Augen-Stellen von Geschehenszusammenhängen« auf, die bereits in der antiken Rhetorik unter dem Stichwort der *enargeia* oder *evidentia* zum Beispiel bei Quintilian angeführt werden, »Modellierungen des Rezipienten« sowie »Metalepsen, die erzählende und erzählte Welt als ein Kontinuum präsentieren, in dem unmittelbare Interaktion von Autor, Figur und Leser möglich sein soll«.[18]

Diese strukturelle Performativität, welche die Aufmerksamkeit des Lesers auf den Erzählvorgang selbst lenkt, muss klar von dargestellten performativen Akten und Prozessen unterschieden werden. Wenn in einem Roman ein Fest, ein Ritual, ein Krönungsumzug, eine Theateraufführung, eine Hinrichtung und andere Arten von *cultural performance* dargestellt oder Figuren in Situationen vorgeführt werden, in denen sie bestimmte Sprechakte vollziehen, so hat dies nichts mit struktureller Performativität zu tun. Der Text wird dadurch nicht performativiert, sondern lediglich werden in ihm performative Akte und Prozesse innerhalb der erzählten Welt dargestellt. Die strukturelle Performativität von Texten dagegen ermöglicht ihnen, metaphorisch »selbst als Bühne der Aufführung (zu) fungieren, indem sie Theatralität fingieren und als solche reflektieren, und Bilder, Räume und Bewegungen mit dem ihr innewohnenden imaginativen Potenzial vor ihrem Publikum ausstellen«[19]. Hier verweben sich Theatralität und Performativität. Die strukturelle Performativität eröffnet so dem Leser Möglichkeiten der Rezeption, ohne ihn auf eine bestimmte festzulegen. Sie vermag wohl die Aufmerksamkeit des Lesers zu lenken, ist jedoch außerstande, sie vollständig zu steuern oder gar zu kontrollieren. Im Prozess des Lesens können daher nicht intendierte unvorhersehbare Imaginationen, Erinnerungen, Assoziationen und Bedeutungen auftauchen, die von der Struktur des Textes weder nahegelegt noch gar verlangt werden, sondern Relationen geschuldet sind, die das lesende Subjekt aufgrund anderer Bedingungen zwischen Elementen des Textes und seinen eigenen Erfahrungen herstellt. Dem Leseprozess eignet insofern ein hohes Maß an Unvorhersehbarkeit. Da der Text ihn nicht zu determinieren vermag, ist er im Leseprozess für Ambivalenzen offen.

Dieser Sachverhalt erhellt den engen Zusammenhang von struktureller und funktionaler Performativität. Denn es hängt vom jeweiligen Umgang mit den Textstrukturen und rhetorischen Strategien ebenso wie vom kulturellen Kontext ab, welche Wirkungen die Lektüre im lesenden Subjekt und durch Vermittlung vieler lesender Subjekte in der Gesellschaft auszulösen vermag. In diesen Wirkungen manifestiert sich die transformative Kraft des Performativen.

Für das individuelle Subjekt eröffnet die im 18. Jahrhundert sich entwickelnde Praxis, in Isolation von anderen still einen literarischen Text zu lesen, die Möglichkeit, unabhängig von den in der Gesellschaft gebräuchlichen und zu bestimmten Zeiten bzw. an bestimmten Orten stattfindenden kulturellen Aufführungen, die stets die Gemeinschaft mehrerer Subjekte, also die leibliche Ko-Präsenz erfordern, in eine liminale Situation einzutreten bzw. sich in einen liminalen Zustand versetzen zu lassen. Solange literarische Texte überwiegend innerhalb einer Gemeinschaft vorgelesen, vorgetragen, gesungen oder mit theatralen Praktiken aufgeführt wurden, blieb die Möglichkeit, in einen liminalen Zustand versetzt zu werden und in ihm, wenn auch zum Teil nur probeweise, neue Identitäten zu übernehmen und imaginativ sowie affektiv auszuagieren, an die Gemeinschaft gebunden und wurde entsprechend von ihr kontrolliert. Das einsame stille Lesen macht den Einzelnen in diesem Sinne von der Gemeinschaft unabhängig und erlaubt ihm, zu beliebigen Zeiten in einen liminalen Zustand einzutreten und probeweise neue Identitäten zu übernehmen. Das Lesen konnte so zu einer wichtigen Selbst-Technologie avancieren.

Es nimmt daher kaum Wunder, dass im 18. Jahrhundert die »Lesesucht«, die vor allem bei Frauen, aber auch bei jungen Männern grassierte, als gefährliche Realitätsflucht, als eine Art Opiat, das einen die bürgerliche Identität bedrohenden Rausch auslöste und zu »falschen« Identifikationen verführte, immer wieder heftig gegeißelt wurde. Andere dagegen waren eher geneigt, im Lesen von Romanen ein Heilmittel gegen die Krankheiten und Übel der Zeit zu sehen.

Ganz ähnlich wie das Anschauen bürgerlicher Trauerspiele und Rührstücke zur Identifikation mit der tugendhaften Tochter einlud und Tränen über die Bedrohung ihrer Unschuld oder auch ihre Rettung – meist durch den Tod – auslöste, versetzte die Lektüre von Romanen wie Richardsons *Pamela* oder *Clarissa* die Leserinnen in ihrer Einbildungskraft in eine ähnliche Situation und ließ sie an den entsprechenden Stellen in Tränen ausbrechen. Ganz andere Wirkungen zeitigte der *Werther*-Roman des jungen Goethe. Junge Männer, die an Liebeskummer litten und sich unverstanden in der bürgerlichen Ordnung fühlten, modellierten sich nach Werthers Vorbild. Sie kleideten sich in blauen Frack und gelbe Weste und begingen im schlimmsten Fall sogar Selbstmord. Um einer derartigen Wirkung seines Romans vorzubeugen, setzte Goethe weiteren Ausgaben der *Leiden des jungen Werther* den Satz voran, »Sei ein Mann und folge ihm nicht nach!«.

Wie sich bereits an diesen Beispielen zeigt, sind die vom Individuum beim Lesen vorgenommenen Identifikationen, die durch sie ausgelösten Gefühle und bewirkten Modellierungen des Handelns und Verhaltens, insofern sie bei einer Vielzahl von Individuen auftreten, ihrerseits als ein gesellschaftliches Phänomen zu begreifen. Einerseits eröffnet das Lesen dem Einzelnen Frei- und Möglichkeitsräume, sich nach eigenem Ermessen liminalen Situationen auszusetzen, sich mit unterschiedlichen fiktiven Charakteren zu identifizieren und so immer wieder sein eigenes Selbst neu zu entwerfen, ohne dass sich auch in diesem Fall die Frage klar beantworten ließe, ob dadurch von der sozialen Wirklichkeit und ihren Problemen lediglich vorübergehend entlastende Transformationen durchlaufen werden oder, bei wiederholter Lektüre, eine nachhaltige, auf die soziale Wirklichkeit – positiv oder negativ – einwirkende Veränderung eintreten konnte. Dass im 18. Jahrhundert eher von der letzten Möglichkeit ausgegangen wurde, zeigen die vielen Pamphlete gegen die Schädlichkeit des Lesens und vor allem die aus ihm resultierenden Nachahmungseffekte. (An diese Debatte fühlt man sich erinnert, wenn heute über die Schädlichkeit des Fernsehens, der Computerspiele und vor allem des Internets und die von ihnen ausgelösten Nachahmungseffekte zu Felde gezogen wird.) In jedem Fall ist davon auszugehen, dass literarische Texte – in dieser Hinsicht Theateraufführungen durchaus vergleichbar – einen wesentlichen Beitrag zur Ausbildung eines spezifischen Habitus in einem bestimmten gesellschaftlichen Milieu in einer bestimmten Epoche zu leisten vermögen. Während Theateraufführungen jedoch an die Zeit ihrer Aufführung gebunden sind, können literarische Texte auch in späteren Zeiten für ganz anders geartete Leser ihr Wirkungspotenzial entfalten. Da die jeweilige strukturelle Performativität den Leseprozess nicht zu determinieren vermag, sondern ihm lediglich bestimmte Möglichkeiten eröffnet, werden die Unvorhersehbarkeit der in ihm generierten Bedeutungen und die in ihm auftretenden Ambivalenzen auch die funktionale Performativität jeweils anders in Erscheinung treten lassen und so zu einem je anderen Verkörperungsvorgang führen.

Lesen als ein performativer Akt kann daher auch nicht als Suche nach einem einheitlichen Sinn, den der Autor intendiert haben mag, beschrieben werden, sondern als ein komplexes kognitives, imaginatives, affektives und energetisches Geschehen in einer liminalen Situation, das dem lesenden Subjekt neue Möglichkeiten zu fühlen, zu denken, sich zu verhalten und zu handeln, neue Möglichkeiten zu einer verkörperten Praxis eröffnet. Wie diese Praxis realisiert wird, hat zweifellos Auswirkungen auf die gesellschaftliche Wirklichkeit. Insofern Literatur etwas mit dem Leser und durch dessen Vermittlung mit der gesellschaftlichen Wirklichkeit *tut*, können wir daher von Literatur als Akt, von der Performativität von Literatur sprechen. Eine kulturwissenschaftlich orientierte Literaturwissenschaft wird sich entsprechend u. a. mit eben dieser performativen Dimension von Literatur, mit ihrem Tun auseinandersetzen.

Nun wirken literarische Texte nicht nur durch ihre weitere Überlieferung und die Möglichkeit, sie zu jeder Zeit erneut lesen zu können, auf Individuen und Gesellschaft ein, sondern auch durch ihre Transformation in andere Medien. Dazu gehören zum Beispiel im Radio übertragene Lesungen, die wie eine Dichterlesung den Text verkörpern, auch wenn die Verkörperung nur als eine »Verstimmlichung« zu fassen ist. Da die Stimme auf den Körper zurückverweist, auch wenn sie, scheinbar losgelöst von ihm, ganz andere Assoziationen, Imaginationen und Emotionen auszulösen vermag, kann bei der aus dem Radio erklingenden, einen literarischen Text vorlesenden Stimme zu Recht von einem verkörperten Text gesprochen werden.

Das ist dagegen bei Literaturverfilmungen nicht der Fall. Der Medienwechsel, der hier vorgenommen wird, ist so radikal, dass der literarische Text eines Romans – von Günter Grass' *Blechtrommel*, Lev Tolstois *Krieg und Frieden*, Jane Austens *Pride and Prejudice*, um nur einige Beispiele zu nennen, – weder als literarischer Text in Erscheinung tritt und rezipiert wird noch als verkörperter Text. Er wird nicht mehr gelesen, sondern es werden bewegte Bilder auf einer Leinwand angeschaut und sprechende oder singende Stimmen sowie Geräusche und Töne angehört. Dabei kommt der Musik in der Regel die Funktion zu, die Emotionalität bestimmter Momente zu verstärken und so auf die Auslösung von Gefühlen beim Zuschauer hinzuwirken. Wie im letzten Kapitel am Beispiel von *Titanic* erläutert, ist das Medium Film insofern dem Medium Roman vergleichbar, als es die völlige Immersion des Zuschauers in seine Welt ähnlich begünstigt wie der Roman das Eintauchen in die seine, wenn auch mit jeweils anderen Mitteln. Der auch räumlich von seiner Alltagswelt entfernte Kinobesucher wird in der Dunkelheit des Kinosaals durch die vollkommene Illudierung ebenso in einen liminalen Zustand versetzt wie der Leser des Romans. (Und ähnlich wie im 18. Jahrhundert das einsame stille Lesen dem Individuum ermöglichte, in seiner alltäglichen Umgebung oder auch in der Natur ganz allein in eine liminale Situation einzutreten, eröffnen DVDs dem heutigen Zeitgenossen die Möglichkeit, Filme zu Hause in seiner alltäglichen Umgebung ganz allein anzuschauen und zu erleben. In diesem Zusammenhang ist vor allem die Popularität von amerikanischen romanhaften Fernsehserien interessant, die häufig auf DVD ununterbrochen viele Stunden lang angeschaut werden. In der Forschung werden sie bereits als neue Formen des realistischen Romans des 21. Jahrhunderts bezeichnet.[20])

Trotz dieser offenkundigen Parallelen zwischen Roman und Film wäre es irreführend, den Film zuvörderst als eine Weiterwirkung der funktionalen oder gar strukturellen Performativität des Romans zu deklarieren und zu bestimmen. Denn dem Film eignet bereits aufgrund der völlig anderen Wahrnehmungsmöglichkeiten eine Performativität, die Wirkungen vor allem durch die Intermodalität der Wahrnehmung bis hin zur Synästhesie auszulösen vermag. Diese Wirkungen können zwar in der Tat wie beim Lesen eines Romans oder beim Besuch einer Theateraufführung in der Übernahme und dem probeweisen Ausagieren neuer Identitäten bestehen und so zur Modellierung des Selbst, seines Verhaltens und seiner Einstellungen beitragen. Allerdings ist davon auszugehen, dass eine heutige Verfilmung eines Romans aus dem 18. oder 19. Jahrhundert den Kinobesuchern ganz andere Identifikationsangebote machen wird als der Roman sie seinen Lesern nicht nur seinerzeit unterbreitet haben mag, sondern auch heute nahelegt. Vor allem gilt es jedoch zu berücksichtigen, dass solche Identifizierungsangebote oder – wie in *Titanic* – auch Rausch – oder andere Formen liminaler Zustände durch ganz andersartige Verfahren wie zum Beispiel die Montage hergestellt werden, die in ihrer performativen Dimension als rhetorische Adressierung ebenso wie als affektgeladene Attrahierung und Verstrickung des Zuschauers zu fungieren vermag, und aufgrund der Synästhesie ganz anders wahrgenommen wird.[21]

Eine sogenannte Literaturverfilmung ist daher auch nicht als eine spezifische Interpretation dieses literarischen Textes zu begreifen – ebenso wenig wie die Aufführung eines Dramas als dessen Interpretation aufzufassen ist. Vielmehr haben wir es jeweils mit einem eigenen Kunstwerk bzw. -ereignis zu tun, das aufgrund seiner spezifischen medialen Bedingungen eine je eigene Wirklichkeit hervorbringt und entsprechend je andere Wirkungen ermöglicht. Das gilt es zu bedenken, wenn wir vom Weiterwirken literarischer Texte in anderen Medien sprechen.

Literarische Texte unter der Perspektive des Performativen zu betrachten, heißt also, ihre Verfahren offenzulegen, mit denen sie eine neue, ihre eigene, Wirklichkeit konstituieren, und den Möglichkeiten nachzuspüren, wie sie durch diese Wirklichkeit auf ihre Leser einzuwirken vermögen, und vermittelt über die Leser ein kulturelles Wirkpotenzial zu entfalten. Wie sich gezeigt hat, sind literarische Texte – auch in dieser Hinsicht Sprechakten, symbolischen körperlichen Handlungen und Praktiken und Aufführungen vergleichbar – von Unvorhersehbarkeit der Lektüre, Ambivalenzen und transformativer Kraft gekennzeichnet, die den Leser für die Zeit der Lektüre und vielleicht sogar über sie hinaus nachhaltig zu verwandeln vermag.

9 Bildakte – Blickakte: Zur Performativität von Bildern

Noch ehe der Begriff des Performativen anfing, sich in unterschiedlichen Kunst- und Kulturwissenschaften zu verbreiten und durchzusetzen, erschien im Jahr 1989 eine kunsthistorische Studie, die eine performative Sicht auf Bilder einnahm, ohne den Begriff zu verwenden, ja ohne auch nur an irgendeiner Stelle die Vermutung aufkommen zu lassen, dass hier Austins Sprechakttheorie Pate gestanden haben könnte: David Freedbergs *The Power of Images*. Dies erscheint umso überraschender, als der Verfasser in seiner Untersuchung eben die Merkmale als fundamental für den »response« auf Bilder, wie er es nennt, herausarbeitet, die im zweiten Teil der hier vorliegenden Studie als grundlegende Merkmale des Performativen beschrieben und genauer charakterisiert werden: Ambivalenzen, Unvorhersehbarkeit und vor allem eine transformative Kraft.

Wegen dieser auffallenden Gemeinsamkeiten soll eine kurze Zusammenfassung der Thesen Freedbergs als Einstieg in die Ausführungen dieses Kapitels dienen. Wie bereits ihr Titel verrät, fragt Freedberg in seiner Untersuchung danach, was Bilder mit uns tun. Im Zentrum seines Interesses steht die Beziehung zwischen Bild und Betrachter: »We must consider not only beholders' symptoms and behaviour, but also the effectiveness, efficacy, and vitality of images themselves, not only what beholders do, but also what images appear to do.«[22] Den Ausgangspunkt für seine Überlegungen bildet entsprechend die Ambivalenz zwischen Tun und Erleiden, zwischen Hervorbringung und Widerfahrnis, zwischen einer aktiven und einer pathischen Dimension dieses Prozesses. Dabei fasziniert ihn vor allem die scheinbare »Magie«[23], mit der Bilder eine transformative Kraft zu entfalten und über ihre Betrachter auszuüben vermögen. Er findet sie nicht nur in der Betrachtung von Kunstwerken wirksam, sondern in jeder Art von Bildern, seien diese »wax images, funeral effigies, pornographic illustrations and sculptures, and the whole range of billboards and posters«.[24] Die traditionelle Unterscheidung zwischen Bildern »that elicit particular responses because of imputed ›religious‹ or ›magical‹ power and those that are supposed to have purely ›aesthetic‹ functions« sei nicht »a viable one«[25]. Ganz gleich, um welche Art von Bildern es sich handeln mag, seien sie imstande, religiöse Erfahrungen zu induzieren, Begehren zu erwecken, sexuell zu erregen, Tränen auszulösen, Wut und Aggression hervorzurufen. Es geht Freedberg darum, an einer Fülle historischer Beispiele nachzuweisen, dass diese transformative Kraft von Bildern nicht auf sogenannte »primitive« Gesellschaften begrenzt ist – es sich also nicht wirklich um Magie handelt –, sondern dass sie zu allen Zeiten und in allen Kulturen wirksam ist. Die Frage, die es für ihn zu beantworten gilt, lautet: »If images are invested with power, how then are they made to work?«[26]

Eine der Antworten, die Freedberg auf diese Frage findet, ergibt sich aus seiner Überzeugung, dass »the picture is reality«[27]. Daraus folgt die Notwendigkeit, »to acknowledge the possibility that all responses to images may be of the same order as our responses to reality, and that if we are to measure response in any way at all, then it is to be seen and judged on just this basis«[28]. Bilder stellen also nicht nur – wenn überhaupt – etwas dar, sondern sie tun auch etwas mit uns, ihren Betrachtern: Sie verändern uns. Da auch dies für alle Bilder gelte, kollabiert damit der Gegensatz nicht nur zwischen Abbildung und Abgebildeten – sofern es sich um figurative Bilder handelt –, sondern auch derjenige zwischen Kunst und Wirklichkeit. Auch in dieser Hinsicht haben wir es mit Ambivalenzen zu tun.

Zum einen sind Bilder nach Freedberg also für den Betrachter durch Ambivalenzen wie die zwischen aktivem Tun und pathischem Widerfahrenlassen, zwischen Zeichen und bezeichnetem Phänomen, zwischen Kunst und Wirklichkeit gekennzeichnet, woraus folgt, dass der Prozess der Betrachtung von Bildern unvorhersehbar verläuft. Welche Art von Wirkung von ihnen ausgelöst wird, lässt sich weder voraussehen noch kontrollieren. Zum anderen beruht die transformative Kraft von Bildern auf eben diesen Ambivalenzen und den von ihnen ermöglichten Emergenzen. Bilder in der Weise zu beschreiben, wie Freedberg es tut, heißt ganz zweifellos, sich ihnen aus der Perspektive des Performativen zu nähern, auch wenn der Verfasser selbst, wie einleitend bemerkt, diesen Begriff nicht verwendet. Gleichwohl fordert seine Studie geradezu dazu heraus, sie als einen ersten, zugleich historisch umfassenden Versuch zu begreifen, die Performativität von Bildern nachzuweisen und eine Erklärung für sie zu finden.

Es nimmt daher kaum Wunder, dass sich seit den 1990er Jahren der Begriff des Bild-Akts etabliert hat.[29] Auch wenn Bilder nicht sprechen, selbst wenn sie uns ansprechen,[30] erschien die Parallele zu Austins Sprechakten nur allzu suggestiv. Gleichwohl leuchtet – nicht zuletzt mit Blick auf Freedbergs Argumentation – ein Vorgehen nicht ein, welches das Bild an die Stelle des Sprechenden setzt.[31] Denn da in der Tat keine Magie im Spiel ist, lässt sich dem Bild nicht ernsthaft eine Subjektposition zuschreiben, auch wenn dem Betrachter im Prozess des Betrachtens etwas widerfährt und er so in gewisser Weise zum »Objekt« wird. Wie Freedberg zu Recht betont, ereignet sich ein solches Widerfahrnis im Feld zwischen einem Bild und dem Blick des Betrachters.[32] So wenig wie ein Text seine transformative Kraft ohne den Akt des Lesens zu entfalten vermag, gelingt dies dem Bild ohne den Blick des Betrachters. Dem Bild selbst ist keine Form von Intentionalität eigen, die es rechtfertigen würde, von einem Bildakt zu sprechen. Es ist vielmehr der verkörperte Blick des Betrachters, der erst die »Macht des Bildes« entbindet und sich so ihr aussetzt. Daher soll nachfolgend mit dem Begriff des Blickaktes gearbeitet werden.

Was aber soll hier unter diesem Begriff verstanden werden? Die Fülle von Blicktheorien, die vor allem in den letzten Dezennien u. a. in der Filmwissenschaft und der Kunstgeschichte bzw. Bildwissenschaft entwickelt wurden, kann in unserem Kontext kaum berücksichtigt werden.[33] Der Kunsthistoriker Hans Belting, der den Blick ausdrücklich als Akt bezeichnet,[34] beruft sich auf Sartres Blicktheorie, wenn er schreibt:

> Im Tausch der Blicke kann man kein Betrachter sein, weil man Mitspieler ist. Man ist gezwungen, auf einen Blick zu reagieren, der sich unseres Auges (unseres Blicks) bemächtigt. In diesem Moment ist der Erblickte gefangen in seinem (oder in einem anderen) Blick, ebenso wie er sein Gegenüber nur noch als Blick wahrnimmt [...] Paradoxerweise blendet ein Blick den anderen [...] Das Auge kann entweder nur sehen oder blicken, jedenfalls in der intersubjektiven Begegnung.[35]

Entsprechend muss klar zwischen »sehen« und »blicken« unterschieden werden. Die Beziehung, die der Blick zwischen zwei Subjekten herstellt, ist ambivalent. In ihr ist keines der beiden den jeweils anderen anblickenden Subjekte nur Subjekt oder nur Objekt. Während der andere zum Objekt wird, wenn ich ihn an*sehe*, kann er im *Blick* grundsätzlich nicht zum Objekt werden. Allerdings gilt, dass der Blick dem anblickenden Subjekt *agency* verleiht, während er dem(selben) angeblickten Subjekt *agency* entzieht. Im Spiel der Blicke vermischen sich Ermächtigung und Entmächtigung. Für den Blick ist nicht nur diese Ambivalenz kennzeichnend. Zugleich gilt, dass der Blick sowohl die Distanz zum Angeblickten aufhebt als auch ihn auf Distanz hält. Der Blick konstituiert so eine spezifische soziale Wirklichkeit, die von Ambivalenz gekennzeichnet ist. Er erweist sich daher als ein performatives Phänomen *par excellence*.

Dies gilt für den Blick als ein intersubjektives und damit soziales Phänomen. Gleichwohl lässt es sich auch auf den Blick anwenden, der sich auf Bilder richtet. Denn, wie Belting ausführt, hat die »primäre Blickpraxis des Körpers, wie sie zwischen blickenden Subjekten ausgeübt wird, [...] mit der [...] sekundären Blickpraxis, die bei einer Bildbetrachtung stattfindet, vielfältige Verbindungen, die sich als Übertragung verstehen lassen«[36].

Eine solche Übertragung wird vor allem bei der Betrachtung von Bildern evident, die einen Menschen darstellen, welcher den Blick des Betrachters zu erwidern scheint und so in diesem das Gefühl hervorruft, vom Bild bzw. der dargestellten Person angeblickt zu werden. Auf ein solches Bild eben bezog sich Nikolaus von Kues, als er 1453 über das Selbstporträt von Roger van der Weyden in einem Brief an die Mönche vom Tegernsee schrieb:

> Schaut es an, und jeder von Euch, von welcher Stelle er es auch betrachtet, wird erfahren, dass jenes Bild ihn gleichsam allein anblickt. Dem Bruder, der im Osten steht, scheint das Antlitz in östlicher Richtung zu blicken, dem im Süden in südlicher und dem im Westen, in westlicher. Zuerst werdet ihr euch darüber wundern, wie es geschehen kann, dass es alle und jeden Einzelnen zugleich ansieht. Denn derjenige, welcher im Osten steht, kann sich in keiner Weise vorstellen, dass der Blick des Bildes auch in eine andere Richtung, nach Westen oder Süden, gerichtet ist. Nun mag der Bruder, der im Osten steht, sich nach Westen begeben und erfahren, dass der Blick hier ebenso auf ihn gerichtet ist wie vordem im Osten. Und da er weiß, dass das Bild fest hängt und unbeweglich ist, wird er sich über die Wandlung des unwandelbaren Blicks wundern. Auch wenn er seinen Blick fest auf das Bild heftet und von

> Osten nach Westen geht, wird er erfahren, dass der Blick des Bildes ununterbrochen mit ihm geht, und kehrt er von Westen nach Osten zurück, ihn auch dann nicht verlässt.[37]

Das Bild hing damals im Rathaus zu Brüssel. Leider ist es nicht mehr erhalten, so dass das den Tegernseer Mönchen empfohlene Experiment, sich von rechts nach links bzw. von links nach rechts vor dem Bild zu bewegen, um zu erfahren, dass der Blick des Abgebildeten ihm folgt, heute nicht mehr nachzuvollziehen ist. Das Phänomen, das Nikolaus von Kues hier beschreibt, lässt sich allerdings an einer Fülle späterer Portraits oder anderen Bildern, die mit dem dargestellten Blick spielen, erfahren. Es handelt sich um eine Verlebendigung, um den Prozess einer Animation, wie Belting es nennt, der eine quasi-intersubjektive und in diesem Sinne ko-präsentische Beziehung zwischen dem blickenden Betrachter und dem angeblickten und scheinbar zurückblickenden Bild etabliert, so dass der Betrachter sich dem Blick des Bildes bzw. des in ihm Dargestellten ausgesetzt fühlt. Durchaus in dieser Hinsicht dem Akt des Lesens vergleichbar, in dem die Imagination die literarische Welt zum Leben erweckt, den Leser in sie eintauchen und in ihr Lust und Leid erfahren lässt,[38] ist es im Blickakt ebenfalls die Einbildungskraft, die dem Erblickten Leben einhaucht. Im Blickakt ermächtigt der Blickende das Bild und entmächtigt damit zugleich sich selbst – er gibt sich der Macht anheim, die das so belebte Bild nun über ihn auszuüben vermag.[39] Mit diesem Vorgang versetzt sich der Betrachter in einen Zustand der Liminalität – Elkins nennt ihn »a kind of involuntary trance«[40] – in dem das durch seinen Blick belebte Bild seine transformative Kraft entfaltet.

Mit dem Begriff des Blickaktes wird also ein Ereignis gefasst, das eintritt, wenn ein Subjekt durch seine Imagination ein von ihm angeblicktes Bild verlebendigt und damit eine quasi-intersubjektive sozusagen ko-präsentische Beziehung zwischen sich und dem Bild herstellt. Der Blickakt bringt auf diese Weise eben das hervor, worauf der Blickende reagiert.[41]

Wie im Falle von Sprechakten und Aufführungen ist auch hinsichtlich der Blickakte die Frage nach den Gelingensbedingungen zu stellen: Welche Bedingungen müssen erfüllt sein, damit der Betrachter das angeblickte Bild verlebendigen und damit selbst in einen Zustand der Liminalität eintreten kann? Es versteht sich fast von selbst, dass dies zum einen subjektive Bedingungen sind. Es hängt vom Betrachter, von seinen Lebensumständen, seiner

Lebensgeschichte, seinen Erfahrungen, Haltungen, Einstellungen, Überzeugungen, seiner Responsivität ebenso wie von seiner augenblicklichen Gestimmtheit und vielen anderen Faktoren ab, auf welches Bild der Betrachter mit einem es belebenden Blick reagiert und wie die daraus folgende »Blickinteraktion« zwischen Bild und Betrachter ablaufen wird. Die subjektiven Bedingungen können so zahlreich und vielfältig sein, dass sie sich kaum alle berücksichtigen lassen.

Jenseits der subjektiven sind allerdings auch eine Reihe von »institutionellen« Bedingungen zu bedenken, die für das Gelingen von Blickakten gegeben sein müssen. Nachfolgend sollen solche Bedingungen genauer untersucht werden, die (1) durch religiöse Räume und Kontexte, (2) durch den öffentlichen Raum bzw. den Kontext der Öffentlichkeit, (3) durch Museen und (4) durch die Wissenschaft gesetzt sind. Daneben sind die Bedingungen zu berücksichtigen, die mit dem Bild gegeben sind, wie das Bildgenre, die malerischen Konventionen einer bestimmten historischen Epoche und Kultur, spezifische Eigenheiten des Bildes wie Farbgebung, Pinselstrich u. a., die jeweils einer detaillierten Analyse des Bildes bedürfen, wie sie ansatzweise für Piero della Francescas *Madonna* versucht wurde, hier jedoch generell nicht geleistet werden kann. Diese Bedingungen bleiben daher weitgehend unberücksichtigt.

(1) Die transformative Kraft, die Bilder in religiösen Kontexten entfalten, ist vielfach bezeugt. Sie gilt als Ursache für das andachtsvolle Niederknien vor Pietro della Francescas *Madonna* – das allerdings wie gezeigt durch das Bild selbst herausgefordert wird –, für Tränenausbrüche oder auch Erleuchtungserlebnisse oder gar körperliche Verletzungen. So wird überliefert, dass die Heilige Katharina am 1. April 1375, als sie vor einem Bild, das die Kreuzigung Jesu zeigt, niederkniete, an den Händen, den Füßen und an der Seite ihres Leibes zu bluten begann. Das Bild, das bis heute in der Casa della Santa in Siena aufbewahrt wird, gilt unter Kunsthistorikern nicht als ein großes Kunstwerk. Es stellt eine archaisch anmutende Kreuzigungsszene dar, wie sie für das 14. Jahrhundert typisch ist. Der am Kreuz hängende Christus wirkt stereotyp.[42] Gleichwohl war das Bild imstande, die Heilige Katharina dazu zu bewegen, es mit ihrem Blick so zu beleben, dass sie sich nicht nur zu christlicher *compassio*, sondern zur Nachfolge Christi aufgerufen fühlte und an ihrem Leib die Stigmata hervorbrachte. Ihr Blickakt verfügte über eine derart starke Kraft, dass er ihren Leib zu durchbohren und aus ihm Blut fließen zu lassen vermochte.[43]

Eine solche Wirkung allein dem Bild und seiner Verlebendigung durch die Betrachtende zuzuschreiben, ohne den religiösen Kontext der Zeit zu berücksichtigen, erscheint abwegig. Die »Gelingensbedingungen« für die Entfaltung der transformativen Kraft des Bildes sind in erster Linie in der christlichen Religion und der spezifischen Frömmigkeit der Zeit zu suchen, die bei der Hl. Katharina besonders stark ausgeprägt war. Die durch ihren Blickakt in Erscheinung tretenden Stigmata mögen als ein extremes Beispiel gelten. Es enthüllt auf besonders schlagende Weise, dass mit der Betrachtung eines Bildes immer ein spezifischer Glaube verbunden sein muss, wenn der Blickakt gelingen soll.[44] Dies gilt, wie noch zu zeigen, auch für Blickakte, die im Kontext der Wissenschaft vollzogen werden.

Der religiöse Kontext liefert ganz besonders günstige Bedingungen für das Gelingen von Blickakten.[45] Die Bilder, die in Kirchen hängen und zu frommer Versenkung einzuladen scheinen, die Ikonen, die nicht nur angeblickt, sondern auch geküsst werden wollen – ebenso wie die sogenannten Kusstafeln –, die Andachtsbilder, welche die häusliche Andacht und Einkehr befördern, verdanken ihre Wirkung nicht unbedingt einem besonders hohen künstlerischen Wert, sondern ihrer Einbettung in die christliche Religion. Sie wurden als Elemente von Frömmigkeitspraktiken verwendet.[46] Sogar Michelangelo soll in seinen späteren Lebensjahren Andachtsbilder gemalt und höchstwahrscheinlich auch selbst verwendet haben; einige erhaltene Exemplare mit Kreuzigungsszenen weisen merkwürdige Flecken auf, die, wie ein Kunsthistoriker annimmt, von den Tränen stammen, die Michelangelo über ihnen vergossen haben mag.[47]

Dies mögen jeweils zeittypische Reaktionen gewesen sein. Gleichwohl lässt sich nicht übersehen, dass der religiöse Kontext in westlichen Kulturen auch heute noch für das Gelingen von Blickakten Relevanz besitzt. In den 1960er Jahren malte Mark Rothko eine Serie von 14 abstrakten Bildern, die fast fünf Meter hoch sind – »dark and empty like the open doorways of some colossal temple«[48]. Sie waren für eine Kapelle in Houston/Texas bestimmt. Ein Jahr nach Rothkos Selbstmord (im Februar 1970) wurde die Kapelle geweiht. In ihrem achteckigen Hauptraum wurden Rothkos Bilder aufgehängt. Die Zahl 14 legt nahe, sie auf die 14 Stationen des Kreuzweges zu beziehen. Die Kapelle wird durch das Tageslicht von oben beleuchtet, so dass die Bilder je nach Jahres- und Tageszeit ihr Aussehen ändern. Die Besucher der Kapelle verbringen teilweise Stunden vor den Bildern.

Gleich bei ihrer Einweihung wurde ein Buch ausgelegt, in das die Besucher ihre Eindrücke eintragen konnten. Bis zum Jahr 2000 waren bereits mehrere Bände mit über fünftausend Einträgen gefüllt. Wie aus ihnen hervorgeht, war die Wirkung, welche der Anblick der Bilder in der Kapelle auf die Betrachter ausübte, sehr unterschiedlich. Gleichwohl lässt sich der Schluss ziehen, dass der religiöse Kontext, den die Kapelle und die an den Kreuzweg gemahnende Zahl 14 der Bilder für die Betrachtung der Bilder abgibt, sich in besonderer Weise auswirkte. So zitiert Elkins Einträge wie »it is an oasis of peace and serenity«; »What an important, beautiful place; it makes so much sense, and heals so perfectly«; »It is a visually and viscerally stunning experience«; »Was moved to tears, but feel like some change in a good direction will happen«; »Thank you for creating a place for my heart to cry«; »This makes me fall down«; »A religious experience that moves one to tears«.[49] Es ist kaum anzunehmen, dass dieselben Bilder in einem Museum eine ähnliche Wirkung ausgelöst haben würden. Es spricht vieles dafür, dass es eben dieser religiöse Kontext war, welcher für die hier vollzogenen Blickakte die sie ermöglichenden, zumindest begünstigenden Gelingensbedingungen schuf.

Der religiöse Kontext stellt allerdings häufig auch die Bedingungen bereit, unter denen Bilder zerstört werden. Als handelte es sich bei den Bildern tatsächlich um lebendige Subjekte, wurden sie bei Bilderstürmen übermalt, zerstochen, verstümmelt, zerschlagen. Während im 16. Jahrhundert Katholiken in Marienbildern, Kreuzigungsbildern u. Ä. Maria bzw. Jesus verehrten und in gewisser Weise als selbst anwesend in den Bildern voraussetzten, begriffen Protestanten sie als das Werk des Teufels, der die Seelen der Christen zur Idolatrie verführt und so vom wahren Glauben abbringt.[50] Wie daraus zu folgern, glaubten auch die Ikonoklasten an die transformative Kraft von Bildern – auch wenn sie sie als eine negative, zutiefst verwerfliche Kraft verstanden.

(2) Der öffentliche Raum schafft ganz besondere Bedingungen für das Gelingen von Blickakten. Seit dem Mittelalter bis heute vermögen Bilder Menschen zu verhöhnen, zu schmähen, ihnen Schande anzutun und sie öffentlich zur Unperson zu erklären. Bis ins 19. Jahrhundert hinein konnte sogar eine gerichtlich verhängte Strafe an einem Bild des Verurteilten vollzogen werden. So heißt es in Jacob Döplers *Theatrum poenarum* (1697):

> So ist löblich und wohl eingeführt, daß man solchen ausgetretenen Missetätern, sie mögen lebendig oder tot sein, den Prozeß mache, und nach Endigung

> dessen, auch geschehenem rechtlichen Spruch, die Execution, und was sie vor eine Strafe verdienet, an ihrem gemalten Bildnis ergehen und vollstrecken lasse.[51]

Während eine solche Strafpraxis inzwischen abgeschafft ist, üben Schandbilder bis heute ihre Wirkung aus. Dank der durch das Internet erheblich erweiterten Öffentlichkeit hat sich ihr Wirkungsradius inzwischen enorm ausgeweitet.

Seit dem 14. Jahrhundert stellen Schandbilder eine übliche soziale Praxis dar. Das Recht, Schandbilder öffentlich zu zeigen, war sogar Bestandteil vieler Verträge. Wenn ein Schuldner seinen Verpflichtungen nicht nachkam, war sein Gläubiger berechtigt, öffentlich ein Schandbild anzubringen, das den Schuldner in einer entehrenden Form darstellte.[52] Auch im politischen Leben spielten Schandbilder eine wichtige Rolle. Nach dem Mord an Giuliano Medici in Florenz im Jahre 1478, der ebenso wie das fehlgeschlagene Attentat auf seinen Bruder, den Herrscher Lorenzo il Magnifico, von der Familie Pazzi geplant war, wurden mehr als 70 Personen an den Fenstern des Palazzo della Signoria und des Bargello aufgehängt. Es folgten nicht nur weitere Hinrichtungen und grässliche Schändungen der Leichen, sondern zugleich wurde auch Botticelli der Auftrag erteilt, Schandbilder aller in das Attentat involvierten Mitglieder der Pazzi Familie als Fresken über dem Portal der neben dem Regierungspalast befindlichen Dogana anzubringen.[53] In einem anonymen Verzeichnis der Werke Botticellis aus dem frühen 16. Jahrhundert wird dieser Vorgang folgendermaßen beschrieben:

> Im Jahr 1478 malte er an die Fassade des ehemaligen Justizpalastes, über der Dogana, die Herren Jacopo, Francesco und Rinaldo de'Pazzi und die Herren Francesco Salutati, Erzbischof von Pisa, und beide Jacopo Salviati, der eine der Bruder und der andere der Schwager des besagten Herrn Francesco, und Bernardo Bandino, am Hals aufgehängt, und Napoleone Francese, an einem Fuß aufgehängt.[54]

Die Wirkung dieser Bilder war gewaltig. Eine Delegation des Vatikans verlangte, zumindest das Schandbild des Erzbischofs auszulöschen, ehe in Friedensverhandlungen bezüglich des nach der Pazzi-Verschwörung ausgebrochenen Krieges zwischen Rom und Florenz eingetreten werden könne.

Im April 1480 kam man in Florenz dieser Forderung nach – die Friedensverhandlungen konnten beginnen.

Je größer der öffentliche Raum, umso weniger kalkulierbar werden die Bedingungen, unter denen Schandbilder ihre Wirkung zu entfalten vermögen. Als im Irakkrieg Bilder des gefangenen Saddam Hussein veröffentlicht wurden, die zeigten, wie er sich einer Mundinspektion unterziehen musste, und später seine Hinrichtung bezeugten, sollte dies zweifellos der Demütigung des Dargestellten dienen. In weiten Kreisen hatten diese Bilder jedoch eine völlig andere Wirkung – sie brachten Schande über die, die sie veröffentlichten. Ähnliches gilt für die Bilder aus Abu Ghraib. Veröffentlicht, um die abgebildeten gefangenen Iraker zu demütigen und die Überlegenheit ihrer ebenfalls abgebildeten Folterer zu bezeugen, wurden sie als Schandbilder eben dieser Folterer rezipiert und gaben den Anstoß für deren Verhaftung und den Prozess gegen sie.

Aufgrund der Ausweitung des öffentlichen Raums in den einer globalen Öffentlichkeit können Bilder in unterschiedlichen Teilen dieser Öffentlichkeit auch völlig verschiedene Wirkungen auslösen. Dies gilt vor allem, wenn der öffentliche und der religiöse Raum einander überschneiden. Während die Mohammed-Karikaturen des Dänen Kurt Westergaard in der westlichen Öffentlichkeit nicht auf die Person Mohammeds, sondern auf eine aktuelle politische Situation bezogen wurden, galten sie der Öffentlichkeit in muslimischen Ländern als Schandbild, das Mohammed selbst verunglimpfen sollte. Sie stachelten daher die Gläubigen in diesen Ländern zu Demonstrationen gegen den Westen und zu Gewaltakten auf.

Wie an diesen Beispielen zu sehen, sind Schandbilder keineswegs als Phänomen vergangener Epochen zu begreifen. Vielmehr stellen sie bis heute eine weit verbreitete Praxis dar. Bilder, die nicht nur Politiker oder andere Prominente, sondern den Nachbarn, Kollegen, Schulkameraden in einer verfänglichen Situation zeigen, Videos, auf denen ihre Demütigung festgehalten ist, werden ins Netz gestellt und die auf ihnen Abgebildeten so einer völlig heterogenen, diffusen, ständig weiter ausufernden Öffentlichkeit überantwortet, quasi an den Pranger gestellt und verächtlich gemacht. Schandbilder gehören heute zu den wirkungsvollsten Instrumenten sozialer Machtausübung und Kontrolle.

(3) Das Museum stellt einen Raum ganz eigener Art dar. Von religiösen, politischen, sozialen und alltäglichen Kontexten abgelöst, meist an einem

herausgehobenen Ort bzw. Platz einer Stadt gelegen, dient es allein der Präsentation von Bildern als Kunstwerken. Altarbilder, Herrscherportraits und andere einst der politischen Repräsentation dienende Bilder, die vor Jahrhunderten von kirchlichen und fürstlichen Mäzenen in Auftrag gegeben wurden, hängen hier ebenso wie Bilder, die für den freien Markt geschaffen wurden. Im Gegensatz zu den früheren mäzenatischen Institutionen ist die Institution des Kunstmuseums erst ungefähr 200 Jahre alt. Zwar gab es bereits im 17. Jahrhundert aus den fürstlichen Kunst- und Wunderkammern hervorgegangene bedeutende Kunstsammlungen, die allerdings vor allem der Repräsentation dienten. Auch waren sie nicht öffentlich zugänglich, sondern standen nur Staatsgästen und anderen hochrangigen Besuchern offen. Einige wie die Florenzer Uffizien, welche die Kunstsammlungen der Medici beherbergten, oder die Dresdner Kunstsammlung des sächsischen Herrscherhauses wurden um die Mitte des 18. Jahrhunderts für ein größeres Publikum geöffnet. Seit den 30er Jahren des 19. Jahrhunderts wurden überall in Europa neue Gebäude ausdrücklich als Museen errichtet.[55] Die um die Wende vom 18. zum 19. Jahrhundert proklamierte Autonomie der Kunst lieferte eine wichtige Begründung für die Herauslösung der Bilder aus ihren traditionellen Kontexten: Im Museum sollten sie nur als Kunstwerke betrachtet und ausschließlich nach ästhetischen Kriterien beurteilt werden. In diesem Sinne lässt sich das Kunstmuseum als ein liminaler Raum *par excellence* begreifen.

Viele der im 19. Jahrhundert erbauten Museen wurden nach dem Vorbild antiker Tempel errichtet. Wie James Sheehan in seiner *Geschichte der deutschen Kunstmuseen* ausführt, wurden sie »zu heiligen Räumen, zu Schreinen für den Kult der Kunst, zu Stätten für Rituale, durch die sich ein Glaube an die Schönheit verbreiten ließ«[56]. Als besonders prägnante Beispiele für einen solchen sakralen Monumentalstil können die von Leo von Klenze errichtete und 1830 in München eingeweihte Glyptothek und Schinkels Neues (heute Altes) Museum in Berlin, das im selben Jahr eröffnet wurde, gelten. Die Kunst wurde hier zur Religion (v)erklärt, das Museum selbst zu einem quasi-sakralen Raum.

Dadurch wurden neue Bedingungen für das Gelingen von Blickakten geschaffen. Auch wenn sie weiterhin imstande waren – und bis heute sind –, starke Gefühle auszulösen, sollten Handlungen an und mit dem Bild wie zum Beispiel Berührungen durch Absperrungen und Museumswärter verhindert werden. Dennoch kommt es immer wieder zu Übertretungen – von der Berührung eines Bildes mit dem einen Pinselstrich nachvollziehenden Finger bis hin zu seiner Zerstörung. Unfähig, eine ästhetische Distanz zu Barnett Newmans *Who's Afraid of Red, Yellow and Blue IV* (Neue Nationalgalerie in Berlin) und *III* (Stedelijk Museum Amsterdam) einzunehmen, fühlten sich in den 1980er Jahren wiederholt Besucher durch den vom Bild ausgehenden starken Eindruck einer angsterregenden Gewalt so überwältigt, dass sie sich zur Wehr setzen mussten, indem sie es nicht nur beschimpften, sondern sogar aufschlitzten.[57]

Zu den neuen Bedingungen gehören vor allem zwei einander widersprechende Strategien – zum einen eine Auratisierung oder – wie bei religiösen Bildern – Reauratisierung der einzelnen Bilder, zum anderen ein Einrücken der einzelnen Bilder in einen historischen Zusammenhang.

Wenn man den Benjamin'schen Aurabegriff zugrunde legt – »einmalige Erscheinung einer Ferne, so nah sie sein mag«[58] –, so wird durch die Auratisierung das Bild dem Betrachter in gewisser Weise entrückt. Die so hervorgerufene ästhetische Distanz lässt sich als eine spezifische Form liminaler Erfahrung begreifen, die den Betrachter wohl aus sich herausversetzt, ohne ihm zugleich die Möglichkeit zu eröffnen, sich umstandslos in das Bild hineinzuversetzen. Er bleibt in diesem Sinne auf der Schwelle – ist weder in sich noch in dem Bild, sondern befindet sich im Übergang von sich *zum* Bild, in dem Kognition und Emotion, Reflexion und leibliches Berührtwerden untrennbar miteinander verbunden sind und synergetisch zusammenwirken. Es ist das einzelne Bild, das hier im Blick des Betrachters sein Transformationspotenzial entfaltet.

Das Einrücken in einen historischen Zusammenhang, wie es durch die Aufhängung nach Epochen postuliert und zugleich verwirklicht wird, lenkt dagegen den Blick vom einzelnen Bild ab und auf seine Position in der Tradition hin. Tony Bennett behauptet in seiner Studie *The Birth of the Museum*, dass das Museum so, wie es im 19. Jahrhundert erfunden wurde, als eine Art Erzählmaschine funktioniere. Die ausgestellten Bilder werden in einer bestimmten chronologischen Reihenfolge vorgeführt, die von einer fernen Vergangenheit ihren Ausgang nimmt und allmählich zu Objekten aus der Gegenwart der Besucher fortschreitet:

> Like the reader in a detective novel, it is towards this end point that the visitor's activity is directed. This is not simply a matter of representation. To the

> contrary, for the visitor, reaching the point at which the museum's narrative culminates is a matter of doing as much as of seeing. The narrative machinery of the museum's »back telling« took the form of an itinerary whose completion was experienced as a task of urgency and expedition.[59]

Das Museum verkörpert oder instantiiert auf diese Weise Fortschrittsideologien. Die Abfolge der Ausstellungsräume ist insofern performativ, als sie dem Besucher durch den Weg, den er zurücklegt, die Prinzipien erklärt, nach denen sie strukturiert ist. Es wird die Geschichte eines permanenten Fortschritts erzählt, welchen die Besucher nacherzählen und verstehen lernen, während sie die Räume nach dem vorgegebenen Parcour abschreiten.

Während die Auratisierung des Bildes die Versenkung in es suggeriert, so dass es im Blick des Besuchers auf diesen einzuwirken vermag, lässt die chronologische Aufhängung es als Teil einer Tradition erscheinen, die durch die zugrunde liegende Entwicklungs- bzw. Fortschrittsideologie oder das implizierte Verständnis des Bildes als eines Prototyps ein ganz anders geartetes Wirkungspotenzial entbindet. Damit wird das einzelne Bild als das je besondere, einmalige Bild ignoriert; es wird zum Prototyp – für die italienische Malerei des Settecento oder für die deutsche Malerei der Romantik – erklärt und damit letztlich austauschbar. Denn die Funktion eines Prototypen könnte ebenso gut von einem anderen Bild übernommen werden.[60] Der Blick des Betrachters wird so an einer Verlebendigung gehindert – er sieht das Bild als ein Objekt an, an dem er bestimmte charakteristische Züge identifizieren soll, um auf diesem Weg ein Wissen über die Malerei dieser Epoche zur erwerben. Das Kunstmuseum mutiert zu einer quasi-wissenschaftlichen Institution.

Seit den 1970er Jahren haben sich durch die ständig wachsende Bedeutung des Kurators neue Prinzipien und Formen der Aufhängung und Ausstellung herausgebildet.[61] Zu ihnen gehören sowohl eine weitere auratische Aufladung der Bilder durch kuratorische Inszenierung als auch die Animierung der Besucher zu Handlungen, für die implizit oder auch ganz explizit Anweisungen gegeben werden. Wenn einzelne Besucher vor den Augen anderer solche Anweisungen ausführen, verwandelt sich die Ausstellung in eine Aufführung, in der die Besucher physisch etwas mit den Exponaten tun, damit diese etwas mit ihnen tun können.[62] Es hat den Anschein, als wenn es vielen Kuratoren heute vor allem darum geht, auf die Performativität von Bildern nachdrücklich hinzuweisen und ihr »Handlungspotenzial« so wirksam zu entfalten, dass Besucher sich ihm nur mit Mühe zu entziehen vermögen.

(4) In der Wissenschaft werden Bilder eingesetzt, um ein spezifisches Wissen zu generieren. Sie fungieren als epistemische Gegenstände, die in besonderer Weise befähigt erscheinen, Evidenz zu erzeugen. Die Vielfalt der Bildtypen, die zur Verwendung kommen, ist kaum mehr überschaubar: Abbildungen von Tieren, Pflanzen und ihren Teilen oder menschlichen Organen; Entwurfszeichnungen für Maschinen, Experimentalanordnungen u. a.; Diagramme; Röntgenbilder, Ultraschallaufnahmen, EKG, computergestützte Simulationen, die Unsichtbares sichtbar machen sollen wie die Beschaffenheit der Knochen oder die Aktivitäten bestimmter Hirnareale. Eine wichtige Bedingung, unter der der Blickakt in der Wissenschaft gelingt – das heißt Wissen bzw. Erkenntnis generiert wird –, stellt der Glaube an die Evidenz der Bilder dar. Die Fälschungsskandale, die in den letzten Jahren mit Manipulationen des Bildmaterials oder Verwendung desselben Bildmaterials in unterschiedlichen Kontexten, in denen sie als Nachweis für vollkommen differente Prozesse präsentiert wurden, den Umgang einzelner Wissenschaftler mit Bildern in Verruf brachten, erschütterten zugleich den Glauben an die Evidenz der Bilder. Denn auch die in der Wissenschaft verwendeten Bilder sind insofern von Ambivalenzen gekennzeichnet, als sie sich unterschiedlich wahrnehmen lassen. Auch hier hängt es vom Blickakt des Betrachters ab, wie das Bild »zurückblickt« – welches Wissen bzw. welche Erkenntnis es dem Betrachter ermöglicht oder gar suggeriert.

So hat Horst Bredekamp am Beispiel von Charles Darwins Diagramm, das dieser als Modell der Evolution zeichnete, gezeigt, zu welch divergenten Schlüssen verschiedene Wahrnehmungen führen können.[63] Nach seiner Auffassung beschreibt Darwin in *On the Origin of Species* nicht die Entwicklung der Arten, wenn er das Prinzip der Evolution erklärt, sondern sein eigenes Diagramm. Dieses Diagramm werde von den meisten Wissenschaftshistorikern, die im Bereich der Evolutionsbiologie arbeiten, als Symbol eines Baums wahrgenommen. Diese Wahrnehmung suggeriere, dass der Ursprung an einem Punkt – dem »Samen des Baums« – zu lokalisieren sei, auch wenn dieser Annahme durch die Verzweigung des Wurzelwerkes widersprochen werde. Die nach oben gerichteten Zweige des Baumes würden eine entsprechende Gerichtetheit nahelegen, die Darwin jedoch stets abgelehnt habe.

Wenn man dagegen das Diagramm als Bild einer abstrahierten Koralle wahrnehme, ergäben sich ganz andere Annahmen über den Verlauf der Evolution. Unter Berücksichtigung einer anderen Skizze Darwins erläutert Bredekamp, inwiefern sich das Diagramm »als die erste Ausformulierung eines nach allen Richtungen gehenden, anarchisch kontingenten Evolutionsmodells« wahrnehmen lasse, das nicht auf die Hierarchie des Baummodells zurückzuführen sei, »sondern in Form einer Korallenstruktur nach allen Seiten zu wuchern scheint«[64].

Wie dieses Beispiel zeigt, ist auch der Prozess, in dem Bilder im Kontext der Wissenschaft wahrgenommen werden, von Kontingenz, Unvorhersehbarkeit und Ambivalenz gekennzeichnet. Die Blickakte, die an/mit ihnen vollzogen werden, bringen die Evidenz, die den Bildern innewohnen soll, erst hervor, insofern sie vom Glauben an die Evidenz geleitet sind. Eine neue Wahrnehmung eines Bildes ist entsprechend imstande, ganz neues Wissen zu generieren.

Während die zwischen dem 15. und dem ausgehenden 18. Jahrhundert in der Wissenschaft verwendeten Bilder Abbildungen von Sichtbarem waren, die in spezifischer Weise auf eben dieses Sichtbare verweisen, sei es, dass dies der Abbildung vorauslag, sei es, dass es sich, wie bei einem Entwurf, um das Bild von etwas Zukünftigem handelte, das es zu erschaffen und sichtbar zu machen half, haben wir es bei Darwins Diagramm mit einem Bild zu tun, das auf nichts Sichtbares verweist und eben dieses Nicht-Sichtbare zu erkennen ermöglichen soll.

Dies gilt erst recht für die modernen Bildgebungsverfahren der computergestützten Simulation. Die so entstandenen Bilder erzeugen insofern Wirklichkeit, als sie als Konstrukte neue Ideen zu generieren und so dem Forschungsprozess eine neue Richtung zu geben vermögen. Wie Dieter Mersch anmerkt, handelt es sich dabei um eine komplett artifiziell erzeugte Wirklichkeit. »Und doch ist entscheidend [...], dass das Konstruierte im Namen seiner Visualität weiterhin realitätssetzende Effeke zeitigt. Als graphematische Textur beansprucht es Realitätsstatus: Das Visuelle kann nicht anders, als zugleich die Evidenz einer Wirklichkeit zu suggerieren.«[65] Auch die Performativität dieser Bilder erweist sich in Blickakten, die zwar das Bild nicht verlebendigen, in seiner Anschauung jedoch Wissen hervorbringen, das auf Zukünftiges zielt.[66]

10 Die Macht der Dinge

Wir sind von einer Vielzahl von Dingen umgeben, mit denen wir jeden Tag zu tun haben. Die meisten erscheinen uns unentbehrlich. Wie sollen wir ohne sie unseren Alltag meistern? Es mögen Artefakte oder Naturdinge sein. Sie können aus den verschiedensten Materialien bestehen, ganz unterschiedliche Funktionen erfüllen und verschiedene Bedeutungen für uns annehmen. Ein und dasselbe Ding kann häufig in unterschiedlichen Funktionen und mit unterschiedlichen Bedeutungen verwendet werden.

Diese Vielzahl der Dinge ist unübersehbar und unübersichtlich. Nur mit Mühe lässt sich in ihr »Ordnung« schaffen. Man kann versuchen, sie zu klassifizieren – zum Beispiel in Gebrauchsdinge, Tauschdinge, Waren, Gaben, Prestigedinge, heilige Dinge, Müll.[67] Dabei muss man allerdings bedenken, in welchem Kontext und zu welchem Zweck eine Klassifizierung vorgenommen werden soll. Im vorliegenden Kapitel geht es um die Frage, was es heißt, sich den Dingen aus der Perspektive des Performativen zu nähern. Was tun wir mit den Dingen und was tun die Dinge mit uns? Wie gelingt es uns, tote Dinge zu beleben, so dass sie mit *agency* ausgestattet werden und Macht über uns auszuüben vermögen? Zu ihrer Beantwortung vermag eine ausgefeilte Klassifizierung nur begrenzt beizutragen.

Bei der Diskussion der Performativität von Texten und Bildern in den beiden vorhergehenden Kapiteln konnte jeweils von einem bestimmten Wahrnehmungsmodus ausgegangen werden, der, selbst als performativer Akt vollzogen, das Wahrgenommene im Zusammenspiel mit der Imagination zum Leben zu erwecken vermochte – der Akt des Lesens und der Blickakt. Dinge dagegen können mit allen Sinnen wahrgenommen werden – wir können sie sehen, berühren, hören, schmecken, riechen oder auch nur ihre Gegenwart spüren. In vielen Fällen bedarf es nicht einmal der Wahrnehmung, um ihre Macht zu entbinden. Unter den heiligen Dingen gibt es auch solche, die durch

»Magie« sogar über große Distanzen ihr Wirkpotenzial zu entfalten vermögen, wie dies bei bestimmten Fetischen der Fall ist.[68] Hier ist die Wirkung des Dinges auf den eigenen Leib, die tatsächlich wahrgenommen, meist gespürt wird, dem bloßen Glauben an ihre Möglichkeit geschuldet.

Wenn wir eine Performativität von Dingen annehmen, so lässt diese sich daher weder auf einen spezifischen Modus der Wahrnehmung *eines* Sinnes – wie beim Sprech- bzw. dem ihm entsprechenden Hörakt, dem Leseakt oder dem Blickakt – zurückführen noch auf die synästhetisch wirkende Intermodalität von Wahrnehmung, wie sie in besonderem Maße für Aufführungen charakteristisch ist. Wir haben vielmehr unterschiedliche Sinne und Modi der Wahrnehmung zu berücksichtigen, ganz gleich, welche Art von Klassifizierung wir voraussetzen. Auch wird es für die Erläuterung der Performativität von Dingen nicht notwendig sein, alle möglichen Arten von Dingen in den Blick zu nehmen; es wird genügen, sich auf solche zu beschränken, bei denen deutliche Unterschiede bezüglich ihrer Performativität festzustellen sind. Die nachfolgende Untersuchung wird sich daher auf (1) heilige Dinge, (2) Gebrauchsdinge, (3) Prestigedinge, (4) musealisierte und (5) vermüllte Dinge beschränken und an ihnen jeweils die Aspekte fokussieren, die für die Klärung der Frage relevant erscheinen, wieso scheinbar die Dinge »handeln« und etwas mit uns tun können und was sie jeweils mit uns tun.[69]

(1) Bei heiligen Dingen wie Reliquien in christlich-katholischen Kulturen und Fetischen in einigen afrikanischen Kulturen, auf die die Diskussion hier begrenzt sein soll, steht die Wirkung, die sie auf oder für Menschen ausüben sollen, im Vordergrund – also sowohl die pathische Dimension als auch die aktive im stellvertretenden Handeln des Dinges. Das Interesse konzentriert sich entsprechend auf die Frage, was die betreffende Person, welche diese Wirkung herbeiwünscht, tun muss, damit sie eintreten kann.

Den Reliquienkult betreffend, sind grundsätzlich zwei Auffassungen und aus ihnen resultierende Wege zu unterscheiden. Der ersten zufolge wird der Heilige selbst als noch in seinen Überresten präsent geglaubt. Die Berührung der Reliquie oder die Fürbitte, die an sie gerichtet wird, gilt daher dem Heiligen. Die Reliquie dient lediglich als Medium, um den Kontakt zu ihm herzustellen und ihn zum Handeln zu bewegen. Der zweiten Auffassung nach ist die mystische Kraft des Heiligen in seinen Überresten oder auch in den Gegenständen, die er benutzt hat, weiterhin anwesend und wirkungsmächtig. Die Überreste oder auch diese Dinge zu besitzen bzw. sie zu berühren, vermag die in ihnen schlummernde Wirkkraft zu entbinden.[70] Eine besonders starke transformative Kraft wurde zum Beispiel den Totenschädeln Johannes des Täufers, des heiligen Jakobus, des heiligen Dionysius und anderer Märtyrer zugesprochen, die der Überlieferung nach enthauptet wurden. Der in Würzburg aufbewahrte Schädel des Hl. Makarius wurde vor allem zur Heilung von Kopfschmerzen verwendet, indem der Leidende ihn sich auf den Kopf legte. Es ging also um eine kontagiöse Kraftübertragung.[71] Eine ähnliche Wirkmacht wurde dem Kamm der heiligen Hildegard von Bingen zugesprochen. Wenn die Nonnen unter Kopfschmerzen litten, kämmten sie sich mit diesem Kamm.[72]

Heiligenreliquien sollten Dörfer und Städte vor Epidemien, Missernten, Viehseuchen und anderen Naturkatastrophen schützen, vor feindlichen Überfällen oder auch vor der Ausbeutung durch den Feudalherren. Ihnen wurde sogar die Fähigkeit zugeschrieben, ganze Reiche zu sichern. Die Heilige Lanze des Longinus, die Heinrich I. für seine Reliquiensammlung erworben hatte, sollte das gesamte Deutsche Reich schützen. Die kaiserliche Heere Ottos I. trugen sie auf ihren Feldzügen als Banner voran.[73] In allen diesen Fällen war es der bloße Besitz der Reliquie, ihr öffentliches In-Erscheinung-Treten oder ihre Berührung, welche ihre Wirkkraft zu entbinden vermochte.

Auch wenn die heilende oder schützende Kraft nicht immer ihre Wirkung tat, sondern es letztlich unvorhersehbar blieb, unter welchen Bedingungen sie eintreten oder ausbleiben würde, tat dies dem Glauben an die *agency* der selbsttätig wirkkräftigen heiligen Dinge kaum Abbruch. In einigen überlieferten Fälle allerdings bestrafte man die Reliquie wie einen Menschen, wenn die erwünschte Wirkung nicht eintrat. Stellte sich heraus, dass sie dauerhaft ihre Hilfe versagte, entledigte man sich ihrer ohne großes Aufheben.[74]

Die Ähnlichkeit zwischen dem Reliquienkult und dem Fetischkult in afrikanischen Kulturen wurde schon früh bemerkt. Wenn nicht bereits von portugiesischen katholischen Missionaren im 15. Jahrhundert, die eben deswegen so drastisch gegen alle Idole und Fetische vorgingen und sie vernichteten, wurde sie von protestantischen Missionaren und Reisenden immer wieder herausgestellt.[75] So schreibt der schwäbische Wundarzt Andreas Josua Ultzheimer in seiner 1606 veröffentlichten Reisebeschreibung:

> Zum Schluß der Beschreibung Guineas kann ich nicht unerwähnt lassen, dass – wie die Papisten jährlich an Fronleichnam um ihre Äcker oder Felder

> gehen, um dieselben vor Unwetter zu segnen – die Guineser jährlich an einem bestimmten Tag im April in allen Dörfern zusammenkommen. Da machen sie ihre Fetische oder Teufelsbilder oder Abgötter dem Teufel zu ehren. Es ist nichts anderes als ein Haufen zusammengedrückten Kotes. Dazu haben sie, wie oben gesagt, fast solche Zeremonien wie die Papisten bei ihrer Messe. Wenn die Fetische fertig sind, dann fragen sie den Teufel, wie in diesem Jahr das Korn und andere Früchte geraten werden, was für fremde Schiffe ankommen und was für Krankheiten sie befallen werden, wie ihre schwangeren Weiber ihre Kinder kriegen werden und was sich für Krieg ergeben wird.[76]

Der Unterschied zwischen den Reliquien und den Fetischen besteht vor allem darin, dass die Reliquien dem Körper des Heiligen entstammen oder als einst von ihm verwendete Dinge geglaubt werden, während die Fetische eigens hergestellt werden müssen. Sie bedürfen, um Existenz zu erlangen, zunächst der kreativen Tätigkeit von Menschen, die sie hervorbringen. Durch rituelle Weihen konsekriert – ähnlich wie die Hostie und der Wein beim Abendmahl – erwachen sie zum Leben und vermögen nun ihre Wirkkraft zu entfalten – ihrerseits etwas mit den Menschen zu tun. Wenn sie jedoch nicht die erhofften Effekte zeitigen, werden sie – ebenso wie häufig die Reliquien – wie Personen abgestraft, »beschimpft, geschlagen, verletzt oder auf jede mögliche andere Weise gedemütigt«[77].

Reliquien und Fetische sind in unserem Zusammenhang von besonderem Interesse, weil in ihnen Signifikant und Signifikat zusammenfallen: Sie sind das, als was sie in Erscheinung treten. Sie *bedeuten* nicht die heilende, schützende oder zerstörerische Macht, sondern *sind* deren Verkörperung bzw. Materialisierung. In diesem Sinne sind sie selbstreferenziell und konstituieren eben die Wirklichkeit, auf die sie verweisen. Damit sie selbsttätig Akte vollziehen und damit Wirklichkeit hervorbringen können, bedarf es auch in ihrem Fall der Erfüllung spezieller institutioneller Bedingungen, wie sie im Hinblick auf die Reliquien von der katholischen Kirche und ihrer Reliquienlehre gesetzt sind sowie hinsichtlich der Fetische von bestimmten überlieferten Kultpraktiken und religiösen Vorstellungen. In beiden Fällen ist es der von der Institution anerkannte und unterstützte Glaube an Wunder und Magie, der die Dinge mit der transformativen Kraft belehnt, der sich die Betroffenen bedienen oder aussetzen wollen. Sie bestimmen die Dinge, indem sie sie herstellen bzw. gebrauchen, sie lassen sich von ihnen bestimmen, indem sie sich unter den von der Institution gesetzten Bedingungen ihren Wirkungen anheimgeben.

Die institutionellen Bedingungen ermöglichen so eine Art ko-präsentische, intersubjektive Beziehung zwischen dem/den betroffenen Menschen und der Reliquie bzw. dem Fetisch, die vor allem für die zuletzt Genannten Verpflichtungen impliziert, ganz ähnlich denen, die im Sprechakt des Versprechens der Sprechende eingeht. Werden sie nicht erfüllt, sind Sanktionen denkbar.

Heilige Dinge wie Reliquien und Fetische lassen sich daher als performative Phänomene *par excellence* begreifen. Die Wirkungen, die von ihnen ausgehen, unterliegen spezifischen institutionellen Bedingungen. Ob sie eintreten und auf welche Weise sie eintreten, ist unvorhersehbar. Wenn sie sich ereignen, verfügen sie über eine starke transformative Kraft. Sie vermögen die Welt zu verändern. Der Umgang mit heiligen Dingen ist in allen diesen Hinsichten dem Vollzug von Sprechakten vergleichbar. Die »Magie«, die in beiden Fällen zu wirken scheint – bei der Trauung wie bei der Heilung von Kopfschmerzen – ist durch institutionelle Bedingungen ermöglicht und abgesichert. So wie Sprechakte häufig als Teil von Ritualen fungieren, werden heilige Dinge als wichtiger Bestandteil in Ritualen eingesetzt. Mit bzw. durch beide wird gehandelt. Beide zielen auf eine Veränderung der Wirklichkeit.

(2) Die Mehrzahl der Dinge, die uns umgeben, stellen Gebrauchsdinge dar. Zu ihnen gehören Kleidung, Geschirr, Einrichtungsgegenstände, elektrische und elektronische Geräte, Hygieneartikel, Essen, Werkzeuge, Musikinstrumente, Bücher, Bilder, Fahrräder, Autos, Waffen und viele andere mehr – kurzum, alle Dinge, die wir in verschiedenen Lebenssituationen zu unterschiedlichen Zwecken verwenden. Rein materiell sind sie nicht als eine eigene »Klasse« von Gegenständen zu begreifen. Gebrauchsdinge können zu heiligen Dingen avancieren – wie der Kamm der heiligen Hildegard von Bingen; sie können zu Prestigedingen werden – wie der Porsche oder ein Gemälde von Picasso; sie können als Waren unser Begehren wecken, gekauft und konsumiert werden – wie der Anzug von Armani. Sie lassen sich tauschen wie Glasperlen gegen Melonen oder als Gabe verschenken wie ein Blumenstrauß oder ein besonders wertvoller Bildband. Sie lassen sich sammeln wie Briefmarken oder Meißner Porzellan. Sie können musealisiert oder auch vermüllt werden. Ein und dasselbe Ding vermag viele Funktionen zu erfüllen

und in unterschiedlichen Zusammenhängen Verwendung finden. In diesem Abschnitt sollen sie ausschließlich als Gebrauchsdinge betrachtet werden, die ihre Funktion als Elemente des menschlichen Handelns erfüllen – wie das Meißner Porzellan als Service, das wir zum Essen benutzen, und der Porsche, mit dem wir uns fortbewegen.

Da die Dinge in solchen Fällen von Menschen gehandhabt werden, ist ihnen kaum eine eigene *agency* zuzusprechen. Das heißt jedoch nicht, dass sie sich umstandslos dem menschlichen Handeln einfügen würden. Vielmehr hat sich der sie verwendende Mensch auch ihnen anzupassen. Diese Form der »Passung« zwischen Ding und es verwendendem Menschen bezeichnen wir als Lernprozess durch Übung: Das Kind lernt, das Essen auf dem Teller mit Messer und Gabel zu zerkleinern und mit der Gabel zum Munde zu führen. Dazu muss es seinen Händen durch ständiges Üben ganz andere Abläufe antrainieren, als wenn es lernen soll, mit Stäbchen zu essen. Die Koordination von Augen, Händen, dem Teller, den Essinstrumenten und der gesamten Körperhaltung erfolgt in beiden Fällen auf unterschiedliche Weise. Ein Sitzgegenstand wie ein Stuhl, ein Sofa, ein Barhocker oder eine Tatami Matte nötigt dem Benutzer eine jeweils andere Technik, sich niederzulassen, und eine andere Sitzhaltung auf. Die Widerständigkeit der Dinge, die »Tücke des Objektes«, die dabei erfahren wird, mögen das sie verwendende Subjekt dazu verleiten, sie als eigenmächtige Subjekte zu behandeln – sie zu beschimpfen oder auch zu Boden zu werfen, zu zerbrechen, gegen sie zu treten u. a. In allen diesen Fällen verfügen die Dinge dennoch nicht über *agency*. Gleichwohl werden die Handlungen, die wir mit bzw. an ihnen ausführen, durch sie mitbestimmt, ja teilweise durch sie geprägt. Das Verhältnis zwischen den Menschen und den Dingen, die sie verwenden, um zu handeln, lässt sich dabei keineswegs als das eines autonomen Subjekts zu einem völlig verfügbaren Objekt beschreiben. »Auch die toten Dinge sind, wenn schon nicht Akteure, so doch wenigstens Aktanten«, wie Hartmut Böhme unter Bezug auf Bruno Latour schreibt.[78] Den Dingen werden damit weder Bewusstsein noch Intention zugesprochen. Sie treten auch nicht als Subjekte auf, die bestimmte Rechte einklagen und letztendlich mit Gewalt durchsetzen könnten, wie es Erhart Kästner in seinem Buch *Der Aufstand der Dinge* nahezulegen scheint, wenn er auf das verhängnisvoll falsche Verhältnis des modernen Menschen zu den Dingen hinweist:

> Wird es sich nicht als schrecklicher Irrtum erweisen, wenn man meint, die Dinge, die nun mehr an Stelle der Sklaven versklavt sind, ertrügen den Terror, ohne je eine Rechnung zu stellen? Wenn man meint, das Jahrhundert aus List geflochten, denn Forschung ist Überlistung der Dinge, werde so durchkommen? Wenn man meint, die Überlisteten seien so wehrlos? Keine Gegenwehr zu befürchten? Kein Spartakus? Kein Aufstand der neuen Sklaven? Keinerlei Notwehr? Wenn man die Dinge dieser Welt für so stumpf, für so tot hält? [...] Ist noch nicht der Gedanke gekommen, in einer Zukunft [...] könne ein Sozialismus erwachen, der sich auf die unterdrückten, verstoßenen, ausgespähten und ausgebeuteten Dinge bezieht? [...] Die Dinge für grenzenlos unterdrückbar, rechtlos, willenlos, fühllos und unbedürftig der Selbstbestimmung zu halten, das kann bloß, wer meint, dass sie weder Leben noch Macht hätten. Sie haben sie.[79]

Während Kästner hier die Dinge belebt, ihnen Subjektstatus zuspricht, sie zum modernen Proletariat erklärt und so das Verhältnis zwischen Mensch und Ding als eine intersubjektive Beziehung beschreibt – wie es in der Tat für heilige Dinge gilt –, lassen sich aus seiner Beschreibung durchaus die gegenseitigen Anpassungsschwierigkeiten herauslesen, mit denen zu rechnen ist, auch wenn das Ding lediglich als Aktant, aber nicht als Akteur betrachtet wird. Was heißt das?

Ausgehend von Latours Beispiel der Fahrbahnschwellen, die als »schlafende Gendarme« zur Verlangsamung des Verkehrs verlegt werden,[80] führt Böhme aus, inwiefern beim Autofahren nicht nur der Fahrer und das Auto, sondern weitere Aktanten wie die Straße in ihrer spezifischen Beschaffenheit, die Verkehrsschilder, die Computersteuerung der Verkehrsflüsse, das GPS-System, das den Fahrer mit seiner elektronischen Stimme dirigiert, u. a. mehr »mitfahren«.[81] Unter Aktanten werden alle Faktoren verstanden, welche die Handlung des Fahrers – oder besser: das gesamte Fahrgeschehen – mitbestimmen. Sie alle sind beteiligt und wirken auf das Fahrgeschehen ein. Die »Handlung« des Fahrers kommt ohne sie nicht zustande. Damit sie funktioniert, müssen alle Aktanten zusammenwirken. »Jede unserer Handlungen ist insofern eine komplexe Assoziation oder ein Hybrid aus menschlichen und nicht-menschlichen Entitäten.«[82] Die in die Handlung involvierten Dinge bestimmen den Verlauf der Handlung entsprechend mit, ohne dass klar zwischen dem Subjekt des Handelns und den in die Handlung einbezogenen

Dingen unterschieden werden könnte. Der Handelnde bildet vielmehr eine Einheit mit den anderen Aktanten. Die Handlung kann nur gelingen, wenn der Handelnde sich den Eigenheiten der in die Handlung involvierten Dinge so anzupassen weiß, dass alle ineinandergreifen und keiner/s den/die anderen behindert.

Dies gilt für alle Felder, auf denen mit Dingen gehandelt wird, seien es alltägliche Handlungsabläufe, sportliche oder wissenschaftliche oder andere. Insofern die »Passung« nicht immer gelingt oder auch bestimmte in den Dingen schlummernde Möglichkeiten nicht erkannt und in Rechnung gestellt werden, ist der Handlungsverlauf unvorhersehbar. Ob das anfangs intendierte Ziel tatsächlich erreicht wird, die Handlung scheitert oder ein ganz anderes als das intendierte Resultat hervorbringt, bleibt daher unvorhersehbar.

Nun sind Dinge, sofern es sich um Artefakte handelt, von Menschen hergestellt, um eben mit ihnen bestimmte Handlungen zu vollziehen. Hartmut Böhme bezeichnet sie deshalb als »sedimentierte Vollzüge«[83] oder auch als »ein Archiv menschlicher Praktiken«[84]. Diese »sedimentierten Vollzüge« nötigen nun anderen als ihren Herstellern eben diese Vollzüge auf. Wer die Suppe mit der Gabel »löffeln« will, wird sehr schnell merken, dass die Handlung nicht gelingen kann, weil sich das Ding – die Gabel – nicht an die intendierte Handlung anpassen lässt. Gleichwohl sind Dinge auch imstande, späteren Benutzern ganz andere als die vorgesehenen und in ihnen »sedimentierten Vollzüge« zu ermöglichen. So berichtet Umberto Eco von einem ganz neuartigen Gebrauch, den die in moderne Häuser mit Bad und Toilette umgesiedelte Landbevölkerung der Cassa del Mezzogiorno von der Toilette machte:

> Gewöhnt, ihre körperlichen Bedürfnisse auf den Feldern zu verrichten, und unvorbereitet auf die mysteriöse Neuerung in Form von Klosettbecken benutzten sie die Klosetts als Spülbecken für Oliven; sie spannten ein Netz aus, auf das die Oliven gelegt wurden, zogen die Wasserspülung und wuschen so das Gemüse.[85]

Auf dem Hintergrund ihrer bisherigen Lebensweise und mit Blick auf die für sie relevanten Handlungen legte das Spülklosett den Bewohnern der neu errichteten modernen Wohnungen eine ausgesprochen sinnvolle Nutzung nahe, auch wenn diese von den Herstellern nicht vorgesehen war. In einem solchen Fall scheint das Ding den potenziellen Benutzern eine besondere

Handlung vorzuschlagen, die sich sinnvoll mit ihm vollziehen ließe, und die Menschen folgen dem ihnen einleuchtenden Vorschlag und führen sie aus. Die Passung ist hier nicht als das Zusammenfallen des intendierten und ersonnenen Gebrauchs zu verstehen, sondern als das optimale Funktionieren des ersonnenen Gebrauchs mit Blick auf sein Ziel im entworfenen Szenario.

In Handlungen, die an und mit Dingen ausgeführt werden, bilden der handelnde Mensch und die involvierten Dinge eine Einheit. Stets muss eine Passung zwischen ihnen vorgenommen werden, die sowohl von den Plänen und Intentionen des handelnden Subjektes als auch von den in den Dingen sedimentierten Vollzügen oder sich bei anderer Sichtweise eröffnenden Möglichkeiten zum Handeln bestimmt ist. Nur wenn Mensch und Dinge sich durch die Passung zu einer solchen Einheit verbinden und entsprechend zusammenwirken, vermag die Handlung zu glücken. Andernfalls misslingt sie.

Gebrauchsdinge sind also insofern als performativ zu beschreiben und zu begreifen, als sie in ihrem Gebrauch durch das handelnde Subjekt nicht nur von diesem bestimmt werden, sondern zugleich auch das handelnde Subjekt in seiner Handlungsmöglichkeit und seinem Handeln mitbestimmen und auf diese Weise transformieren. Sie stellen nicht lediglich Extensionen des menschlichen Körpers dar, die sich als Exteriorisierung von an den Körper gebundenen Operationen und Gesten verstehen lassen.[86] Vielmehr formen sie in ihrem Gebrauch durch den Menschen auch dessen Körper. Sie bringen ihn dazu, sich ihm in einer solchen Weise anzupassen, dass die mit ihm vollzogene Handlung gelingen kann: Das Essen wird mit den Stäbchen aus der Schüssel in den Mund befördert und der Pfeil zielgenau vom Bogen abgeschossen. Jede dieser Handlungen kann nur glücken, wenn durch lange Übung an und mit den Dingen der Körper so umgeformt wurde, dass er sie nun erfolgreich zu handhaben vermag – beide bilden eine Einheit.

(3) Dies gilt in gewisser Weise auch für Prestigedinge – wenn auch mit signifikanten Unterschieden. Denn während Gebrauchsdinge verwendet werden können, ohne dass ein anderer dabei zuschaut, bedürfen Prestigedinge der Wahrnehmung anderer als ihrer Besitzer, damit sie überhaupt als solche zu fungieren vermögen. Ihnen eignet in diesem Sinn unübersehbar eine theatrale Dimension. Mit dem Auto, das als ein Gebrauchsding Verwendung findet, kann gefahren werden, ohne dass ein anderer auf seine Besonderheiten aufmerksam werden muss, sofern diese nicht das Fahrgeschehen beeinträchtigen. Soll das Auto dagegen als Prestigeding fungieren, muss

es als Porsche, Ferrari oder Mercedes von anderen wahrgenommen werden, also als etwas, das seinen Besitzer vor anderen auszeichnet. Ein Ding kann entsprechend nur in einer aufführungsähnlichen Situation als Prestigeding funktionieren – nur wenn es von anderen mit Blick auf seinen Besitzer wahrgenommen wird und etwas über diesen auszusagen oder anzuzeigen weiß, was ihn aus der Menge der anderen heraushebt. Mit Prestigedingen inszeniert sich ein Subjekt vor anderen als ein ganz besonderes. Sie sind Mittel der sozialen Distinktion.

Wie der Soziologe Pierre Bourdieu in seinem Buch *Die feinen Unterschiede* (1979) gezeigt hat, dienen nicht nur ein bestimmter Sprachstil oder das Interesse bzw. Desinteresse an Kunst, Musik, Literatur der gegenseitigen Abgrenzung von sozialen Klassen und Gruppen, sondern auch Konsum- und Lebensstile, Essgewohnheiten sowie Präferenzen für bestimmte Einrichtungsgegenstände, Kleidermoden, Autos u. a[87] Während im Mittelalter und der Frühen Neuzeit das Tragen bestimmter Kleidungsstücke und der Besitz bestimmter Gegenstände Auskunft über die soziale Zugehörigkeit der Person zu geben vermochte, haben sich seit dem Aufstieg des Bürgertums im ausgehenden 18. Jahrhundert die Beziehungen insofern geändert, als nicht länger nur bestimmte Dinge bestimmten sozialen Klassen, Schichten, Milieus und Gruppen vorbehalten sind.

Bis dahin erfüllten Kleidung und andere Dinge u. a. die Funktion, dem anderen den sozialen Status der betreffenden Person unzweideutig anzuzeigen und so ein auf ihn bezogenes Verhalten zu induzieren. Wem man unter Verbeugungen den Weg frei zu machen hatte und wen man, ohne Gegenwehr oder Sanktionen fürchten zu müssen, in den Straßenkot stoßen durfte, war durch die Dinge nahegelegt, die den Betreffenden umgaben bzw. die er an sich trug. Sie funktionierten wie Stichworte auf der Bühne, indem sie alle Beteiligten ganz eindeutig zu bestimmten Verhaltensweisen aufforderten. Den mit/von ihnen gestellten Forderungen nicht nachzukommen, konnte schwerwiegende Konsequenzen haben. Diese Macht war den Dingen durch die geltende Ständeordnung und die mit ihr verbundenen Kleidungs- und Verhaltensregeln verliehen. Sich gegen sie aufzulehnen, hieß gegen die geltende Rechtsordnung zu rebellieren. Es sind also in diesem Fall nicht die an und mit den Dingen als Gebrauchsdingen ausgeführten Handlungen, welche die Handelnden selbst zu einer Anpassung an sie nötigen; vielmehr sind es die Dinge als Repräsentation ihrer Träger bzw. Besitzer, die von den anderen, die sie an ihrem Besitzer wahrnehmen, bestimmte Handlungen und Verhaltensweisen einfordern, die unabhängig von deren Emotionen auszuführen bzw. an den Tag zu legen sind. Es reicht also nicht, diese Dinge als Zeichen für den sozialen Status ihres Besitzers zu entziffern. Vielmehr muss vor allem ihrem Aufforderungscharakter entsprochen werden: Die Dinge verlangen ein bestimmtes Verhalten.

Diese Macht haben die Dinge in den modernen Gesellschaften verloren. Spätestens seit im 19. Jahrhundert mit dem Entstehen der großen Kaufhäuser nahezu alle Dinge zur Ware wurden, die sich käuflich erwerben lässt, haben sie die Fähigkeit eingebüßt, die Beziehungen zwischen ihren Besitzern verbindlich zu regeln, indem sie den jeweils anderen zu spezifischen Handlungen auffordern. Jetzt wuchs ihnen jedoch eine *neue* Macht zu. Während in früheren Zeiten den Angehörigen des dritten und vierten Standes der Besitz bestimmter Dinge nicht zukam, stand es diesen nun frei, sie zu kaufen, wenn sie über die erforderlichen Geldmittel verfügten. Es stand bzw. steht ihnen jedoch nicht ganz frei: Denn die Waren werden in den Kaufhäusern so inszeniert, dass sie das Begehren der durch sie Flanierenden erst wecken, so dass diese sie kaufen[88] – nicht unbedingt, weil sie sie bräuchten, sondern weil sie ein bestimmtes Prestige versprechen, das früher nur den Angehörigen der höheren Stände zukam. Sie zu besitzen, bedeutet eine Erweiterung des Ich und erhöht das Selbstwertgefühl. In der Wohnung, den Einrichtungsgegenständen, dem Auto, der Kleidung, den Accessoires inszeniert sich der Besitzer für andere und vor anderen in einer spezifischen Identität – als Zugehöriger zu einer bestimmten sozialen Gruppe oder auch als »unverwechselbares« Individuum. »Die Dinge performieren das Ich, das Ich ist ihre Darstellung, so dass das Ich auch *in absentia* durch sie kommuniziert«, wie Böhme es ausdrückt.[89] Es sind insofern die Dinge, die einer besitzt, die über seine Teilhabe an der Gesellschaft, seine Zugehörigkeit zu einer Gruppe oder seinen Ausschluss aus ihr entscheiden. Diese neue Situation, die sich seit den 1960er Jahren rasant verstärkt hat, kann als ein wichtiger Grund dafür gelten, dass die zeitgenössische Kultur als Spektakelkultur begriffen und kritisiert wurde.[90]

Mit dieser theatralen Dimension fällt den Dingen eine ganz neue Macht zu. Sie vermögen sowohl in dem, der sie besitzt, als auch in dem, der sie am anderen wahrnimmt, starke Emotionen zu erregen und Handlungen auszulösen.[91] Der sie besitzt, fühlt sich in besonderer Weise aus der Masse der Menschen herausgehoben und zugleich in seiner Zugehörigkeit zu einer kleinen Elite bestärkt. Er mag Stolz, Überlegenheit oder auch einfach nur Glück empfinden. Gleichwohl pflegen diese Gefühle nicht lange anzuhalten. Sei es, dass die Dinge, mit denen er meinte, einen Trend zu setzen, nun auch von vielen anderen erworben werden, so dass ihr Besitz nicht mehr exklusiv ist, sei es dass die Freude über den Besitz nach einer Weile verschwindet – in jedem Fall gilt es, andere Dinge zu erwerben, welche Ähnliches zu leisten vermögen, und also neue Konsumakte zu vollziehen.

Bei denjenigen, die sich diese Dinge nicht leisten können oder wollen, vermag ihre Wahrnehmung bei einem anderen die unterschiedlichsten Emotionen auszulösen, die von Bewunderung über Neid und Verachtung bis hin zum Hass reichen mögen. Wer in der Lage ist, sich des betreffenden Dinges zu bemächtigen, wird es häufig zu beschädigen oder zu zerstören suchen. Das sogenannte Abfackeln von Autos bestimmter Marken, mit dem angeblich die Gentrifizierung von Wohnvierteln angeprangert oder auch verhindert werden soll, sucht entsprechend mit der Zerstörung solcher Prestigedinge nicht nur diese Dinge selbst aus der Welt zu schaffen, sondern zugleich die eigene Überlegenheit über deren Besitzer zu demonstrieren und so eine Erweiterung seines eigenen Ichs zu erreichen. Dasselbe Ding, welches das Begehren, es zu besitzen, zu wecken fähig ist, weil es als Prestigeobjekt zu Ansehen, Zugehörigkeit, Partizipationsmöglichkeiten u. a. seines Besitzers beizutragen vermag, erregt in anderen das Begehren, es zu zerstören, aus ganz ähnlichen Motiven. Durch den Erwerb eines solchen Dinges ebenso wie durch seine Zerstörung wird eine spezifische soziale Wirklichkeit konstituiert. Die Dinge, die in ihr als Prestigeträger funktionieren, sind austauschbar. Gleichwohl sind es Dinge in ihrer Funktion als Prestigeträger, die das soziale Leben mitbestimmen – häufig in einem ungeheuren Ausmaß. Den Platz nicht zu akzeptieren, den ihr Besitz, ihr Nicht-Besitz oder auch ihre Zerstörung dem Einzelnen zuweist, erscheint fast unmöglich. Der Macht der Prestigedinge vermag sich kaum einer nachhaltig zu entziehen.

Auch wenn die Gabe nicht den Prestigedingen zuzurechnen ist, soll sie in diesem Abschnitt berücksichtigt werden, da sie für das soziale Leben in bestimmten Gesellschaften – darin den Prestigedingen vergleichbar – eine bedeutende Rolle spielt. In seiner Studie *Die Gabe* (1923/1924) untersucht Marcel Mauss die Sitte des Gabentauschs. Er bezieht sich dabei auf ethnologische ebenso wie auf altertumswissenschaftliche Arbeiten und stützt sich sowohl auf polynesische und indianische als auch auf römische, indische und germanische Quellen. In den Mittelpunkt seiner Ausführungen stellt er die sozialen Verpflichtungen, die mit der Gabe verbunden sind. Dabei unterscheidet er drei Arten von Verpflichtungen. Erstens ist derjenige zu Gaben verpflichtet, der sein Ansehen und seine Stellung innerhalb der Gruppe erhalten oder stärken will. Zweitens ist der Empfänger verpflichtet, die Gabe anzunehmen, wenn er nicht sein Ansehen und seine Position aufs Spiel setzen will. Und drittens ist der Empfänger verpflichtet, die Gabe zu erwidern. Dabei wird er versuchen, den anderen durch seine Gabe zu übertrumpfen. Indem Dinge als Gaben ausgetauscht werden, werden Beziehungen zwischen Personen bzw. Personengruppen gestiftet oder gestärkt, welche den Zeitpunkt der Gabe überdauern. Es ist das Zirkulieren der Dinge zwischen den Mitgliedern einer Gabengesellschaft, welches letztlich die soziale Kohäsion herstellt und sichert. Von diesem Prozess sind nur die heiligen Dinge ausgeschlossen. Sie sind unveräußerlich und stellen den Bezugspunkt aller sozialen Austauschprozesse dar.[92] »Indem man derart eine Balance zwischen zerstörerischer Verausgabung tauschbarer Güter und Zurückhaltung der heiligen Dinge wahrt, erwirbt man sich ›Namen‹ und ›Position‹ im Kontext der Ahnen und der Ursprünge der Gesellschaft.«[93]

Auch wenn die Zirkulation von Dingen als Gabentausch, der in archaischen Gesellschaften unter den Bedingungen der Rivalität als ein Wettstreit, wenn nicht gar als eine Art Kampf ausgetragen wird, sich grundsätzlich von der Zirkulation von Waren in modernen Gesellschaften unterscheidet, sind die Dinge in beiden Fällen mit der Kraft ausgestattet, Beziehungen zwischen den Mitgliedern der betreffenden Gesellschaft herzustellen und zur sozialen Kohäsion einer Gruppe beizutragen.

(4) Wenn die Dinge ins Museum wandern, werden sie einem solchen Kreislauf entzogen. Sie sind in der Regel nicht mehr veräußerbar. Auch dürfen sie nicht mehr berührt werden, um ihre Wirkkraft zu entbinden, oder als Gebrauchsdinge in bestimmten Handlungszusammenhängen Verwendung finden. Noch vermögen sie weiter als Prestigedinge zu fungieren. Was geschieht im Museum mit den Dingen? Welche Art von Performativität ist ihnen hier zu eigen? Oder büßen sie gar ihren performativen Charakter ein?

Im Museum können die Dinge nicht mehr mit allen Sinnen, sondern nur noch mit den Augen wahrgenommen werden – angesehen oder angeblickt. Sie werden auf Distanz zu den Besuchern gehalten – sei es, dass sie in geschlossenen Glaskästen ausgestellt sind, die Stelle, auf der sie postiert sind, durch Barrieren abgesperrt ist, oder dass Wärter jeden Zugriff auf die Objekte verhindern. Die Dinge sind so dem Besucher entrückt. Im historischen und ethnologischen Museum, ja, selbst im Technikmuseum, greifen entsprechend dieselben Strategien wie im Kunstmuseum: einerseits Auratisierung der ausgestellten Dinge, andererseits ihr Einrücken in einen historischen Zusammenhang, in dem sie sowohl als Prototypen ihrer Gattung zu fungieren als auch eine Geschichte zu erzählen vermögen. So wurde im 19. Jahrhundert im Naturkundemuseum die Geschichte der Evolution erzählt und im Technikmuseum die Geschichte des technischen Fortschritts; das historische Museum erzählte die Geschichte einer Nation von ihren Ursprüngen bis zur Gegenwart und brachte so eine bestimmte nationale Identität hervor; und das ethnologische Museum erzählte die Geschichte der Kolonisierung nicht westlicher Völker und präsentierte zugleich deren »ahistorische«, »exotische« Welt als eine Art Gegenbild zur europäischen Wirklichkeit.

Da die Dinge nur noch angeschaut werden können, haben wir es – wie im Kunstmuseum – überwiegend mit Blickakten zu tun. Es hängt vom Blick des Betrachters ab, welche Beziehung die von ihm angeblickten Dinge zu ihm eingehen. Während die Auratisierung eine ästhetische Wahrnehmung privilegiert, legt das Einrücken in einen historischen Zusammenhang eine eher wissenschaftliche Betrachtung nahe.

In der ästhetischen Wahrnehmung konzentriert sich der Betrachter auf ein je spezifisches Ding, in dessen je besondere Eigenart er sich versenkt. Aufgrund seiner materialen und formalen Beschaffenheit sowie der Imagination, die sie auslöst, erregt der Anblick der Dinge in ihm Wohlgefallen, Lust, Unlust, Widerwillen oder gar Abscheu. Die Auratisierung der Gebrauchsdinge ebenso wie die Reauratisierung heiliger Dinge kann durchaus zu ihrer Verlebendigung im Blick des Betrachters führen, so dass eine quasi-intersubjektive Beziehung zwischen Ding und Betrachter entsteht. Zwar bewirkt sie auch eine gewisse Distanzierung, eine Entrückung, die jedoch keineswegs einer emotionalen Affizierung bis hin zur Erregung starker Gefühle entgegensteht. Ganz gleich, ob es sich um ein Naturding, einen historischen Gebrauchsgegenstand oder ein historisches Prestigeobjekt, eine Reliquie oder einen Fetisch handelt, ist es das aus allen Kontexten herausgelöste Ding, das aufgrund seiner spezifischen Beschaffenheit im Blick des Betrachters auf diesen einwirkt, so dass – nach dessen subjektiven Bedingungen – ihm das

Ding lebendig zu werden scheint, in ihm Reflexionen in Gang setzt und Gefühle weckt.

Die ästhetische Wahrnehmung der Gebrauchsdinge sowie ihre daraus folgende Auratisierung lassen darüber hinaus die Grenze zwischen Gebrauchsding und Kunstwerk durchlässig werden. Was einst als Gebrauchsding im Alltag Verwendung fand, avanciert nun zu einem Kunstwerk. Diese implizite Transformation der Dinge durch den institutionellen Kontext des Museums machte Marcel Duchamps mit seinen Readymades explizit: Das signierte – und so auf einen Künstler als Schöpfer zurückweisende – Urinal wurde als ein Kunstwerk in einem Kunstmuseum platziert und löste so eine Reflexion ebenso wie eine lebhafte Debatte um das Verhältnis von Gebrauchsdingen und Kunstwerken aus. Die Grenze, die immer wieder neu verhandelt und zwischen beiden gezogen wird, ist äußerst instabil. Sie kann in beide Richtungen überschritten werden. Sogar der institutionelle Kontext des Kunstmuseums vermag ein Kunstwerk nicht davor zu schützen, als Gebrauchsding oder schlimmer noch: als Müll wahrgenommen und entsprechend behandelt zu werden. Die Anekdote von der Putzfrau, die im Museum Joseph Beuys *Fettecke* wegschrubbte, weil sie sie nicht als ein Kunstwerk, sondern als eine Fettecke, das heißt eine mit Fett verunreinigte Ecke und somit als Dreck, als Müll wahrnahm, spricht hier Bände.

Das Einrücken in eine Entwicklung oder Tradition sowie die »Inszenierung« einer fremden Welt dagegen fordern einen eher wissenschaftlichen Blick heraus. Indem der Besucher den Parcours der ausgestellten Dinge abschreitet, generiert er Wissen über die Evolution der Arten, über die Entwicklung der Technik, über die Geschichte (s)eines Landes oder über die Sitten und Gebräuche einer anderen Kultur. Die Generierung dieses Wissens ist weitgehend durch die Anordnung des Parcours und die von ihm instantiierte Ideologie gelenkt. Sie verläuft dabei keineswegs frei von Gefühlen. Der Parcours des Technikmuseums übermittelt die Ideologie eines niemals endenden Fortschritts und einer unendlichen Perfektibilität der den Menschen zur Verfügung stehenden Technologie. Der Parcours eines ethnologischen Museums kann die Geschichte der Kolonisierung nicht westlicher Völker auf ganz unterschiedliche Weise erzählen, so dass ihre Nacherzählung im Abschreiten sowohl ein Gefühl der Überlegenheit beim westlichen Besucher hervorrufen kann als auch die Sehnsucht nach einem anderen, »besseren«, durch die Zivilisation noch unverdorbenen Leben oder Scham über die Greueltaten der Kolonisierung. Im Besucher, welcher der ausgestellten Kultur entstammt, wird der Gang durch das Museum ganz andere Emotionen auslösen – vielleicht Wut und Trauer über die Gewalt, die seinen Vorfahren angetan wurde. Das Museum kann für ihn jedoch auch zu einem Erinnerungsort werden, an dem er Dinge erblickt, die an verschwundene Traditionen, Sitten und Gebräuche erinnern und ihm vergangenes Leben zurückrufen. Vergleichbares gilt für den Besucher eines historischen Museums, dessen Parcours ihn mit seiner eigenen Geschichte konfrontiert. Die Dinge vermitteln ihm ein Wissen über die Vergangenheit, über das Leben der eigenen Vorfahren, das hunderte von Jahren zurückliegt, über ihre Sitten und Gebräuche. Das Museum fungiert als Erinnerungsort ebenso wie als Denkort. Das Wissen, das im Gang durch das Museum durch den Blick auf die ausgestellten Dinge erworben wird, ist daher nur selten ein Wissen, das der Besucher sich emotionslos aneignet.

Seit den 1970er Jahren wurden auch in der Ausstellung von Dingen allmählich neue Prinzipien eingeführt, welche die Grenze zwischen Gebrauchsdingen und Kunstwerken weiter destabilisierten. Im Jahre 1979 fand im Hamburger Kunstverein – und damit in einem Kunstmuseum – die Ausstellung *Inszenierte Räume* statt. Sie war von zwei Bühnenbildnern geschaffen – von Karl-Ernst Herrmann und Erich Wonder. Es handelte sich jedoch nicht um eine Ausstellung von Bühnenbildern oder Bühnenmodellen o. Ä. Vielmehr waren unterschiedliche Räume eingerichtet, die aufgrund ihrer spezifischen Herrichtung – das heißt: der in ihnen befindlichen Dinge und ihrer Platzierung im Raum – eine ganz besondere Atmosphäre ausstrahlten. Die Dinge – wie ein paar abgelaufene Schuhe, ein Haufen weißer Sand auf einem Dielenboden, ein in Blickrichtung auf das leicht geöffnete Fenster platzierter Stuhl – brachten in ihrem Zusammenspiel eine Atmosphäre hervor, welcher der Besucher sich kaum zu entziehen vermochte. Sie schien ihn in den Raum zu bannen, den er soeben betreten hatte. Sowohl die Atmosphäre, die ihn umhüllte, als auch die einzelnen Dinge, auf die sein Blick fiel, forderten zur Kontemplation, ja, zur Meditation auf. Dazu trug auch bei, dass anders als bei Schlossbesichtigungen, bei denen der sehenswerteste und »lehrreichste« Teil des Raumes durch Seile abgesperrt ist, so dass der Besucher sich auch beim Durchschreiten letztlich als außerhalb des Raumes befindlich empfindet, hier die Räume frei begehbar waren. Der Besucher wurde zu einem Element des Raumes, den er durch seine Bewegungen durch ihn hindurch, sein

Innehalten, sich Umwenden, eine neue Position und Blickrichtung suchend, ständig veränderte. Anders als sonst im Museum fand sich der Besucher nicht den Dingen gegenüber, sondern mitten unter ihnen. Da sie sich veränderten, wenn er sich im Raum bewegte, schienen sie in gewisser Weise lebendig zu werden. Im hin- und herschweifenden Blick, der sich immer wieder auf einzelne Dinge aus unterschiedlicher Richtung fokussierte, fingen die Dinge an, eine Art Eigenleben anzunehmen. Der sich durch sie hindurchbewegende Besucher konnte so in seiner Imagination Akteur einer Szene werden, welche die Dinge zu suggerieren schien. Sie übernahmen in gewisser Weise die Rolle eines Regisseurs und bildeten zugleich ein Environment für Aktionen des Besuchers. Wenn er sich dagegen ganz und gar auf eines der Dinge konzentrierte, ließ sich über dieses Ding meditieren. Das Museum weitete sich aus zu einem Imaginations-, Handlungs- und Meditationsraum.[94]

Gut 30 Jahre später eröffnete im November 2010 im Museum Hamburger Bahnhof – Museum für Gegenwart Berlin unter dem Titel *SOMA* eine Ausstellung, die einen ganz anderen Weg einschlug. Ob es sich um eine naturkundliche Ausstellung oder um eine Installation oder um einen »inszenierten Raum« handelte, war nicht leicht zu entscheiden.

Das erste, was dem Besucher beim Betreten der riesigen Bahnhofshalle entgegenschlug, war ein süßlich-widerlicher Geruch wie in einem lange nicht gesäuberten Stall. Er stammte offensichtlich von den zwölf lebendigen Rentieren, die sich mitten in der Halle, in einem breiten, von Säulen abgegrenzten und mit Holzspänen beschütteten Bereich aufhielten. Einige fraßen aus Trögen aus Edelstahl, andere soffen aus Wassertrögen, wieder andere standen herum oder bewegten sich träge hin und her. In vier riesigen Volièren flatterten und zwitscherten Kanarienvögel unterschiedlicher Gattungen. Zwei Volièren waren mittig über dem Rentierbereich auf beiden Seiten an den Säulen angebracht, die beiden anderen hingen an einem Ende des Raumes vor einem Podium, auf dem sich ein Aufzugsbett befand, an einem Waagbalken.

In den Glaskästen und Eisschränken, die in den Säulengängen jenseits der Absperrung des Rentierbereichs aufgestellt waren, lagen Fliegenpilze in verschiedenen Größen, gefroren oder getrocknet, sowie Behälter mit Rentierurin. Außerdem ließen sich einige Mäuse und Fliegen beobachten. In der Mitte des Rentierbereichs war auf einem abgegrenzten Podium die sogenannte Doppelpilzuhr aufgebaut. Auf einer kreisrunden Scheibe waren zehn Segmente abgeteilt, abwechselnd schwarz und weiß. Darauf erhoben sich fünf riesige Doppelpilzrepliken. Aus fünf Rohren der Abgrenzung des Podiums ragten fünf nadellose Tannenbäume vertikal in den Raum hinein.

An den Wänden ringsherum hingen Schrifttafeln, auf denen Texte aus der Rigveda, einer der ältesten Gründungsschriften des Hinduismus, abgedruckt waren sowie Texte über sibirische Schamanen, die Rentierurin auf Fliegenpilze tröpfeln und diese später in getrocknetem Zustand verspeisen, um sich in einen ekstatischen Zustand zu versetzen.

Mit der Ausstellung wurde ein Environment aus Naturalia, Artefacta und Scientifica geschaffen, das in gewisser Weise den alten Kunst- und Wunderkammern des Barock vergleichbar war. Hier allerdings wurde zwischen den verschiedenen exponierten Tieren und Dingen über die Texte ein Zusammenhang hergestellt. Es ging zum einen um eine Art wissenschaftlicher Ausstellung, die zu bestimmten Erkenntnissen führen sollte. Zugleich aber handelte es sich zweifellos um einen Erlebnisraum, in dem alle Sinne des Besuchers angesprochen werden sollten. Die Erlebnisqualitäten wurden noch dadurch besonders betont, dass man für 300 Euro das Aufzugsbett für eine Nacht mieten und so das nächtliche Treiben dieser Tier- und Dingwelt miterleben konnte.

Diese Ausstellung ist vor allem deshalb als ein Grenzfall zu betrachten, weil sie sich nicht auf Ding-Exponate beschränkte, sondern lebendige Tiere einschloss – Rentiere, Kanarienvögel, Mäuse und Fliegen. Je nach Perspektive wurden in ihr Assoziationen zu einem Labor oder zu einem Zoologischen Garten wachgerufen. In beiden Fällen wurde die Ausstellung als eine Art wissenschaftlicher Experimentalanordnung betrachtet, die für den Realitätsgehalt von Überlieferungen nicht westlicher Kulturen, des sibirischen Schamanismus und des indischen Hinduismus, zwar nicht den Nachweis erbringen, sondern ihn eher suggerieren sollte. Was immer sie zu leisten vermochte, war in die Wahrnehmung des Besuchers verwiesen. Das Ergebnis des Experiments war nicht voraussehbar. Die Übernachtung im Ausstellungsraum konnte ihrerseits sowohl als ein wissenschaftlich motiviertes Beobachtungsszenario als auch als ein aus Abenteuerlust oder der Sucht nach dem Unheimlichen motiviertes Selbstexperiment des Besuchers verstanden werden. In beiden Fällen blieb der Ausgang ungewiss. Das Leben in diesem Raum – das der Tiere ebenso wie das der Besucher – war nicht der Zeit enthoben, sondern blieb – anders als die Dinge – der Vergänglichkeit verhaftet. Letztendlich überwog in der Ausstellung der Aufführungscharakter.[95]

Insofern das Museum einen liminalen Raum darstellt, löst es die in ihm ausgestellten Dinge nicht nur aus ihren Kontexten. Es verleiht ihnen damit zugleich eine gewisse Zeitenthobenheit. Im selben Raum sind Dinge versammelt, die zu ganz unterschiedlichen Zeiten entstanden sind, gebraucht wurden oder gewirkt haben. Im Museum existieren sie nicht nur im selben Raum, sondern auch in derselben Zeit. Ganz gleich, ob es sich um ein unbedeutendes Ding des alltäglichen Lebens, um ein herausgehobenes Prestigeobjekt oder um ein heiliges Ding handelt – im Museum eignet ihnen allen dieselbe Würde. Und aufgrund dieser Würde vermögen sie im Blick des Betrachters ein Wirkpotenzial zu entfalten, das von ganz anderer Art ist als dasjenige, das ihnen in ihren ursprünglichen Kontexten zu eigen war.[96] Was sich in diesem liminalen Raum zwischen dem Blick des Betrachters und dem angeblickten Ding ereignet, ist unvorhersehbar. Was geschieht, wenn das Ding zurückzublicken scheint und es zu einer Interaktion der Blicke kommt, bleibt das Geheimnis der Blickenden.

(5) Im Museum werden die Dinge der Zeit enthoben, als ästhetische, historische oder epistemische Objekte wertgeschätzt, unveräußerlich und so dem Kreislauf des Kaufens und Verkaufens oder des Tausches entzogen. Wenn sie zu Müll werden, sind sie zwar auch diesem Kreislauf entzogen, sie verschwinden jedoch nicht nur aus dem Gebrauch, sondern auch aus dem Gedächtnis. Was dem Müll überantwortet wird, ist überflüssig geworden – sei es, dass es nicht mehr funktioniert, sei es, dass es nicht mehr gefällt, sei es, dass es aus Platzgründen neuen Dingen weichen muss oder den Besitzer an etwas oder jemanden erinnert, an das/den er nicht mehr erinnert werden will, o. Ä. Wenn die Dinge solcherart aus unserem Leben und unserer alltäglichen Umgebung ausscheiden, können sie dann überhaupt noch etwas mit uns tun? Zugespitzt formuliert: Lohnt es sich überhaupt, sich mit Müll aus der Sicht des Performativen zu beschäftigen?

Da der Müll allgegenwärtig ist, vermag er weiterhin auf uns einzuwirken. Der Müll muss sortiert und für die verschiedenen Entsorgungssysteme vorbereitet werden. Während eine Klassifizierung für Dinge schwierig ist, solange sie ihre Funktion erfüllen, sind sie aufgrund ihrer Materialbeschaffenheit für den Müll eindeutig klassifiziert. Getrennt zu entsorgen sind Papier, Plastik, Glas, Dosen und natürlicher Abfall. Wir müssen uns der zu Müll gewordenen Dinge entledigen, wenn wir nicht von ihnen erdrückt werden wollen. Dies wird vor allem für die sogenannten Messies zum Problem. Indem sie, unfähig, Dinge wegzuwerfen, alles sammeln, verleihen sie dem nach einer nur schwer durchschaubaren Systematik gesammelten Müll[97] in gewisser Weise *agency*: Sie gestatten ihm, ein »Bleiberecht« einzufordern und ihr Leben mitzubestimmen. Dem kranken Menschen erscheint es so, als würden sie sich ihm aufdrängen, seine Umgebung besetzen und seine Handlungsmöglichkeiten beschneiden. Wie Hartmut Böhme ausführt, sind

> individuelle Pathologien der Vermüllung (sogenanntes Messie-Syndrom) ein Indiz dafür, dass der Müll die Kultur, die ihn hervorgebracht hat, überwuchern kann. Menschen, die hiervon betroffen werden, ersticken an ihrem Müll, bis zu dem Grenzfall, dass der Müll sie aus ihrer Wohnung verdrängt: Der Mensch wird zum Obdachlosen, während sein kultureller Raum, die Wohnung, völlig von Müll besetzt und in ein Chaos verwandelt wird. Das sind moderne Tragödien, Nemesis des Mülls, der uns »heimsucht«. [...] Der Müll, der evakuiert werden soll, wird zur Invasion. [...] Vermüllter Raum ist kein Raum mehr, er ist prästrukturelle und präsymbolische Amorphie, Tod der Kultur.[98]

Auch als Müll können die Dinge also weiter auf uns einwirken bis hin zu der grausamen Variante des Messies. Den vermüllten Dingen kommt zwar im wörtlichen Sinne keine *agency* zu. Gleichwohl sind sie durchaus noch als Aktanten zu betrachten, die durch ihr Zusammenwirken eine Situation herstellen können, auf die die durch sie betroffenen Menschen reagieren müssen – sei es, dass sie sich vertreiben lassen und obdachlos werden, sei es, dass sie den Müll letztendlich doch loswerden. Die Dinge vermögen auch noch als Müll ihre Macht über den Menschen zu erweisen. Dies gilt nicht nur für einzelne Individuen, die ihre Wohnung mit Müll anfüllen, sondern auch für ganze Städte und ihre Bewohner. Nicht nur Neapel droht immer wieder in Müll zu versinken, auch wenn besonders häufig über die Müllprobleme dieser Stadt in den unterschiedlichen Medien berichtet wird. Wo immer in den Überflussgesellschaften die Müllabfuhr strukturell schlecht organisiert ist, werden die Bewohner der Stadt von Müll umzingelt, der nicht nur ihren Raum besetzt und ihren Geruchssinn beleidigt, sondern auch erhebliche gesundheitliche Risiken birgt. Die Bedrohung durch den Müll, seine *»agency«*, vermag daher geradezu ein apokalyptisches Szenario heraufzubeschwören.

Schluss

Kulturen des Wissens als Kulturen des Performativen

Wie der dritte, Texten, Bildern und Dingen gewidmete Teil belegt, lassen sich alle genannten Gegenstände aus der Sicht des Performativen mit Erkenntnisgewinn untersuchen. Mit dem Begriff »Performative Studien« ist entsprechend, wie in der Einleitung zum Teil III betont, keine neue Hyper-Disziplin gemeint, die nun für alles zuständig wäre, das sich aus performativer Perspektive betrachten und analysieren lässt. Vielmehr geht es um eine Forschungsrichtung, die nicht nur innerhalb *jeder* kunst- und kulturwissenschaftlichen Disziplin eingenommen werden kann – also nicht nur in der Philosophie oder der Theaterwissenschaft, sondern ebenso in der Kunstgeschichte und der Literaturwissenschaft, der Soziologie und der Wissenschaftsgeschichte – kurz gesagt, in allen Geistes- und Sozialwissenschaften, sondern zugleich auch interdisziplinäre Zusammenarbeit erfordert. Eine solche Perspektive erweist sich immer dann als besonders fruchtbar, wenn es um die Untersuchung dynamischer Prozesse geht, welche die Intentionen der beteiligten Subjekte überschreiten und ihre *agency* in Frage stellen, wenn nicht gar erheblich einschränken.

Zu derartigen Prozessen sind ebenfalls wissenschaftliche Prozesse zu rechnen. Forschung, ganz gleich ob in den Natur- oder den Kulturwissenschaften, ist in der Tat von einer Dynamik gekennzeichnet, die zwar von den Intentionen der beteiligten Wissenschaftler in Gang gesetzt wird, sich im weiteren Verlauf jedoch durchaus verselbstständigen und zu Ergebnissen führen kann, die weder gewünscht noch je erahnt wurden, die wissenschaftliche Erkenntnis jedoch ein großes Stück vorantreiben. Deswegen soll die vorliegende Einführung in die Performativitätsforschung mit einer Selbstreflexion der Wissenschaft auf ihre eigene Performativität abgeschlossen werden.

In vergangenen Jahrhunderten wurde Wissenschaft häufig in und durch Aufführungssituationen betrieben. Die Sektion im Theatrum anatomicum wurde im 17. und 18. Jahrhundert vor einem Publikum ausgeführt, das nicht nur aus Studierenden bestand, sondern vor allem aus den dazu eigens eingeladenen Honoratioren der Stadt. Häufig fanden sie in der Karnevalssaison statt. Auch viele Experimente der Royal Society wie zum Beispiel das Experiment mit der Vakuumpumpe wurden vor einem größeren Publikum durch- und vorgeführt. Wissenschaft ereignete sich in allen diesen Fällen als aufgeführte Wissenschaft. Es ging um die Inszenierung der Wissenschaft für die Wahrnehmung anderer – meist der Mächtigen und Mäzenaten. Wissenschaft war in diesem Sinne theatral.[1] Sie war performativ, indem sie ihr eigenes Vorgehen, die ihr eigenen Regeln und die Transparenz ihrer Erkenntnisgewinnung als gemeinsame Wirklichkeit für alle, die an der Aufführung teilnahmen, konstituierte.

Auch wenn moderne experimentelle Wissenschaft nicht mehr in dem Maße als theatral erscheinen mag wie im 17. und 18. Jahrhundert, erweist sie sich auch weiterhin als performativ. Ähnlich wie andere Gebrauchsdinge, die sich der Intention ihrer Benutzer nicht vollständig anpassen, führen auch Experimentalsysteme durchaus ein vom Forscher nicht beherrschbares »Eigenleben«.[2] Forschung ist daher »nicht als teleologischer Vorgang zu charakterisieren«, wie Hans-Jörg Rheinberger betont. »Sie strebt nicht auf etwas zu, sondern von etwas weg. Entscheidend ist, was *unterwegs* passiert.«[3]

So wie Gebrauchsdinge als sedimentierte Vollzüge zu begreifen sind, lassen sich Experimentalsysteme als sedimentiertes Wissen beschreiben, ein Wissen, das zum Zeitpunkt ihrer Herstellung als gesichert galt. Gleichwohl dienen sie nicht der Reproduktion dieses Wissens. Auch sollen an bzw. mit ihnen nicht wie bei den Gebrauchsdingen die in ihnen sedimentierten Vollzüge nachvollzogen werden. Vielmehr muss das explorierende Experiment »so angelegt sein, dass sich darin ereignen kann, was sich der Voraussicht entzieht«[4]. Rheinberger charakterisiert das Experiment daher als eine Suchmaschine, »die Dinge erzeugt, von denen man immer nur nachträglich sagen kann, dass man sie hätte gesucht haben müssen«[5]. Zwar werden Experimente häufig wiederholt – sie stellen insofern »Zitate« bzw. Iterationen dar, wie Derrida mit Blick auf die Sprechakte anmerkt. Gleichwohl handelt es sich nicht um die Wiederholung des immer Gleichen, sondern um Abweichungen, Neujustierungen, die ermöglichen, zu neuen Ergebnissen zu kommen.

Für Experimente ist daher ein hoher Grad an Unvorhersehbarkeit anzunehmen. Was sich letztlich in ihnen ereignen wird, ist vom Experimentator nicht vorauszusehen, da sich in seinem Verlauf Ungeplantes, Nicht-Intendiertes einstellen kann. Sie sind daher geradezu paradigmatische Orte der Emergenz – »Vorkehrungen zur Erzeugung von unvorwegnehmbaren Ereignissen«[6]. Der Molekularbiologe François Jacob hat sie entsprechend »Maschinen zur Herstellung von Zukunft« genannt.[7] Anstatt experimentelle Forschung als einen zielgerichteten Prozess zu begreifen, der bis ins Detail von den involvierten Wissenschaftlern durchgeplant ist und ein ganz bestimmtes Ergebnis erbringen soll, muss von der gegensätzlichen Annahme ausgegangen werden: Der/die involvierte(n) Wissenschaftler suchen etwas, ohne genau zu wissen, wonach sie suchen. Das »Ding«, das sie bei dieser Suche benutzen, die Experimentalanordnung, bringt in ihrem Funktionieren etwas hervor, das so keiner der Beteiligten intendiert oder gar geplant hatte. Das Neue ereignet sich hier jenseits von Planung und Kontrolle aufgrund des »Eigenlebens« des verwendeten »Dinges«.

Im Forschungsprozess selbst können außerdem eine Reihe von Faktoren auf unvorhergesehene Weise zusammentreffen, so dass ganz neue Konstellationen entstehen. Wie der Wissenschaftsanthropologe Paul Rabinow ausführt, kommt es in der Geschichte der Naturwissenschaften zu etwas, das er Assemblagen nennt – Zusammenballungen oder Knotenpunkte. An ihnen entsteht etwas,

> das aus lauter kleinen Entscheidungen hervorgeht; Entscheidungen, die zwar Bedingungen unterliegen, aber nicht völlig vorbestimmt sind […]. Von Zeit zu Zeit entfalten sich allerdings neue Formen, die etwas Besonderes an sich haben; etwas, das bereits vorhandene Akteure, Dinge und Institutionen in ein neues Gefüge einspannt; ein Gefüge, das die Dinge in einer anderen Weise geschehen lässt.[8]

Aus einem solchen Gefüge können sich eine Reihe unvorhergesehener Wendungen ergeben – darunter solche, die auf den ersten Blick nicht spektakulär zu sein scheinen und daher leicht übersehen werden können, sich beim genaueren Hinsehen jedoch als äußerst folgenreich erweisen. Robert Root-Bernstein behauptet entsprechend, dass »ohne Experimente mit serendipem Ergebnis bald alles Theoretisieren zum Erliegen kommen würde«[9]. Daher bestimmt Rheinberger Experimentalsysteme »als Strukturen […], die es möglich machen, dass sich solche Wendungen im Erkenntnisprozess ereignen,

Strukturen also, die es erlauben, Zufälle produktiv zu verarbeiten, ja vielleicht überhaupt erst jene Form von Zufällen zu generieren, die sich produktiv verarbeiten lassen«[10].

Der Forscher bestimmt die Experimentalsysteme und lässt sich von ihnen bestimmen. Der Verlauf des Experiments ist nicht vollkommen planbar und kontrollierbar. In seinem Verlauf kann Unvorhergesehenes emergieren, das den Forschungsprozess wesentlich vorantreibt. Die Bereitschaft des Forschers, sich überraschen zu lassen und auf das Emergente einzugehen, auch wenn es zunächst als Störung erscheinen mag, ist entsprechend für produktive Forschung unabdingbar. Bei ihr handelt es sich in der Tat um einen dynamischen Prozess, dessen Dynamik die Intentionen der beteiligten Subjekte überschreitet und bis zu einem gewissen Grad dem »Eigenleben« des Experimentalsystems geschuldet ist – um einen performativen Prozess, der Zukunft generiert.[11]

Um dynamische Prozesse der Wissensgenerierung handelt es sich auch in den Kulturwissenschaften. An die Stelle der Experimentalsysteme treten hier die Archive, Bibliotheken, Museen, Theater, Konzertsäle oder auch die Feldforschungen in den unterschiedlichsten Ländern. Sie lassen sich sehr zutreffend ebenfalls als Orte der Emergenz bezeichnen. Die Forschungsfrage, von der ausgegangen wird, bestimmt zunächst die Suche nach den geeigneten Quellen, Theorien, Bildern, Aufführungen, Grabungsorten, Feldforschungsorten u. a. Während der Forscher im Archiv nach ganz bestimmten Quellen sucht, die seine Ausgangshypothese bestärken können, fallen ihm Quellen in die Hände, die aus unterschiedlichen Gründen seiner Forschung eine ganz neue Richtung geben. Dasselbe vermag die Lektüre bisher nicht zur Kenntnis genommener Theorien zu leisten. Der Grabungsprozess kann Dinge zu Tage fördern, die bisherige Annahmen über den Haufen werfen und eine Neukonzeptualisierung erfordern. Die Liste der Möglichkeiten ließe sich fast beliebig fortsetzen. Am Anfang des Forschungsprozesses steht eine Intuition, eine Idee, vielleicht sogar schon eine ausformulierte Hypothese. Im Forschungsprozess selbst treten immer wieder Texte, Dinge, Praktiken u. a. auf, die zu einer Revision bisheriger Annahmen führen, wenn sie Beachtung finden. Auch hier gilt, dass es mehr verspricht, eine durch sie nahegelegte Infragestellung der Ausgangshypothese oder leitenden Annahme ernst zu nehmen und eben die Texte, Dinge, Bilder, Praktiken, die den eigenen Erwartungen widersprechen, nicht aus der weiteren Forschung auszuschließen. Nur wer bereit ist, sich immer wieder auf neue Herausforderungen einzulassen, und nicht um jeden Preis an den vorgefassten Überzeugungen festhält, wird zu Erkenntnissen gelangen, die den gesamten Forschungsprozess vorantreiben. In dieser Hinsicht besteht kein Unterschied zwischen den Natur- und Kulturwissenschaften. Beide folgen einer Dynamik, die immer wieder den Intentionen und Plänen der beteiligten Wissenschaftler entgegensteht und sie mit unvorhersehbaren Phänomenen und Erkenntnissen konfrontiert.

Wissenschaftliche Arbeit ist daher generell als ein performativer Prozess zu begreifen, bei dem Emergenz als wichtiges Organisationsprinzip anzuerkennen ist. Diese Einsicht lässt Praktiken in der Wissenschaft als kontraproduktiv und daher obsolet erscheinen, die ausschließlich dem Ziel dienen, vorgefasste Annahmen und Hypothesen zu plausibilisieren bzw. zu beweisen, auch um den Preis, dass ihnen widersprechende Phänomene ausgeschlossen werden müssen. Es ist eher davon auszugehen, dass Forschung durch mehr oder weniger signifikante Unterschiede zwischen dem ursprünglichen Forschungsplan und den erzielten Ergebnissen gekennzeichnet ist. Dem wird im alltäglichen »Wissenschaftsgeschäft« viel zu wenig Aufmerksamkeit geschenkt. Anträge bzw. Projektskizzen erwecken häufig den Anschein, als würden sie von der Idee einer vollständigen Planbarkeit und Voraussagbarkeit des Forschungsprozesses ausgehen, wobei scheinbar mit Verschiebungen, Unterbrechungen oder gar Stagnation nicht gerechnet wird. Wie der Sprechakt des Versprechens soll der Forschungsplan des Antrags die Zukunft, die der Forschungsprozess erst hervorbringen kann, in der Gegenwart festlegen. Die um Finanzierung gebetenen Förderinstitutionen bzw. die Gutachter betrachten allerdings den Plan bereits als die Zukunft, die in ihren Augen folgerichtig aus der performativen Aussage des Antrags folgt. Wird der Antrag genehmigt, geschieht dies unter der Annahme, dass die notwendigen Schritte so ausgeführt werden, wie sie im Antrag beschrieben sind.

Eine solche Praxis übersieht jedoch, dass ebenso wie das Glücken des Versprechens auch das Gelingen des Forschungsprozesses von bestimmten institutionellen und subjektiven Bedingungen abhängt. Zu den institutionellen Bedingungen gehört hinsichtlich des Forschungsantrages die immer gegebene und meist auch realisierte Möglichkeit, dass der Forschungsprozess, nachdem er erst einmal in Gang gesetzt ist, unvorhersehbare Wendungen nehmen kann, die beim Abfassen des Antrags selbstverständlich nicht mit einkalkuliert werden konnten. Die Gelingensbedingung ist jedoch, dass eben diese Möglichkeit der Emergenz berücksichtigt wird. Das Gelingen des Projektes ist nicht in die alleinige Verfügungsgewalt des Projektleiters oder auch aller an ihm beteiligten Wissenschaftler gestellt. Es entwickelt sich in seinem Verlauf in eine neue nicht geplante und häufig auch nicht vorhersehbare Richtung; seine anfänglichen Vorannahmen oder gar Hypothesen werden durch unerwartet auftauchende Konstellationen und unvorhersehbare Ereignisse über den Haufen geworfen. Forschungspläne sind entsprechend lediglich als Einleitung bzw. Ausgangspunkt eines performativen Prozesses zu begreifen, der eine eigene Dynamik entwickelt, die ihn der Verfügungsgewalt jedes einzelnen beteiligten Forschers entzieht. Denn performative Prozesse, als die sich Forschung vollzieht, sind nicht ohne Emergenz denkbar.[12] Auf Wissenschaft aus der Sicht des Performativen zu blicken, heißt entsprechend, die Frage nach einer neuen Epistemologie zu stellen. Gerade für die Wissenschaftstheorie eröffnen sich durch eine solche Sicht neue Perspektiven.

Anhang

Anmerkungen

Einleitung

Von »Kultur als Text« zu »Kultur als Performance«. Theatralität und Performativität als kulturwissenschaftliche Begriffe

1 Dt. im *Vorwärts* vom 01.01.1903.
2 Hermann Bahr, *Glossen zum Wiener Theater*, Berlin 1907, S. 276.
3 Fritz Engel im *Berliner Tageblatt* vom 31.10.1931.
4 Richard Nordhausen, Kritik aus dem Archiv des Kölner Theatermuseums in Wahn ohne nähere Angaben.
5 H. E. in *Freisinnige Zeitung* vom 03.11.1903.
6 Paul Goldmann, nicht näher identifizierbare Kritik aus dem Archiv des Kölner Theatermuseums.
7 Ebenda.
8 A. K. (Alfred Klaar) in der *Vossischen Zeitung* vom 31.10.1903.
9 *Vorwärts* vom 01.11.1903, gekennzeichnet dt.
10 W. T. in der *Neuen Hamburger Zeitung* vom 01.11.1903.
11 *Vorwärts* vom 01.11.1903.
12 Nicht näher identifizierbare Kritik aus dem Archiv des Kölner Theatermuseums.
13 F.-E. im *Berliner Tageblatt* vom 31.10.1903.
14 Johann Jakob Engels *Schriften*, 7. Bd. *Mimik*, 1. Teil, Berlin 1804, S. 58 f.
15 J. S. im *Hannoverschen Courier* vom 01.11.1903.
16 Fritz Engel im *Berliner Tageblatt* vom 31.10.1903.
17 Nicht näher identifizierbare Kritik aus dem Archiv des Kölner Theatermuseums.
18 *Berliner Morgenpost* vom 01.11.1903.
19 *Vorwärts* vom 01.11.1903.
20 *Freisinnige Zeitung* vom 01.11.1903.

21 Julius Hart in einer nicht weiter identifizierbaren Kritik aus dem Archiv des Kölner Theatermuseums.

22 Bahr 1907, S. 277.

23 *Berliner Morgen Zeitung* vom 01.11.1903.

24 J. I. im *Berliner Börsen Courier* vom 31.10.1903.

25 Ihm wurde wegen seiner gegen das Dogma verstoßenden Interpretation, die man als Häresie verstand, sogar später der Prozess gemacht.

26 William Robertson Smith, *Lectures on the Religion of the Semites, First Series: The Fundamental Institutions* (Burnett Lectures 1888/1889), London 1889, 2. Auflage 1894, dt. *Die Religion der Semiten* (1899), Nachdruck Darmstadt 1967, S. 13.

27 Johann Joachim Winckelmann, *Gedanken über die Nachahmung der griechischen Werke in der Malerei und Bildhauerkunst* (1755), Stuttgart 1969, S. 20, 22.

28 Max Herrmann, *Forschungen zur deutschen Theatergeschichte des Mittelalters und der Renaissance*, Berlin 1914, Teil II, S. 118.

29 Max Herrmann, »Über die Aufgaben eines theaterwissenschaftlichen Instituts«, Vortrag vom 27. Juni 1920, in: Helmar Klier (Hg.), *Theaterwissenschaft im deutschsprachigen Raum*, Darmstadt 1981, S. 15–24, S. 19.

30 Max Herrmann, »Das theatralische Raumerlebnis«, in: *Bericht vom 4. Kongreß für Ästhetik und Allgemeine Kunstwissenschaft*, Berlin 1931, S. 153–163.

31 Ebenda.

32 Ebenda.

33 Georg Fuchs, *Der Tanz*, Stuttgart 1906, S. 20.

34 Paul Schultze-Naumburg, *Die Kultur des weiblichen Körpers als Grundlage der Frauenkleidung*, Leipzig 1902, S. 144.

35 Vgl. hierzu Michael Andritzky/Thomas Rautenberg (Hg.), »*Wir sind nackt und nennen uns Du«. Von Lichtfreunden und Sonnenkämpfern. Eine Geschichte der Freikörperkultur*, Giessen 1989.

36 Emile Jaques-Dalcroze, »Einführung in den Rhythmus«, in: ders., *Rhythmus, Musik und Erziehung*, Basel 1922, S. 55.

37 Vgl. hierzu August Nitschke, *Körper in Bewegung. Gesten, Tänze und Räume im Wandel der Geschichte*, Zürich 1989, bes. S. 331 ff.

38 Isodora Duncan, *Der Tanz der Zukunft*, Leipzig 1903, S. 43 f. Vgl. auch Gabriele Brandstetter, *Tanz-Lektüren. Körperbilder und Raumfiguren der Avantgarde*, Frankfurt a. M. 1994.

39 Fuchs 1906, S. 6.

40 Fuchs 1906, S. 13.

41 Nikolai Evreinov, *Teatr dlja sebja (Theater für sich selbst)*, 3 Bde., St. Petersburg 1915–1917, wieder abgedruckt in: *Demon teatral'nosti*, Moskau 2002, S. 115–408, S. 118.

42 Zu Evreinovs Theatralitätsbegriff vgl. Eleonore Kalisch, »›Teatral'nost‹ als kulturanthropologische Kategorie. Nikolai Evreinovs Modell des theatralen Instinkts vor dem Hintergrund seiner ›Geschichte der Körperstrafen in Russland‹«, in: Joachim Fiebach/Antje Budde (Hg.), *Herrschaft des Symbolischen. Bewegungsformen gesellschaftlicher Theatralität. Europa. Asien. Afrika*, Berlin 2002, S. 141–163, Harald Xander, »Theatralität im vorrevolutionären russischen Theater. Evreinovs Entgrenzung des Theaterbegriffs«, in: Erika Fischer-Lichte/Wolfgang Greisenegger/Hans-Thies Lehmann (Hg.), *Arbeitsfelder der Theaterwissenschaft*, Tübingen 1994, S. 111–124, Swetlana Lukanitschewa, *Das Theatralitätskonzept von Nikolai Evreinov: die Entdeckung der Kultur als Performance*, 2012.

43 Evreinov geht noch weiter und unterstellt das Prinzip der Theatralität sogar den Tieren. Vgl. seine Schrift *Teatr u životnych (Theater bei den Tieren)*, Leningrad 1924.

44 Herbert Marcuse, »Kunst und Revolution«, in: ders., *Konterrevolution und Revolte*, Frankfurt a. M. 1973, S. 95–154, S. 95.

45 Erving Goffman, *The Presentation of Self in Everyday Life*, New York 1959, dt. v. Peter Weber-Schäfer, *Wir alle spielen Theater. Die Selbstdarstellung im Alltag*, München 1969.

46 Vgl. Guy Debord, *La société du spectacle*, Paris/Chastel 1967, dt. *Die Gesellschaft des Spektakels*, Düsseldorf 1974.

47 Vgl. seinen Aufsatz »Teatralizacija žizni« (Theatralisierung des Lebens) in der Petersburger Wochenzeitung *Protiv tečenija* (Gegen den Strom), 1911, Nr. 2.

48 Elisabeth Burns, *Theatricality. A Study of Convention in the Theatre and in Social Life*, London 1972, S. 13.

49 Vgl. Joachim Fiebach, »Brechts ›Straßenszene‹. Versuch über die Reichweite eines Theatermodells«, in: *Weimarer Beiträge* 1978, Nr. 2, S. 123–142.

50 Matthias Warstat, »Theatralität«, in: Erika Fischer-Lichte/Doris Kolesch/Matthias Warstat (Hg.), *Metzler Lexikon Theatertheorie*, Stuttgart/Weimar 2005, S. 355–364, S. 358.

51 Unter dem Begriff der Kulturwissenschaften (im Plural) fasse ich die Geistes- und Sozialwissenschaften zusammen, sofern sie »die Vorgänge des menschlichen Lebens unter dem Gesichtspunkt der *Kulturbedeutung* betrachten«, wie es bereits Max Weber formuliert hat: Max Weber, »Die ›Objektivität‹ sozialwissenschaftlicher und sozialpolitischer Erkenntnis« (1904), in: ders., *Gesammelte Aufsätze zur Wissenschaftslehre*, Tübingen 1968, S. 146–214, S. 165. Vgl. auch Wolfgang Frühwald et al., *Geisteswissenschaften heute. Eine Denkschrift*, Frankfurt a. M. 1991, Hartmut Böhme/Klaus R. Scherpe (Hg.), *Literatur und Kulturwissenschaften*, Rein-

bek bei Hamburg 1996 sowie Doris Bachmann-Medick, *Cultural Turns. Neuorientierungen in den Kulturwissenschaften*, Reinbek bei Hamburg 2006.

52 Vgl. dazu u. a. die Reihe *Theatralität*, hg. von Erika Fischer-Lichte im Francke-Verlag Tübingen und Basel 2000 ff., in der als erste sieben Bände die Ergebnisse der Jahrestagungen des Schwerpunktprogramms veröffentlicht sind und als weitere Bände wissenschaftliche Arbeiten, die in seinem Kontext entstanden.

53 Vgl. zur Gegenüberstellung der beiden Begriffe Matthias Warstat, »Politisches Theater zwischen Theatralität und Performativität«, in: Erika Fischer-Lichte et al. (Hg.), *Die Aufführung. Diskurse – Macht – Analyse*, München 2012.

54 Vgl. u. a. Joachim Fiebach, *Inszenierte Wirklichkeit. Kapitel einer Kulturgeschichte des Theatralen*, Berlin 2007, Erika Fischer-Lichte (Hg.), *Theatralität und die Krisen der Repräsentation*, Stuttgart 2001, Rudolf Münz, *Theatralität und Theater. Zur Historiographie von Theatralitätsgefügen*, Berlin 1998, Ursula Roth, *Die Theatralität des Gottesdienstes*, Gütersloh 2006, Helmar Schramm, *Karneval des Denkens. Theatralität im Spiegel philosophischer Texte des 16. und 17. Jahrhunderts*, Berlin 1996, ders et al. (Hg.), *Spektakuläre Experimente. Praktiken der Evidenzproduktion im 17. Jahrhundert*, Berlin/New York 2006, Matthias Warstat, *Theatrale Gemeinschaften. Zur Festkultur der Arbeiterbewegungen 1919–1933*, Tübingen/Basel 2005, Matthias Warstat, *Soziale Theatralität: Die Inszenierung der Gesellschaft*, Paderborn, 2018, Herbert Willems (Hg.), *Theatralisierung der Gesellschaft*, 2 Bde., Wiesbaden 2009.

55 Josette Féral, »Performance and Theatricality: The Subject Demystified«, in: *Modern Drama*, Bd. 25, 1982, S. 142–181, S. 179.

56 Michael Fried, »Art and Objecthood«, in: Gregory Battcock (Hg.), *Minimal Art. A Critical Anthology*, New York 1968, S. 116–147.

57 Milton Singer (Hg.), *Traditional India. Structure and Change*, Philadelphia 1959, S. XIIf.

58 Jurij Lotman: »Vorschläge zum Programm der IV. Sommerschule über sekundäre modellbildende Systeme« (1970), in: *Semiotica Sovietica. Sowjetische Arbeiten der Moskauer und Tartuer Schule zu sekundären modellbildenden Systemen (1962–1973)*, hg. von Karl Eimermacher, 2 Bde., Aachen 1986, Bd. 1, S. 81–83.

59 Juri M. Lotman/Boris A. Uspenskij/Vjačeslav V. Ivanov/Vladimir N. Toporov/Alexandr M. Pjatigorskij, »Thesen zur semiotischen Erforschung der Kultur (in Anwendung auf slawische Texte)« (1973), in: *Semiotica Sovietica*, Bd. 1, S. 85–118, S. 90.

60 Ebenda.

61 Clifford Geertz, »Dichte Beschreibung. Bemerkungen zu einer deutenden Theorie von Kultur«, in: ders., *Dichte Beschreibung. Beiträge zum Verstehen kultureller Systeme*, Frankfurt a. M. 1983, S. 7–43, S. 9.

62 Clifford Geertz, »Blurred Genres. The Refiguration of Social Thought«, in: ders., *Local Knowledge. Further Essays in Interpretive Anthropology*, New York 1983, S. 19–35, S. 31.

63 Die Koordination sowohl des Schwerpunktprogramms »Theatralität« als auch des Sonderforschungsbereichs waren am Institut für Theaterwissenschaft der Freien Universität Berlin angesiedelt. Es gab daher einen entsprechend lebhaften Austausch zwischen den beteiligten Arbeitsgruppen.

Teil I
Zur Geschichte der Theorien des Performativen und der Aufführung

1 Vgl. zu diesem Befund Erika Fischer-Lichte/Doris Kolesch (Hg.): *Kulturen des Performativen*, Berlin 1998, Erika Fischer-Lichte/Christoph Wulf (Hg.), *Theorien des Performativen*, Berlin 2001, dies., *Praktiken des Performativen*, Berlin 2004, Klaus Hempfer/Jörg Volbers (Hg.), *Theorien des Performativen. Sprache – Wissen – Praxis. Eine kritische Bestandsaufnahme*, Bielefeld 2011, darin insbes. Klaus Hempfer, »Performance, Performanz, Performativität – einige Unterscheidungen zur Ausdifferenzierung eines Theoriefeldes«, S. 13–41 und Ekkehard König, »Bausteine einer allgemeinen Theorie des Performativen aus linguistischer Perspektive«, S. 43–67 sowie James Loxley, *Performativity*, New York/London 2007.

2 John L. Austin, *How To Do Things With Words. Zur Theorie der Sprechakte*, Stuttgart 1979, S. 29.

3 John L. Austin, »Performative Äußerungen«, in: ders., *Gesammelte philosophische Aufsätze*, Stuttgart 1986, S. 305–237, S. 305.

4 Austin 1979, S. 37.

5 Austin 1979, S. 43 f.

6 Jacques Derrida, »Signatur Ereignis Kontext« (1971), in: *Limited Inc.*, Wien 2001, S. 15–45, S. 33.

7 Ebenda, S. 27 f.

8 Ebenda, S. 32.

9 Vgl. dazu vor allem Shoshana Felman, *The Literary Speech Act. Don Juan with J. L. Austin or Seduction in Two Languages*, Ithaca/New York 1983 sowie Sibylle Krämer/Marco Stahlhut, »Das ›Performative‹ als Thema der Sprach- und Kulturphilosophie«, in: Fischer-Lichte/Wulf 2001, S. 35–64.

10 Sibylle Krämer, in: Krämer/Stahlhut, »Das ›Performative‹ als Thema der Sprach- und Kulturphilosophie« (2001), S. 45.

11 Ebenda, S. 56.

12 Vgl. dazu Sibylle Krämer, *Sprache, Sprechakt, Kommunikation. Sprachtheoretische Positionen im 20. Jahrhundert*, Frankfurt a. M. 2001, 3. Auflage 2006.

13 John R. Searle, *Speech Acts: An Essay in the Philosophy of Language*, Cambridge 1969 sowie ders., »How Performatives Work«, in: *Linguistics and Philosophy*, 12, 1989, S. 535–558.

14 Jürgen Habermas, »Vorbereitende Bemerkungen zu einer Theorie der kommunikativen Kompetenz«, in: ders./Niklas Luhmann, *Theorie der Gesellschaft oder Sozialtechnologie*, Frankfurt a. M. 1971, S. 101–141.

15 In ihren späteren Schriften, vor allem in *Excitable Speech. A Politics of the Performance*, New York 1997, setzt sich Butler ausdrücklich und ausführlich mit Austin auseinander.

16 Judith Butler, »Performative Acts and Gender Constitution – An Essay in Phenomenology and Feminist Theory«, in: Sue Ellen Case (Hg.), *Performing Feminism*, Baltimore/London 1990, S. 270–282.

17 Ebenda, S. 270.

18 Ebenda.

19 Ebenda, S. 271.

20 Vgl. Noam Chomsky, *Aspects of the Theory of Syntax*, Cambridge 1965.

21 Butler 1990, S. 273.

22 Ebenda.

23 Ebenda. Vgl. auch die nachfolgenden Zitate auf dieser Seite.

24 Dies gilt auch, wenn man berücksichtigt, dass Butlers Vorstellungen von Theater – Inszenierung eines gegebenen Textes – kaum mehr mit dem Gegenwartstheater um 1990 kompatibel sind, was sie mit Hinweis auf Richard Schechner auch selbst zur Sprache bringt. Auch wenn dies für ihren späteren Vergleich zwischen dem Transvestiten auf der Bühne und dem im alltäglichen sozialen Raum folgenreich ist, wird ihre Bestimmung der Verkörperungsbedingungen davon nicht betroffen.

25 Vgl. Sibylle Krämer/Marco Stahlhut 2001, S. 56.

26 Diese Linie wurde besonders prominent von Emile Durkheim weiterverfolgt, vor allem in seinen Studien *Über soziale Arbeitsteilung. Studien über die Organisation höherer Gesellschaften* (1893, 2. Auflage 1903), Frankfurt a. M. 1988, sowie *Die elementaren Formen des religiösen Lebens* (1912), Frankfurt a. M. 1994.

27 Herrmann 1920, S. 19.

28 Victor Turner, *The Ritual Process – Structure and Anti-Structure*, London 1969, dt. *Das Ritual: Struktur und Antistruktur*, Frankfurt a. M./New York 1989.

29 Vgl. Einleitung, S. 10.

30 Turner 1969, S. 95.

31 Victor Turner, »Variations on a Theme of Liminality«, in: Sally F. Moore/Barbara C. Myerhoff (Hg.), *Secular Rites*, Assen, S. 36–57, S. 40.

32 Victor Turner, *Vom Ritual zum Theater. Der Ernst des menschlichen Spiels*, Frankfurt a. M./New York 1989, S. 59, englisches Original: *From Ritual to Theatre. The Human Seriousness of Play*, New York 1982.

33 Ebenda, S. 61.

34 Vgl. ebenda, S. 82–88.

35 Vgl. ebenda, S. 55.

36 Stanley J. Tambiah, »Eine performative Theorie des Rituals« (1979), in: Uwe Wirth (Hg.), *Performanz. Zwischen Sprachphilosophie und Kulturwissenschaften*, Frankfurt a. M. 2002, S. 210–242.

37 Bruce Kapferer, »Ritual Process and the Transformation of Context«, in: *Social Analysis* 1979, 1, S. 3–19.

38 Ursula Rao/Klaus Peter Köpping, »Die performative Wende – Leben – Ritual – Theater«, in: dies. (Hg.), *Im Rausch des Rituals*, Münster/Hamburg/London 2000, S. 1–31, S. 10.

39 Turner 1969, S. 108.

40 Richard Schechner, »Selective Inattention« (1976), in: ders., *Performance Theory, Revised and Expanded Edition*, New York/London 1994, S. 187–206, S. 190.

41 Richard Schechner, »Rekonstruktion von Verhalten«, in: ders., *Theateranthropologie. Spiel und Ritual im Kulturvergleich*, aus dem Amerikanischen von Susanne Winnacker, Reinbek 1990, S. 157–226, S. 159.

42 Ebenda, S. 160.

43 Vgl. dazu die hervorragende Übersicht über Performance-Theorien von Marvin Carlson, *Performance – A Critical Introduction*, London/New York 1996, 2. erweiterte Auflage 2004.

44 Jon McKenzie, *Perform, or Else: From Discipline to Performance*, London 2001, S. 189.

45 Ebenda, S. 18.

46 Zum hier entwickelten Aufführungsbegriff vgl. Erika Fischer-Lichte, *Ästhetik des Performativen*, Frankfurt a. M. 2004.

47 Zur Erläuterung des Begriffs s. Kapitel 4 »Unvorhersehbarkeit – das Verhältnis von Planung und Emergenz«, insbes. S. 89–91.

48 Vgl. dazu das 5. Kapitel »Ambivalenzen des Performativen«.

49 Gernot Böhme, *Atmosphäre. Essays zur neuen Ästhetik*, Frankfurt a. M. 1995.

50 Ebenda, S. 33.

51 Zur Atmosphäre im Theater vgl. Sabine Schouten, *Sinnliches Spüren*, Berlin 2007.

52 Helmuth Plessner, »Zur Anthropologie des Schauspielers«, in: ders., *Gesammelte Schriften* VII. Ausdruck und menschliche Natur. Frankfurt a. M. 1982, S. 399–418, S. 407.

53 Zum Begriff der Verkörperung vgl. Thomas J. Csórdas, »Introduction: The Body as Representation and Being-In-The-World«, in: ders. (Hg.), *Embodiment and Experience*, Cambridge 1994, S. 1–24.

54 Vgl. hierzu Helmuth Plessner, »Lachen und Weinen«, in: Günter Dux (Hg.), *Philosophische Anthropologie*, Frankfurt a. M. 1970, S. 11–171.

55 Vgl. Michel Poizat, *The Angel's Cry. Beyond the Pleasure Principle in Opera*, transl. by Arthur Denner, Ithaca/London 1992, S. 42.

56 Hanno Helbling, *Rhythmus. Ein Versuch*, Frankfurt a. M. 1999, S. 18.

57 Vgl. hierzu Gerold Baier, *Rhythmus. Tanz in Körper und Gehirn*, Reinbek bei Hamburg 2001.

58 Wahrnehmung als ein performativer Prozess wird behandelt u. a. von Gernot Böhme, *Ästhetik. Vorlesungen über Ästhetik als allgemeine Wahrnehmungslehre*, München 2001, Dieter Mersch, *Ereignis und Aura*, Frankfurt a. M. 2002, Bernhard Waldenfels, *Sinnesschwellen. Studien zur Phänomenologie des Fremden 3*, Frankfurt a. M. 1999. Zur Verbindung von Theatralität und Performativität in der Wahrnehmung vgl. Erika Fischer-Lichte/Christian Horn/Sandra Umathum/Matthias Warstat (Hg.), *Wahrnehmung und Medialität (= Theatralität 3)*, Tübingen/Basel 2001.

59 Vgl. Turner 1969 und 1977 sowie Kapitel 2, S. 49–51.

60 Austin 1979, S. 40.

61 Ebenda, S. 39.

62 Austin 1970, S. 37.

63 Austin 1979, S. 40.

Teil II
Eigenschaften des Performativen

1 Vgl. Konrad Lorenz, *Die Rückseite des Spiegels. Versuch einer Naturgeschiche menschlichen Erkennens*, München 1987, S. 47 f.

2 Vgl. Johann Christian Reil, »Von der Lebenskraft« (1796), *Archiv für Physiologie* 1, S. 8–162, neu hg. und eingel. von Karl Sudhoff, Leipzig 1910 (Klassiker der Medizin, Bd. 2).

3 Vgl. Hermann Lotze, »Leben. Lebenskraft« (1842), in: Rudolf Wagner (Hg.), *Handwörterbuch der Physiologie*, Bd. I, Braunschweig, IX–LVIII. Wieder abgedruckt in: Hermann Lotze, *Kleine Schriften*, 1. Bd., Leipzig 1885, S. 139–220.

4 Vgl. Gustav Theodor Fechner, *Über die physikalische und philosophische Atomenlehre*, Leipzig 1855, 2. vermehrte Auflage 1864.

5 Vgl. John Stuart Mill, *A System of Logic. Ratiocinative and Inductive* (1843), in: *Collected Works*, Bde. VII und VIII, Toronto/Buffalo 1974.

6 Vgl. Wilhelm Wundt, *Grundriß der Psychologie*, 7., verbesserte Auflage Leipzig 1905 (1. Auflage 1896) sowie ders., *Grundzüge der physiologischen Psychologie*, 6., umgearbeitete Auflage, 3. Bd., Leipzig 1911 (1. Auflage 1873/4).

7 Zur Geschichte des Emergentismus vgl. Achim Stephan, *Von der Unvorhersagbarkeit zur Selbstorganisation*, Dresden 1999.

8 Vgl. Niklas Luhmann, *Die Gesellschaft der Gesellschaft*, Frankfurt a. M. 1997.

9 Martin Carrier/Jürgen Mittelstraß, *Geist, Gehirn, Verhalten*, Basel/New York 1989, S. 127.

10 Vgl. Thomas Wägenbaur, »Emergenz der Kommunikation«, in: ders. (Hg.), *Blinde Emergenz? Interdisziplinäre Beiträge zur Frage kultureller Evolution*, Heidelberg 2000, S. 123–142.

11 Vgl. Elena Esposito, »Ist ein Gedächtnis der Emergenz möglich?«, in: Wägenbaur 2000, S. 75–86 und Reinhold Görling, »Eine Maschine, die nächstens von selber geht: Über Nachträglichkeit und Emergenz«, in: *Psyche. Zeitschrift für Psychoanalyse und ihre Anwendungen*, H. 6, 55. Jg. 2001, S. 560–576.

12 Hans Ulrich Gumbrecht, »Die Emergenz der Emergenz. Was sich nicht von einer Theorie erfassen oder vorhersagen lässt: Klassische Grundannahmen über die Produktion von Wissen sind in Bewegung geraten«, in: *Frankfurter Allgemeine Zeitung*, 19. April 2003, Nr. 92, S. 38.

13 Vgl. hierzu Krämer/Stahlhut 1999.

14 Vgl. Görling 2001.

15 Vgl. dazu außer Wägenbaur 2000 auch Harold J. Marowitz, *The Emergence of Everything*, Oxford 2002, Natika Newton, »Emergence and the Uniqueness of Consciousness«, in: Anthony Freeman (Hg.), *The Emergence of Consciousness, Journal of Consciousness Studies*, Bd. 8, Nr. 9–10, Exeter 2001, S. 47–59, Robert Van Gulick, »Reduction, Emergence and other Recent Options on the Mind/Body Problem«, ebenda, S. 1–34.

16 Vgl. hierzu Wolfgang Iser, »Mimesis und Emergenz«, in: Andreas Kablitz/Gerhard Neumann (Hg.), *Mimesis und Simulation*, Freiburg 1998, S. 669–684 sowie Wägenbaur 2000.

17 David Cooper, *The Death of the Family*, New York 1970, S. 44, zitiert nach Richard Schechner, *Environmental Theatre*, New York 1973, S. 255.

18 Schechner 1973, S. 44

19 Ebenda, S. 49.

20 Ebenda.

21 Vgl. ebd., S. 49–54.

22 Vgl. dazu Gianni Vattimo, *Die transparente Gesellschaft*, Wien 1992.

23 Vgl. dazu Warstat 2004.

24 Kevin Kelly, *Das Ende der Kontrolle. Die biologische Wende in Wirtschaft, Technik und Gesellschaft*, Mannheim 1997. Vgl. dazu sowie zum Folgenden Gabriele Brandstetter/Bettina Brandl-Risi/Kai van Eikels, »Übertragungen. Eine Einleitung«, in: dies. (Hg.), *SCHWARM.(E)MOTION. Bewegung zwischen Affekt und Masse*, Freiburg 2007, S. 7–61, insbes. S. 7–37.

25 Vgl. das nächste Kapitel »Ambivalenzen des Performativen«.

26 Das behauptet zum Beispiel Hans Ulrich Gumbrecht, »Swarming/Thoughts«, in: Brandstetter et al. 2007, S. 93–99.

27 Butler 2018: 14

28 Butler 2018: 16

29 Butler 2018: 19

30 Vgl. dazu die beiden sich auf unterschiedliche Aufführungen der Gruppe beziehenden Analysen von Lignas *Radioballetten* von Kai van Eikels, »Diesseits der Versammlung. Kollektives Handeln in Bewegung: Ligna *Radioballett*«, in: Brandstetter et al. 2007, S. 101–123 und Benjamin Wihstutz, »Die utopische Gemeinschaft«, in: ders., *Der andere Raum. Zur Verhandlung sozialer Grenzen im Gegenwartstheater*, München 2011, S. 213–228.

31 Vgl. van Eikels 2007, S. 104.

32 Jean-Luc Nancy, *Singulär plural sein*, aus dem Französischen von Ulrich Müller-Schöll, Zürich/Bern 2004.

33 Vgl. dazu Wihstutz 2011.

34 Vgl. dazu Gabriele Brandstetter/Kai von Eikels/Sybille Peters (Hg.), *Prognosen über Bewegung*, Berlin 2009.

35 Vgl. zu Performativitätsforschung als Zukunftsforschung Erika Fischer-Lichte/Kristiane Hasselmann (Hg.), *Performing the Future. Die Zukunft der Performativitätsforschung*, München 2012.

36 Der Gedanke wird von ihr in ihren Büchern *Bodies That Matter: On the Discursive Limits of »Sex«*, New York 1993, *Gender Trouble: Feminism and the Subversion of Identity*, New York 1990, und vor allem in *Excitable Speech* weiter ausgeführt.

37 Martin Seel, »Sich bestimmen lassen. Ein revidierter Begriff der Selbstbestimmung«, in: ders., *Sich bestimmen lassen. Studien zur theoretischen und praktischen Philosophie*, Frankfurt a. M. 2002, S. 279–298, S. 289.

38 Martin Seel, »Kleine Phänomenologie des Lassens«, in: ders. 2002, S. 270–278, S. 270.

39 Ebenda, S. 270 f.

40 Ebenda, S. 275.

41 Ebenda.

42 Vgl. hierzu die beiden von Barbara Gronau und Alice Lagaay herausgegebenen Sammelbände *Performanzen des Nichttuns*, Wien 2008, und *Ökonomien der Zurückhaltung*, Bielefeld 2010.

43 Zum Verlauf der Performance vgl. Marina Abramović, *Artist Body. Performances 1969–1997*, Milano 1998, S. 84–97.

44 Zu dieser Aufführung vgl. auch Barbara Gronau, »Eine Bühne des Unterlassens«, in: Gronau/Lagaay 2008, S. 67–76, vor allem S. 73–74.

45 Vgl. hierzu Evamaria Heisler/Elke Koch/Thomas Scheffer (Hg.), *Drohung und Verheißung. Mikroprozesse in Verhältnissen von Macht und Subjekt*, Freiburg 2007.

46 Jeanne Ancelet-Hustache, »Les ›Vitae Sororum‹ d'Unterlinden. Edition critique du manuscript 508 de la bibliothèque de Colmar«, in: *Archives d'histoire doctrinale et littéraire du Moyen Age*, 1930, S. 317–509, S. 140 f., zit. n. Niklaus Largier, *Lob der Peitsche. Eine Kulturgeschichte der Erregung*, München 2001, S. 29 f.

47 Ebenda, S. 341, zit. n. Largier, S. 30.

48 Vgl. dazu Erika Fischer-Lichte, »Selbstverstümmelungs-Performances«, in: Gertrud Koch/Sylvia Sasse/Ludger Schwarte (Hg.), *Kunst als Strafe. Zur Ästhetik der Disziplinierung*, München 2003, S. 189–2005.

49 Zu dieser Performance vgl. Erika Fischer-Lichte 2004, S. 9–21.

50 Vgl. zum Ablauf der Performance Cynthia Carr, »Before and After Science« (1984), in: dies., *On Edge. Performances at the End of the Twentieth Century*, Hanover u. a. 1993, S. 10–15.

51 Vgl. dazu Erika Fischer-Lichte, *Theatre, Sacrifice, Ritual. Exploring Forms of Political Theatre*, London/New York 2005, insbes. Kap. 4 »Times of Revolution – Times of Festival: The Soviet Mass Spectacles 1917–1920«, S. 97–121.

52 Vgl. zur Ambivalenz von Destruktion und Produktion den von Alice Lagaay und Michael Lorber herausgegebenen Band *Destructive Dynamics and Performativity*, Critical Studies Series, Amsterdam/New York 2012.

53 Dabei gilt es allerdings, zwischen den unterschiedlichen Sinnen zu unterscheiden. Während Wechselseitigkeit der Wahrnehmung sich durchaus im Sehen, Hören, Tasten oder Riechen herstellen lässt, gilt dies nicht für das Schmecken. »Kein Sinn vereinzelt den Menschen so stark wie der des Geschmacks.« Gert Mattenklot, »Der Mensch«, in: Christoph Wulf (Hg.), *Vom Menschen. Handbuch Historische Anthropologie*, Wien/Basel 1997, S. 471–478, S. 473.

54 Vgl. hierzu Michael Stadler/Peter Kruse, »Zur Emergenz psychischer Qualitäten. Das psychophysische Problem im Lichte der Selbstorganisationstheorie, in: Wolfgang Krohn/Günter Küppers (Hg.), *Emergenz: Die Entstehung von Ordnung, Organisation und Bedeutung*, Frankfurt a. M. 1992, S. 134–160.

55 Vgl. hierzu Dieter Mersch, »Ästhetik und Responsivität. Zum Verhältnis von medialer und emotionaler Wahrnehmung«, in: Erika Fischer-Lichte et al. 2001, S. 273–299.

56 Heute sind die mit komplizierten technischen Verfahren transferierten Räume im Sony-Center am Potsdamer Platz zu besichtigen. Zu dieser Performance/Installation vgl. Friedemann Kreuder, *Formen des Erinnerns im Theater Klaus Michael Grübers*, Berlin 2002, bes. S. 43–70.

57 Zur Wahrnehmung als einem performativen Prozess vgl. den von Christina Lechtermann, Kerstin Wagner und Horst Wenzel herausgegebenen Sammelband: *Möglichkeitsräume. Zur Performativität von sensorischer Wahrnehmung*, Berlin 2007.

58 Vgl. zu diesem Begriff Georg Frank, *Ökonomie der Aufmerksamkeit*, München 1998.

59 Walter Seitter, »Aufmerksamkeitskorrelate auf der Ebene der Erscheinungen«, in: Aleida und Jan Assmann (Hg.), *Aufmerksamkeiten. Archäologie der literarischen Kommunikation*, München 2002, S. 171–182, S. 171.

60 Thomas J. Csórdas, »Somatic Modes of Attention«, in: *Cultural Anthropology*, 8, 1993, S. 135–156, S. 138.

61 Ebenda.

62 S. hierzu auch Aleida Assmann, »Aufmerksamkeit im Medienwandel« in: Lechtermann/Wagner/Wenzel 2007, S. 209–228.

63 Horst Wenzel, »Gelenkte Wahrnehmung. Piero della Francesca: Die Madonna mit der Perle«, in: Lechtermann/Wagner/Wenzel (Hg.) 2007, S. 229–253, S. 242.

64 *Physiologus. Naturkunde in frühchristlicher Deutung*, aus dem Griechischen übers. und hg. von Ursula Treu, 3. Auflage, Hanau 1988, Nr. 44, »Vom Achat und der Perle«, S. 84, zit. n. Wenzel 2007, S. 232.

65 Vgl. Millard Meiss, »*Ovum Struthionis*. Symbol and Allusion in Piero della Francesca's Montefeltro Altarprice«, in: *Studies in Art and Literature for Belle da Costa Greene*, hg. v. Dorothy Miner, Princeton 1954, S. 94–101, zit. n. Wenzel 2007, S. 236 f.

66 Vgl. den 3. Teil des Buches: »Ausweitung des Feldes: Performative Studien«.

67 Vgl. zum Festbegriff vor allem Klaus-Peter Köpping, »Fest«, in: Christoph Wulf 1997, S. 1048–1065.

68 Vgl. Benedict Anderson, *Die Erfindung der Nation. Zur Karriere eines folgenreichen Konzepts*, Frankfurt a. M. 1988.

69 Butler 2018: 213

70 Butler 2018: 229

71 Butler 2018: 235

72 Vgl. zu den Olympischen Spielen u. a. Thomas Alkemeyer, *Körper, Kult und Politik. Von der »Muskelreligion« Pierre de Coubertins zur Inszenierung von Macht in den Olympischen Spielen von 1936*, Frankfurt a. M. 1996 und John J. MacAloon, *This Great Symbol. Pierre de Coubertin and the Origin of Modern Olympic Games*, Chicago/London 1984 sowie ders. (Hg.), *Rite, Drama, Festival, Spectacle. Rehearsals Towards a Theory of Cultural Performance*, Philadelphia 1984.

73 Vgl. dazu Fischer-Lichte 2004. Hier wird an vielen Beispielen der Nachweis geführt, dass Zuschauer in Aufführungen der Künste sehr häufig derartige vorübergehende Transformationen erfahren.

74 Vgl. hierzu Kathrin Audehm/Hans Rudolf Velten (Hg.): *Transgression – Differenzierung – Hybridisierung. Zur Performativität von Grenzen in Sprache, Kultur und Gesellschaft*, Freiburg 2007.

75 Jean Jacques Rousseau, »Brief an Herrn d'Alembert« (1758), in: J. J. Rousseau, *Schriften*, Bd. 1, hg. von Henning Ritter, München/Wien 1978, S. 332–474, S. 391.

76 Ebenda, S. 420.

77 Vgl. dazu Jonas Barisch, *The Antitheatrical Prejudice*, Berkeley 1981 sowie Rudolf Münz, »Giullari nudi, Goliarden und Freiheiter«, in: ders. 1998, S. 104–140.

78 Gotthold Ephraim Lessing, »Brief an Nicolai vom November 1756«, in: G. E. Lessing, *Werke*, hg. von Herbert G. Göpfert, Bde. 1–8, München 1970–1979, Bd. 4, S. 159–165, S. 163.

79 Zum Begriff des Habitus s. Pierre Bourdieu, *Zur Soziologie der symbolischen Formen*, Frankfurt a. M.: Suhrkamp 1974 (franz. 1970), bes. S. 125–158.

80 Friedrich Schiller, »Briefe über die ästhetische Erziehung des Menschen«, 2. Brief, in: ders., *Schillers Werke*, Nationalausgabe, Bd. 20, Weimar 1962, S. 309–412, S. 312.

81 Auch die heute häufig angeführten Spiegelneuronen liefern keine überzeugende Erklärung. Denn aus ihrem bloßen Vorhandensein lässt sich nicht begründen, wieso sie im Kontext von Theateraufführungen oder in speziellen Situationen des Alltagslebens aktiv werden, in anderen dagegen nicht. Vgl. dazu Fritz Breithaupt, *Kulturen der Empathie*, Frankfurt a. M. 2009.

82 Rudolf Daunicht (Hg.), *Lessing im Gespräch. Berichte und Urteile von Freunden und Zeitgenossen*, München 1971, S. 88, Carl Schüddekopf (Hg.), *Briefwechsel zwischen Gleim und Ramler*, Bd. 2, 1753–1759, Stuttgart 1907, S. 206.

83 Jochen Schulte-Sasse (Hg.), *Lessing, Mendelssohn, Nicolai. Briefwechsel über das Trauerspiel*, München 1972, S. 52.

84 Johann Heinrich Vincent Nölting, *Zwote Verteidigung des Hrn. Past. Schlosser in welcher des Herrn Seniors Goeze Untersuchung der Sittlichkeit der heutigen deutschen Schaubühne mit Anmerkungen begleitet wird*, Hamburg 1768, o. S.

85 Johann Heinrich Friedrich Müller: *J. H. F. Müllers Abschied von der k.k. Hof- und Nationalbühne*, Wien 1802.

86 August Wilhelm Iffland, *Meine theatralische Laufbahn*, mit Anm. und einer Zeittafel von Oskar Fembach, Stuttgart 1976, S. 69.

87 S. Arbeitsstelle 18. Jahrhundert der Universität Münster (Hg.), *Das weinende Saeculum*, Colloquium der Arbeitsstelle 18. Jahrhundert, Gesamthochschule Wuppertal, Universität Münster, Schloss Dyck, 7. bis 9. Oktober 1981, Heidelberg 1983.

88 Zur neuen Schauspielkunst des 18. Jahrhunderts vgl. Wolfgang F. Bender (Hg.), *Schauspielkunst im 18. Jahrhundert*, Stuttgart 1992, Erika Fischer-Lichte, *Semiotik des Theaters*, Bd. 2, *Vom »künstlichen« zum »natürlichen« Zeichen. Theater des Barock und der Aufklärung*, Tübingen 1983, 5. Auflage 2007, Rainer Ruppert, *Labor der Seele und der Emotion. Funktion des Theaters im 18. und frühen 19. Jahrhundert*, Berlin 1995.

89 Allison Griffith, *Shivers Down Your Spine: Cinema, Museums, and the Immersive View*, New York 2008, S. 2. Zur somatischen Filmphänomenologie, der auch Griffith zuzuordnen ist, vgl. weiterhin Steven Shaviro, *The Cinematic Body*, Minneapolis 1993, Siegfried Kaltenecker, *Spiegelformen. Männlichkeit und Differenz im Kino*, Basel 1996, R. Bruce Elder, *A Body of Vision. Representations of the Body in Recent Film*

and Poetry, Ontario 1997, Christian Mikunda, *Kino spüren*, Wien 2002, Laura Mulvey, *Death 24x a Second. Stillness and the Moving Picture*, London 2006. Als eine Art Antithese zur somatischen Filmphänomenologie vgl. folgende aus streng kognitionswissenschaftlicher Perspektive verfasste Studie: Torben Grodal, *Embodied Visions. Evolution, Emotion, Culture and Film*, New York 2009.

90 Zum Begriff der Einfühlung vgl. Robin Curtis/Gertrud Koch (Hg.), *Einfühlung. Zur Geschichte und Gegenwart eines ästhetischen Konzepts*, München 2009 sowie zum Verhältnis der Begriffe »Immersion« und »Einfühlung« Robin Curtis, »Immersion und Einfühlung. Zwischen Repräsentationalität und Materialität bewegter Bilder«, in: *montage AV* 17/2/2008, S. 89–108.

91 Vgl. hierzu Hermann Kappelhoff, *Matrix der Gefühle. Das Kino, das Melodram und das Theater der Empfindsamkeit*, Berlin 2004; zu *Titanic* S. 307–323.

Teil III
Ausweitung des Feldes: Performative Studien

1 »Itaque dicere possumus: christianismum non solum esse ›bonum nuntium‹ – id est communicationem rerum ad illud usque tempus ignorabantur. Hodierno sermone dicere possumus christianum nuntium non tantum ›informativum‹ esse, verum etiam ›performativum‹. Quod sibi vult: Evangelium non est tantum communicatio rerum quae sciri valent, sed communicatio quae actus edit vitamque transformat.« Siehe unter: http://www.vatican.va/holy_father/benedict_xvi/encyclicals/documents/hf_ben-xvi_enc_20071130_spe-salvi_ge.html (letzter Zugriff 02.11.2011).

2 Wolfgang Iser, *Der Akt des Lesens*, München 1976, S. 50. S. hierzu u. a. auch Mary Louise Pratt, *Toward a Speech Act Theory of Literary Discourse*, Bloomington/Ind. 1977, Paul de Man, *Allegories of Reading: Figural Language in Rousseau, Nietzsche, Rilke, and Proust*, New Haven 1979, Jonathan Culler, »Philosophy and Literature: The Fortunes of the Performative«, in: *Poetics Today*, Vol. 21, No. 3, Fall 2000, S. 503–519.

3 Culler 2000, S. 506 f.

4 Ebenda, S. 507.

5 Iser 1976, S. 9.

6 Ebenda.

7 Culler 2000, S. 516.

8 Ebenda.

9 Culler 2000, S. 516 f.

10 Zu psychoanalytischen Wirkungstheorien vgl. u. a. Norman Holland, *The Dynamics of Literary Response*, New York 1968, Simon O. Lesser, *Fiction and the Unconscious*, New York 1962, Harold Lincke, *Instinktverlust und Symbolbildung*, Berlin 1981, Alfred Lorenzer, *Sprachzerstörung und Rekonstruktion*, Frankfurt a. M. 1973.

11 Vgl. zu dieser Unterscheidung Klaus Hempfer/Bernd Häsner/Gernot Michael Müller/Marco Föcking, »Performativität und Episteme. Die Dialogisierung des theoretischen Diskurses in der Renaissance-Literatur«, in: Fischer-Lichte/Wulf 2001, S. 65–90, S. 68, Irmgard Maassen, »Text und/als/in der Performanz in der frühen Neuzeit: Thesen und Überlegungen«, ebenda, S. 285–301, S. 289–291, Hans Rudolf Velten »Performativitätsforschung«, in: *Methodengeschichte der Germanistik*, hg. von Jost Schneider, Berlin/New York 2009, S. 549–572, S. 552 sowie Bernd Häsner/Henning Hufnagel/Irmgard Maassen/Anita Traninger, »Text und Performativität«, in: Hempfer/Volbers 2011, S. 69–96, S. 82.

12 Häsner/Hufnagel/Maassen/Traninger 2011, S. 84 f.

13 Felman 1983.

14 Krämer/Stahlhut 2001, S. 36 f.

15 Ebenda.

16 Ebenda, S. 56.

17 Culler 2008, S. 511.

18 Häsner/Hufnagel/Maassen/Traninger 2011, S. 83.

19 Velten 2009, S. 555.

20 Vgl. Glen Creeber, *Serial Television. Big Drama on the Small Screen*, London 2004, Gary R. Edgerton/Jeffrey P. Jones (Hg.), *The Essential HBO Reader*, Lexington 2008, Michael Hammond/Lucy Mazdon (Hg.), *The Contemporary Television Series*, Edinburgh 2007, Mark Jancovich/James Lyons (Hg.), *Quality Popular Television: Cult TV, the Industry, and Fans*, London 2003, Marc Leverette/Brian L. Ott/Cara Louise Buckley (Hg.), *It's Not TV: Watching HBO in the Post-Television Era*, London/New York 2008.

21 Vgl. dazu Robin Curtis/Marc Glöde/Gertrud Koch (Hg.), *Synästhesie-Effekte: Zur Intermodalität der ästhetischen Wahrnehmung*, München 2010.

22 David Freedberg, *The Power of Images. Studies in History and Theory of Response*, Chicago and London 1989, S. xxii.

23 Ebenda, S. xxi.

24 Ebenda.

25 Ebenda, S. xxii.

26 Ebenda, S. xxiii.

27 Ebenda, S. 440.

28 Ebenda, S. 438.

29 Vgl. dazu u.a. Philippe Dubois, *L'Acte Photographique et Autres Essais*, Paris 1990, Gerhard Wolf, »From Mandylion to Veronica«, in: Herbert L. Kessler/Gerhard Wolf (Hg.), *The Holy Face and the Paradox of Representation*, Bologna 1998, S. 153–179, Katharina Sykora, *Unheimliche Paarungen. Androidenfaszination und Geschlecht in der Fotografie*, Köln 1999, S. 63 ff., Gottfried Böhm, »Repräsentation – Präsentation – Präsenz. Auf den Spuren des Homo pictor«, in: ders. (Hg.), *Homo Pictor*, München und Leipzig 2001, S. 3–13, Beat Wyss, *Vom Bild zum Kunstsystem*, 2 Bde., Köln 2006, Textband, S. 36–39 und jüngst Horst Bredekamp, *Theorie des Bildaktes*, Frankfurt a. M. 2010.

30 Vgl. hierzu Klaus Krüger, »Das Sprechen und Schweigen der Bilder«, in: Valeska von Rosen/Klaus Krüger/Rudolf Preimesberger (Hg.), *Der stumme Diskurs der Bilder. Reflexionsformen des Ästhetischen in der Kunst der frühen Neuzeit*, München 2003, S. 17–52.

31 Vgl. dazu Bredekamp 2010, S. 51.

32 Vgl. dazu u. a. auch Hans Belting, »Zur Ikonologie des Blicks«, in: Christoph Wulf/Jörg Zirfas (Hg.), *Ikonologie des Performativen*, München 2005, S. 50–58.

33 Zu den kunsthistorischen Blicktheorien vgl. außer Belting 2005 Norman Bryson, *Das Sehen und die Malerei. Die Logik des Blicks*, München 2001, Georges Didi-Huberman, *Was wir sehen, blickt uns an. Zur Metapsychologie des Bildes*, München 1999. zu filmwissenschaftlichen Blicktheorien s. u. a. Laura Mulvey, »Visual Pleasure and Narrative Cinema«, in: Bill Nichols (Hg.), *Movies and Methods*, Vol. II, Berkely/Los Angeles 1985, S. 305–315, Kaja Silverman, *The Threshold of the Visible World*, New York/London 1996, Slavoj Žižek, *The Sublime Objekt of Ideology*, New York 1989. Die beiden Letztgenannten gehen von dem Blickmodell Jacques Lacans aus, welcher das Auge vom Blick spaltet. Vgl. ders., *Seminarbuch XI. Die vier Grundbegriffe der Psychoanalyse* (1969), Freiburg 1980, S. 73–84; eine Blicktheorie aus theaterwissenschaftlicher Sicht wird entwickelt in Adam Czirak, *Partizipation der Blicke. Szenarien des Sehens und Gesehenwerdens*, Bielefeld 2011.

34 Belting 2005, S. 50.

35 Belting 2005, S. 51. S. dazu Jean Paul Sartre, *Das Sein und das Nichts* (1938), Reinbek bei Hamburg 2006.

36 Hans Belting, »Der Blick im Bild«, in: Bernd Hüppauf/Christoph Wulf (Hg.), *Bild und Einbildungskraft*, München 2006, S. 121–143.

37 Nikolaus von Kues, »Die Gottes-Schau (De visione Dei)«, in: ders., *Philosophisch-theologische Schriften*, Bd. 3, Wien 1967, S. 93–219, S. 97.

38 Dieser Vergleich sollte nicht dazu verleiten, den Begriff des Lesens auf Bilder anzuwenden. Bilder lassen sich nicht lesen wie eine Schrift, auch wenn der Schrift – vor allem in China und Japan – eine gewisse Bildlichkeit zukommt. (Vgl. hierzu Sibylle Krämer/Eva Cancik-Kirschbaum/Rainer Trotzke (Hg.), *Schriftbildlichkeit, Wahrnehmbarkeit, Materialität und Operativität von Notationen*, Berlin 2011.)

39 Vgl. Belting 2006, S. 123.

40 James Elkins, *Pictures & Tears. A History of People Who Have Cried in Front of Paintings*, New York/London 2001, S. 106.

41 Vgl. hierzu Sybille Krämer, »Gibt es eine Performanz des Bildlichen? Reflexion über ›Blickakte‹«, in: Ludger Schwarte (Hg.), *Bild-Performanz. Die Kraft des Visuellen*, München 2011, S. 63–87.

42 Ich folge hier der Darstellung von Elkins 2001, S. 168 f.

43 Vgl. hierzu Ian Wilson, *The Bleeding Mind: An Investigation into the Mysterious Phenomena of Stigmata*, London 1988. Dabei ist es für unsere Überlegungen letztlich irrelevant, ob sich dies Ereignis tatsächlich so zugetragen hat. Denn die Überlieferung einer solchen Geschichte bezeugt, dass religiösen Bildern eine derartige transformative Kraft zugeschrieben und an sie geglaubt wurde.

44 Vgl. Ludger Schwarte, »Einleitung: Die Kraft des Visuellen«, in: ders. 2011, S. 11–33, S. 12.

45 Zur Geschichte des Verhältnisses von Blick und Bild im religiösen Kontext in Europa vgl. die umfassende Studie von Hans Belting, *Bild und Kult. Eine Geschichte des Bildes vor dem Zeitalter der Kunst*, München 1990.

46 Vgl. hierzu Freedberg 1989, S. 27–160, Elkins 2001, S. 150–181.

47 Vgl. Elkins 2001, S. 160 f. sowie ders., *On Pictures and the Words That Fail Them*, Cambridge 1998.

48 Elkins 2001, S. 2.

49 Ebenda, S. 10 f.

50 Vgl. dazu Hans Belting, *Das echte Bild. Bildfragen als Glaubensfragen*, München 2005.

51 Jacob Döpler, *Theatrum poenarum*, Leipzig 1697, S. 626; vgl. auch Freedberg 1989, S. 246–263, auch Bredekamp 2010, S. 197–204.

52 Vgl. dazu Matthias Lentze, *Konflikt, Ehre, Ordnung. Untersuchungen zu den Schmähbriefen und Schandbildern des späten Mittelalters und der frühen Neuzeit (ca. 1350 bis 1600)*, Hanau 2004.

53 Vgl. dazu Horst Bredekamp, *Repräsentation und Bildmagie der Renaissance als Formproblem*, München 1995, S. 30–41, Samuel Y. Edgerton, *Pictures and Punishment. Art and Criminal Prosecution During the Florentine Renaissance*, London 1985, Hans Körner, *Botticelli*, Köln 2006, S. 86–96.

54 L'Anonimo Magliabecchiano 1968, S. 113 f., zit. n. Bredekamp 2010, S. 218.

55 Zur Geschichte des Museums vgl. u. a. Krzysztof Pomian, *Der Ursprung des Museums: Vom Sammeln*, Berlin 1993 sowie James J. Sheehan, *Geschichte der deutschen Kunstmuseen. Von der fürstlichen Kunstkammer zur modernen Sammlung*, München 2002.

56 Sheehan 2002, S. 78.

57 Vgl. dazu Dario Gamboni, *The Destruction of Art: Iconoclasm and Vandalism since the French Revolution*, London 1997 sowie Angela Matyssek, *Überleben und Restaurierung*, Barnett Newmans *Who's Afraid of Red, Yellow, and Blue III* und *Cathedra*, Berlin 2010 (= Max-Planck-Institut für Wissenschaftsgeschichte, Preprint 398).

58 Walter Benjamin, *Das Kunstwerk im Zeitalter seiner technischen Reproduzierbarkeit*, Frankfurt a. M. 1963, S. 18.

59 Tony Bennett, *The Birth of the Museum. History, Theory, Politics*, London 1995, S. 181.

60 Vgl. dazu Hans Belting, *Das unsichtbare Meisterwerk. Die modernen Mythen der Kunst*, München 1998.

61 Vgl. zur Rolle der Kuratorin Beatrice von Bismarck, *Auftritt als Künstler: Funktionen eines Mythos*, Köln 2010.

62 Vgl. Dorothea von Hantelmann, *How to Do Things with Art*, Zürich/Berlin 2007 sowie Sandra Umathum, *Kunst als Aufführungserfahrung*, Bielefeld 2011.

63 Vgl. zum Folgenden Horst Bredekamp, *Darwins Korallen. Die frühen Evolutionsdiagramme und die Tradition der Naturgeschichte*, Berlin 2005.

64 Bredekamp 2010, S. 292.

65 Dieter Mersch, »Das Bild als Argument. Visualisierungsstrategien in der Naturwissenschaft«, in: Christoph Wulf/Jörg Zirfas (Hg.), *Die Kultur des Rituals. Inszenierungen, Praktiken, Symbole*, München 2004, S. 323–344.

66 Vgl. dazu Hans-Jörg Rheinberger, *Experimentalsystem und epistemische Dinge. Eine Geschichte der Proteinsynthese im Reagenzglas*, Frankfurt a. M. 2006 sowie ders., »Über die Kunst, das Unbekannte zu erforschen«, in: Peter Friese/Guido Boulboullée/Susanne Witzgall (Hg.), *Say It Isn't So*, Katalog zur Ausstellung Museum Weserburg Bremen, Heidelberg 2007, S. 82–93.

67 Vgl. zur Schwierigkeit einer Klassifizierung u. a. Hartmut Böhme, *Fetischismus und Kultur. Eine andere Theorie der Moderne*, Reinbek bei Hamburg 2006 sowie Karl-

Heinz Kohl, *Die Macht der Dinge. Geschichte und Theorie sakraler Objekte*, München 2003. Dieses Kapitel verdankt beiden Büchern wichtige Einsichten und Beispiele u. a. auch die Überschrift »Die Macht der Dinge«.

68 Vgl. dazu Kohl 2003, S. 18–30, S. 151–203.

69 Zu den Dingen können auch Bücher und Bilder gerechnet werden, insofern nicht der enthaltene Text bzw. der Bildcharakter von Interesse ist, sondern sie als Prestigedinge, Waren oder wertloser Müll begriffen und behandelt werden. Wenn sie als Dinge in diesem Sinn Verwendung finden, gelten die Ausführungen dieses Kapitels auch für sie.

70 Vgl. hierzu Friedrich Pfister, »Reliquien«, in: *Religion in Geschichte und Gegenwart*, Bd. IV, 2, 1930. Sp. 1961–1963.

71 Vgl. dazu Friedrich Pfister, »Heiligenschädel«, in: Hanns Bächtold-Stäubli (Hg.), *Handwörterbuch des deutschen Aberglaubens*, Bd. 3, Berlin/New York 1987, Sp. 1678–1680.

72 S. Kohl 2003, S. 266, Anm. 44.

73 S. dazu Kohl 2003, S. 53 f. sowie Arnold Angenendt, *Heilige und Religion. Die Geschichte ihres Kults vom frühen Christentum bis zur Gegenwart*, München 1997, hier vor allem S. 159.

74 Vgl. Kohl 2003, S. 55 sowie Gerard Rooijakkers, »Cult Circuits in the Southern Netherlands. Mediators Between Heaven and Earth«, in: Mireille Holsbeke, *The Object as Mediator. On the Transcendental Meaning of Art in Traditional Cultures*, Ethnografisch Museum Antwerpen, 1996, S. 21–47.

75 Der Begriff »Fetisch« ist vom portugiesischen Wort feitiço = Zaubermittel, magisches Objekt abgeleitet. Vgl. dazu William Prètz, »The Problem of the Fetisch, II: The Origin of the Fetisch«, in: *Res. Anthropology and Aesthetics* 13 (1987), S. 23–45.

76 Zit. nach Urs Bitterli (Hg.), *Die Entdeckung und Eroberung der Welt. Dokumente und Berichte*, Bd. I: *Amerika und Afrika*, München 1980, S. 209.

77 Kohl 2003, S. 28.

78 Böhme 2006, S. 73.

79 Erhart Kästner, *Der Aufstand der Dinge. Byzantinische Aufzeichnungen*, Frankfurt a. M. 1973, S. 157 f. u. S. 160.

80 S. Bruno Latour, *Die Hoffnung der Pandora. Untersuchungen zur Wirklichkeit der Wissenschaften*, Frankfurt a. M. 2000, S. 226–232.

81 Böhme 2006, S. 76 ff.

82 Böhme 2006, S. 73.

83 Böhme 2006, S. 98.

84 Ebenda, S. 101.

85 Umberto Eco, *Einführung in die Semiotik*, München 1972, S. 309.

86 Vgl. zu dieser Auffassung André Leroi-Gourhan, *Hand und Wort. Die Evolution von Technik, Sprache und Kunst*, übers. von Michael Bischoff, Frankfurt a M. 1964/1965/1980.

87 S. Pierre Bourdieu, *Die feinen Unterschiede. Kritik der gesellschaftlichen Urteilskraft* (1979), Frankfurt a. M. 1987.

88 Zum Problem des Warenfetischismus, das damit verbunden ist, vgl. Böhme 2006, vor allem Kapitel 3 »Der Warenfetischismus«, S. 283–372 sowie Debord 1967/dt. 1974.

89 Böhme 2006, S. 99.

90 Vgl. Einleitung, S. 27 f.

91 Dinge vermögen auch sexuell zu erregen und zu sexuellen Handlungen einzuladen. Zu Dingen als sexuellen Fetischen vgl. u. a. Böhme 2006, Kapitel 4, »Fetischismus, Sexualtität und Psychoanalyse«, S. 373–484.

92 S. Marcel Mauss, »Die Gabe. Form und Funktion des Austauschs in archaischen Gesellschaften«, in: ders., *Soziologie und Anthropologie*, 2 Bde., Frankfurt a. M. 1978, Bd. 2, S. 9–144.

93 Böhme 2006, S. 295.

94 Vgl. zu dieser Ausstellung Karl-Ernst Hermann/Erich Wonder, *Inszenierte Räume*, Katalog zur Ausstellung im Kunstverein Hamburg, 24. März–13. Mai 1979, Hamburg 1979.

95 Vgl. zur Ausstellung den Katalog Carsten Höller, *SOMA. Dokumente/Documents*, hg. v./edited by Udo Kittelmann/Dorothea Brill, Berlin 2010.

96 Zur Musealisierung der Dinge s. vor allem Böhme 2006, S. 352–372.

97 Vgl. zu dieser Systematik Fritz Ostermayer/Hermes Phettberg, *Hermes Phettberg räumt seine Wohnung zusammen*, Wien 1995. Zu verschiedenen Versuchen, dem Müll in der Ordnung der Dinge einen systematischen Platz zuzuweisen, vgl. Aleida Assmann, »Texte, Spuren, Abfall. Die wechselnden Medien des kulturellen Gedächtnisses«, in: Hartmut Böhme/Klaus Scherpe 1999, S. 96–112, Mary Douglas, *Reinheit und Gefährdung. Eine Studie zu Vorstellungen von Verunreinigung und Tabu*, Frankfurt a. M. 1988, Susanne Hauser, *Metamorphosen des Abfalls. Konzepte für alte Industrieareale*, Frankfurt a. M./New York 2001, Michael Thompson, *Die Theorie des Abfalls. Über die Schaffung und Vernichtung von Werken*, Stuttgart 1981.

98 Böhme 2006, S. 131 f.

Schluss

1 Zur Theatralität von Wissenschaft vgl. die von Helmar Schramm et al. herausgegebene Reihe *Theatrum Scientiarum*, Berlin/New York 2003–2011, Bd. I–VI; zum 17. Jahrhundert vor allem Bd. I: *Kunstkammer, Laboratorium, Bühne. Schauplätze des Wissens im 17. Jahrhundert* (2003).

2 S. dazu Ian Hacking, *Representing and Intervening. Introducting Topics in the Philosophy of Natural Science*, Cambridge 1983.

3 Hans-Jörg Rheinberger, »Zur Performativität wissenschaftlicher Forschung«, in: Fischer-Lichte/Hasselmann 2012. Bezüglich der experimentellen Wissenschaft folge ich im Wesentlichen seiner Argumentation.

4 Rheinberger 2012.

5 Ebenda.

6 Rheinberger 2012.

7 François Jacob, *Die innere Statue*, übers. von Markus Jakob, Zürich 1988, S. 12.

8 Paul Rabinow, *Anthropologie der Vernunft. Studien zur Wissenschaft und Lebensführung*, übers. von Carlo Caduff, Frankfurt a. M. 2004, S. 63 und 115.

9 Robert Scott Root-Bernstein, *Discovering: Inventing and Solving Problems at the Frontiers of Scientific Knowledge*, Cambridge MA 1989, S. 365.

10 Rheinberger 2011.

11 Zur Frage, unter welchen historischen Bedingungen welche Handlungsvollzüge welche Formen des Wissens konstituieren, vgl. Viktoria Tkaczyk, »Performativität und Wissen(schaft)sgeschichte«, in: Hempfer/Volbers 2011, S. 115–140.

12 Vgl. Klaus Hempfer/Anita Traninger (Hg.), *Dynamiken des Wissens*, Freiburg i. B. 2007 sowie Anita Traninger, »Emergence as Model for the Study of Culture«, in: Ansgar Nünning/Birgit Neumann (Hg.), *Travelling Concepts for the Study of Culture*, Berlin/New York 2012.

Literaturverzeichnis

Marina Abramović, *Artist Body. Performances 1969–1997*, Milano 1998.

Thomas Alkemeyer, *Körper, Kult und Politik. Von der »Muskelreligion« Pierre de Coubertins zur Inszenierung von Macht in den Olympischen Spielen von 1936*, Frankfurt a. M. 1996.

Jeanne Ancelet-Hustache, »Les ›Vitae Sororum‹ d'Unterlinden. Edition critique du manuscript 508 de la bibliothèque de Colmar«, in: *Archives d'histoire doctrinale et littéraire du Moyen Age*, 1930, S. 317–509.

Benedict Anderson, *Die Erfindung der Nation. Zur Karriere eines folgenreichen Konzepts*, Frankfurt a. M. 1988.

Michael Andritzky/Thomas Rautenberg (Hg.), *»Wir sind nackt und nennen uns Du«. Von Lichtfreunden und Sonnenkämpfern. Eine Geschichte der Freikörperkultur*, Giessen 1989.

Arnold Angenendt, *Heilige und Religion. Die Geschichte ihres Kults vom frühen Christentum bis zur Gegenwart*, München 1997.

Arbeitsstelle 18. Jahrhundert der Universität Münster (Hg.), *Das weinende Saeculum*, Colloquium der Arbeitsstelle 18. Jahrhundert, Gesamthochschule Wuppertal, Universität Münster, Schloss Dyck, 7. bis 9. Oktober 1981, Heidelberg 1983.

Aleida Assmann, »Texte, Spuren, Abfall. Die wechselnden Medien des kulturellen Gedächtnisses«, in: Hartmut Böhme/Klaus R. Scherpe (Hg.), *Literatur und Kulturwissenschaften*, Reinbek bei Hamburg 1996, S. 96–112.

Aleida Assmann, »Aufmerksamkeit im Medienwandel«, in: Christina Lechtermann/Kerstin Wagner/Horst Wenzel (Hg.), *Möglichkeitsräume. Zur Performativität von sensorischer Wahrnehmung*, Berlin 2007, S. 209–228.

Aleida und Jan Assmann (Hg.), *Aufmerksamkeiten. Archäologie der literarischen Kommunikation*, München 2002.

Kathrin Audehm/Hans Rudolf Velten (Hg.): *Transgression – Differenzierung – Hybridisierung. Zur Performativität von Grenzen in Sprache, Kultur und Gesellschaft*, Freiburg 2007.

John L. Austin, *How To Do Things With Words. Zur Theorie der Sprechakte*, Stuttgart 1979.

John L. Austin, »Performative Äußerungen«, in: ders., *Gesammelte philosophische Aufsätze*, Stuttgart 1986, S. 305–327.

Doris Bachmann-Medick, *Cultural Turns. Neuorientierungen in den Kulturwissenschaften*, Reinbek bei Hamburg 2006.

Hermann Bahr, *Glossen zum Wiener Theater*, Berlin 1907.

Gerold Baier, *Rhythmus. Tanz in Körper und Gehirn*, Reinbek bei Hamburg 2001.

Jonas Barisch, *The Antitheatrical Prejudice*, Berkeley 1981.

Hans Belting, *Bild und Kult. Eine Geschichte des Bildes vor dem Zeitalter der Kunst*, München 1990.

Hans Belting, *Das unsichtbare Meisterwerk. Die modernen Mythen der Kunst*, München 1998.

Hans Belting, *Das echte Bild. Bildfragen als Glaubensfragen*, München 2005.

Hans Belting, »Zur Ikonologie des Blicks«, in: Christoph Wulf/Jörg Zirfas (Hg.), *Ikonologie des Performativen*, München 2005, S. 50–58.

Hans Belting, »Der Blick im Bild«, in: Bernd Hüppauf/Christoph Wulf (Hg.), *Bild und Einbildungskraft*, München 2006, S. 121–143.

Wolfgang F. Bender (Hg.), *Schauspielkunst im 18. Jahrhundert*, Stuttgart 1992.

Walter Benjamin, *Das Kunstwerk im Zeitalter seiner technischen Reproduzierbarkeit*, Frankfurt a. M. 1963.

Tony Bennett, *The Birth of the Museum. History, Theory, Politics*, London 1995.

Beatrice von Bismarck, *Auftritt als Künstler: Funktionen eines Mythos*, Köln 2010.

Urs Bitterli (Hg.), *Die Entdeckung und Eroberung der Welt. Dokumente und Berichte*, Bd. I: *Amerika und Afrika*, München 1980.

Arno Böhler (Hg.), *Korporale Performanz: Zur bedeutungsgenerierenden Dimension des Leibes*, Bielefeld, 2013.

Gottfried Böhm, »Repräsentation – Präsentation – Präsenz. Auf den Spuren des Homo pictor«, in: ders. (Hg.), *Homo Pictor*, München/Leipzig 2001, S. 3–13.

Gernot Böhme, *Atmosphäre. Essays zur neuen Ästhetik*, Frankfurt a. M. 1995.

Gernot Böhme, *Ästhetik. Vorlesungen über Ästhetik als allgemeine Wahrnehmungslehre*, München 2001.

Hartmut Böhme, *Fetischismus und Kultur. Eine andere Theorie der Moderne*, Reinbek bei Hamburg 2006.

Hartmut Böhme/Klaus R. Scherpe (Hg.), *Literatur und Kulturwissenschaften*, Reinbek bei Hamburg 1996.

Pierre Bourdieu, *Zur Soziologie der symbolischen Formen* (1970), Frankfurt a. M. 1974.

Pierre Bourdieu, *Die feinen Unterschiede. Kritik der gesellschaftlichen Urteilskraft* (1979), Frankfurt a. M. 1987.

Gabriele Brandstetter, *Tanz-Lektüren. Körperbilder und Raumfiguren der Avantgarde*, Frankfurt a. M. 1994.

Gabriele Brandstetter/Bettina Brandl-Risi/Kai van Eikels, »Übertragungen. Eine Einleitung«, in: dies. (Hg.), *SCHWARM.(E)MOTION. Bewegung zwischen Affekt und Masse*, Freiburg 2007, S. 7–61.

Gabriele Brandstetter/Kai von Eikels/Sybille Peters (Hg.), *Prognosen über Bewegung*, Berlin 2009.

Horst Bredekamp, *Repräsentation und Bildmagie der Renaissance als Formproblem*, München 1995.

Horst Bredekamp, *Darwins Korallen. Die frühen Evolutionsdiagramme und die Tradition der Naturgeschichte*, Berlin 2005.

Horst Bredekamp, *Theorie des Bildaktes*, Frankfurt a. M. 2010.

Fritz Breithaupt, *Kulturen der Empathie*, Frankfurt a. M. 2009.

Norman Bryson, *Das Sehen und die Malerei. Die Logik des Blicks*, München 2001.

Elisabeth Burns, *Theatricality. A Study of Convention in the Theatre and in Social Life*, London 1972.

Judith Butler, »Performative Acts and Gender Constitution – An Essay in Phenomenology and Feminist Theory«, in: Sue Ellen Case (Hg.), *Performing Feminism*, Baltimore/London 1990, S. 270–282.

Judith Butler, *Gender Trouble: Feminism and the Subversion of Identity*, New York 1990.

Judith Butler, *Bodies That Matter: On the Discursive Limits of »Sex«*, New York 1993.

Judith Butler, *Excitable Speech. A Politics of the Performance*, New York 1997.

Judith Butler, *Dispossessions: the Performative in the Political: Conversations with Athena Athanasiou*, Cambridge, UK, 2013.

Judith Butler, *Anmerkungen zu einer performativen Theorie der Versammlung*, Berlin, 2018.

Marvin Carlson, *Performance – A Critical Introduction*, London/New York 1996, 2. erweiterte Auflage 2004.

Cynthia Carr, »Before and After Science« (1984), in: dies., *On Edge. Performances at the End of the Twentieth Century*, Hanover et al. 1993, S. 10–15.

Martin Carrier/Jürgen Mittelstraß, *Geist, Gehirn, Verhalten*, Basel/New York 1989.

Noam Chomsky, *Aspects of the Theory of Syntax*, Cambridge 1965.

Dwight D. Conquergood, »Rethinking Ethnography: Towards a Critical Cultural Politics«, in: *Communication Monographs*, Bd. 58, 1991, S. 179–194.

David Cooper, *The Death of the Family*, New York 1970.

Francis MacDonald Cornford, *The Origins of Attic Comedy*, 1914.

Glen Creeber, *Serial Television. Big Drama on the Small Screen*, London 2004.

Thomas J. Csórdas, »Somatic Modes of Attention«, in: *Cultural Anthropology*, 8, 1993, S. 135–156.

Thomas J. Csórdas, *Embodiment and Experience. The Existential Ground of Culture and Self*, Cambringe University 1994.

Jonathan Culler, »Philosophy and Literature: The Fortunes of the Performative«, in: *Poetics Today*, Vol. 21, No. 3, Fall 2000, S. 503–519.

Robin Curtis, »Immersion und Einfühlung. Zwischen Repräsentationalität und Materialität bewegter Bilder«, in: *montage AV* 17/2/2008, S. 89–108.

Robin Curtis/Gertrud Koch (Hg.), *Einfühlung. Zur Geschichte und Gegenwart eines ästhetischen Konzepts*, München 2009.

Robin Curtis/Marc Glöde/Gertrud Koch (Hg.), *Synästhesie-Effekte: Zur Intermodalität der ästhetischen Wahrnehmung*, München 2010.

Adam Czirak, *Partizipation der Blicke. Szenarien des Sehens und Gesehenwerdens*, Bielefeld 2011.

Rudolf Daunicht (Hg.), *Lessing im Gespräch. Berichte und Urteile von Freunden und Zeitgenossen*, München 1971.

Guy Debord, *La société du spectacle*, Paris/Chastel 1967, dt. *Die Gesellschaft des Spektakels*, Düsseldorf 1974.

Jacques Derrida, »Signatur Ereignis Kontext« (1971), in: *Limited Inc.*, Wien 2001, S. 15–45.

Georges Didi-Huberman, *Was wir sehen, blickt uns an. Zur Metapsychologie des Bildes*, München 1999.

Jacob Döpler, *Theatrum poenarum*, Leipzig 1697.

Mary Douglas, *Reinheit und Gefährdung. Eine Studie zu Vorstellungen von Verunreinigung und Tabu*, Frankfurt a. M. 1988.

Philippe Dubois, *L'Acte Photographique et Autres Essais*, Paris 1990.

Isodora Duncan, *Der Tanz der Zukunft*, Leipzig 1903.

Emile Durkheim, *Über soziale Arbeitsteilung. Studien über die Organisation höherer Gesellschaften* (1893, 2. Auflage 1903), Frankfurt a. M. 1988.

Emile Durkheim, *Die elementaren Formen des religiösen Lebens* (1912), Frankfurt a. M. 1994.

Umberto Eco, *Einführung in die Semiotik*, München 1972.

Samuel Y. Edgerton, *Pictures and Punishment. Art and Criminal Prosecution During the Florentine Renaissance*, London 1985.

Gary R. Edgerton/Jeffrey P. Jones (Hg.), *The Essential HBO Reader*, Lexington 2008.

Kai van Eikels, »Diesseits der Versammlung. Kollektives Handeln in Bewegung: Ligna *Radioballett*«, in: Gabriele Brandstetter/Bettina Brandl-Risi/Kai van Eikels (Hg.), *SCHWARM.(E)MOTION. Bewegung zwischen Affekt und Masse*, Freiburg 2007, S. 101–123.

R. Bruce Elder, *A Body of Vision. Representations of the Body in Recent Film and Poetry*, Ontario 1997.

James Elkins, *On Pictures and the Words That Fail Them*, Cambridge 1998.

James Elkins, *Pictures & Tears. A History of People who Have Cried in Front of Paintings*, New York/London 2001.

Johann Jakob Engel, *Schriften*, 7. Bd. *Mimik*, 1. Teil, Berlin 1804.

Elena Esposito, »Ist ein Gedächtnis der Emergenz möglich?«, in: Thomas Wägenbaur (Hg.), *Blinde Emergenz? Interdisziplinäre Beiträge zur Frage kultureller Evolution*, Heidelberg 2000, S. 75–86.

Thomas Etzemüller (Hg.), *Der Auftritt: Performanz in der Wissenschaft*, Bielefeld, 2019.

Nikolai Evreinov, »Teatralizacija žizni« (Theatralisierung des Lebens), in der Petersburger Wochenzeitung *Protiv tečenija* (Gegen den Strom), 1911, Nr. 2.

Nikolai Evreinov, *Teatr dlja sebja (Theater für sich selbst)*, 3 Bde., St. Petersburg 1915–1917, wieder abgedruckt in: *Demon teatral'nosti*, Moskau 2002, S. 115–408.

Nikolai Evreinov, *Teatr u životnych*, Leningrad 1924 (*Theater bei den Tieren*).

Gustav Theodor Fechner, *Über die physikalische und philosophische Atomenlehre*, Leipzig 1855, 2. vermehrte Auflage 1864.

Shoshana Felman, *The Literary Speech Act. Don Juan with J. L. Austin or Seduction in Two Languages*, Ithaca/New York 1983.

Josette Féral, »Performance and Theatricality: The Subject Demystified«, in: *Modern Drama*, Bd. 25, 1982, S. 171–181.

Joachim Fiebach, »Brechts ›Straßenszene‹. Versuch über die Reichweite eines Theatermodells«, in: *Weimarer Beiträge* 1978, Nr. 2, S. 123–142.

Joachim Fiebach, *Inszenierte Wirklichkeit. Kapitel einer Kulturgeschichte des Theatralen*, Berlin 2007.

Erika Fischer-Lichte, *Semiotik des Theaters*, Bd. 2, *Vom »künstlichen« zum »natürlichen« Zeichen. Theater des Barock und der Aufklärung*, Tübingen 1983, 5. Auflage 2007.

Erika Fischer-Lichte (Hg.), *Theatralität und die Krisen der Repräsentation*, Stuttgart 2001.

Erika Fischer-Lichte, »Selbstverstümmelungs-Performances«, in: Gertrud Koch/Sylvia Sasse/Ludger Schwarte (Hg.), *Kunst als Strafe. Zur Ästhetik der Disziplinierung*, München 2003, S. 189–205.

Erika Fischer-Lichte, *Ästhetik des Performativen*, Frankfurt a. M. 2004.

Erika Fischer-Lichte, *Theatre, Sacrifice, Ritual. Exploring Forms of Political Theatre*, London/New York 2005.

Erika Fischer-Lichte/Doris Kolesch (Hg.): *Kulturen des Performativen*, Berlin 1998.

Erika Fischer-Lichte/Christoph Wulf (Hg.), *Theorien des Performativen*, Berlin 2001.

Erika Fischer-Lichte/Christian Horn/Sandra Umathum/Matthias Warstat (Hg.), *Wahrnehmung und Medialität* (= *Theatralität* 3), Tübingen/Basel 2001.

Erika Fischer-Lichte/Christoph Wulf (Hg.), *Praktiken des Performativen*, Berlin 2004.

Erika Fischer-Lichte/Kristiane Hasselmann (Hg.), *Performing the Future. Die Zukunft der Performativitätsforschung*, München 2012.

Georg Frank, *Ökonomie der Aufmerksamkeit*, München 1998.

David Freedberg, *The Power of Images. Studies in History and Theory of Response*, Chicago/London 1989.

Michael Fried, »Art and Objecthood«, in: Gregory Battcock (Hg.), *Minimal Art. A Critical Anthology*, New York 1968, S. 116–147.

Wolfgang Frühwald et al., *Geisteswissenschaften heute. Eine Denkschrift*, Frankfurt a. M. 1991.

Georg Fuchs, *Der Tanz*, Stuttgart 1906.

Dario Gamboni, *The Destruction of Art: Iconoclasm and Vandalism since the French Revolution*, London 1997.

Clifford Geertz, »Dichte Beschreibung. Bemerkungen zu einer deutenden Theorie von Kultur«, in: ders., *Dichte Beschreibung*. Beiträge zum Verstehen kultureller Systeme, Frankfurt a. M. 1983, S. 7–43.

Clifford Geertz, »Blurred Genres. The Refiguration of Social Thought«, in: ders., *Local Knowledge. Further Essays in Interpretive Anthropology*, New York 1983, S. 19–35.

Arnold van Gennep, *Les rites de passage*, Paris 1909, dt.: *Übergangsriten*, Frankfurt a. M./New York 1986.

Reinhold Görling, »Eine Maschine, die nächstens von selber geht: Über Nachträglichkeit und Emergenz«, in: *Psyche. Zeitschrift für Psychoanalyse und ihre Anwendungen*, H. 6, 55. Jg. 2001, S. 560–576.

Erving Goffman, *The Presentation of Self in Everyday Life*, New York 1959, dt. v. Peter Weber-Schäfer, *Wir alle spielen Theater. Die Selbstdarstellung im Alltag*, München 1969.

Allison Griffith, *Shivers Down Your Spine: Cinema, Museums, and the Immersive View*, New York 2008.

Torben Grodal, *Embodied Visions. Evolution, Emotion, Culture and Film*, New York 2009.

Barbara Gronau/Alice Lagaay (Hg.), *Performanzen des Nichttuns*, Wien 2008.

Barbara Gronau/Alice Lagaay (Hg.), *Ökonomien der Zurückhaltung*, Bielefeld 2010.

Robert Van Gulick, »Reduction, Emergence and Other Recent Options on the Mind/Body Problem«, in: Anthony Freeman (Hg.), *The Emergence of Consciousness, Journal of Consciousness Studies*, Bd. 8, Nr. 9–10, Exeter 2001, S. 1–34.

Hans Ulrich Gumbrecht, »Die Emergenz der Emergenz. Was sich nicht von einer Theorie erfassen oder vorhersagen lässt: Klassische Grundannahmen über die Produktion von Wissen sind in Bewegung geraten«, in: *Frankfurter Allgemeine Zeitung*, 19. April 2003, Nr. 92, S. 38.

Hans Ulrich Gumbrecht, »Swarming/Thoughts«, in: Gabriele Brandstetter/ Bettina Brandl-Risi/Kai van Eikels, »Übertragungen. Eine Einleitung«, in:

dies. (Hg.), *SCHWARM.(E)MOTION. Bewegung zwischen Affekt und Masse*, Freiburg 2007, S. 93–99.

Jürgen Habermas, »Vorbereitende Bemerkungen zu einer Theorie der kommunikativen Kompetenz«, in: ders./Niklas Luhmann, *Theorie der Gesellschaft oder Sozialtechnologie*, Frankfurt a. M. 1971, S. 101–141.

Ian Hacking, *Representing and Intervening. Introducting Topics in the Philosophy of Natural Science*, Cambridge 1983.

Bernd Häsner/Henning Hufnagel/Irmgard Maassen/Anita Traninger, »Text und Performativität«, in: Klaus Hempfer/Jörg Volbers (Hg.), *Theorien des Performativen. Sprache – Wissen – Praxis. Eine kritische Bestandsaufnahme*, Bielefeld 2011, S. 69–96.

Michael Hammond/Lucy Mazdon (Hg.), *The Contemporary Television Series*, Edinburgh 2007.

Dorothea von Hantelmann, *How to Do Things with Art*, Zürich/Berlin 2007.

Ellen Harrison, *Prolegomena to the Study of Greek Religion*, Cambridge 1903.

Ellen Harrison, *Themis. A Study of the Social Origin of Greek Religion*, Cambridge 1912 (überarb. Auflage 1927).

Susanne Hauser, *Metamorphosen des Abfalls. Konzepte für alte Industrieareale*, Frankfurt a. M./New York 2001.

Evamaria Heisler/Elke Koch/Thomas Scheffer (Hg.), *Drohung und Verheißung. Mikroprozesse in Verhältnissen von Macht und Subjekt*, Freiburg 2007.

Hanno Helbling, *Rhythmus. Ein Versuch*, Frankfurt a. M. 1999.

Klaus Hempfer, »Performance, Performanz, Performativität – einige Unterscheidungen zur Ausdifferenzierung eines Theoriefeldes«, in: ders. (Hg.), *Theorien des Performativen. Sprache – Wissen – Praxis. Eine kritische Bestandsaufnahme*, Bielefeld 2011, S. 13–41.

Klaus Hempfer/Bernd Häsner/Gernot Michael Müller/Marco Föcking, »Performativität und Episteme. Die Dialogisierung des theoretischen Diskurses in der Renaissance-Literatur«, in: Erika Fischer-Lichte/Christoph Wulf (Hg.), *Theorien des Performativen* (= *Paragrana* 10, 1), 2001, S. 65–90.

Klaus Hempfer/Anita Traninger (Hg.), *Dynamiken des Wissens*, Freiburg i. B. 2007.

Klaus Hempfer/Jörg Volbers (Hg.), *Theorien des Performativen. Sprache – Wissen – Praxis. Eine kritische Bestandsaufnahme*, Bielefeld 2011.

Karl-Ernst Hermann/Erich Wonder, *Inszenierte Räume*, Katalog zur Ausstellung im Kunstverein Hamburg, 24. März-13. Mai, Hamburg 1979.

Max Herrmann, *Forschungen zur deutschen Theatergeschichte des Mittelalters und der Renaissance*, Berlin 1914.

Max Herrmann, »Über die Aufgaben eines theaterwissenschaftlichen Instituts«, Vortrag vom 27. Juni 1920, in: Helmar Klier (Hg.), *Theaterwissenschaft im deutschsprachigen Raum*, Darmstadt 1981, S. 15–24.

Max Herrmann, »Das theatralische Raumerlebnis«, in: *Bericht vom 4. Kongreß für Ästhetik und Allgemeine Kunstwissenschaft*, Berlin 1931, S. 153–163.

Carsten Höller, *SOMA. Dokumente/Documents*, hg. v./edited by Udo Kittelmann/Dorothea Brill, Berlin 2010.

Norman Holland, *The Dynamics of Literary Response*, New York 1968.

August Wilhelm Iffland, *Meine theatralische Laufbahn*, mit Anm. und einer Zeittafel von Oskar Fembach, Stuttgart 1976.

Wolfgang Iser, *Der Akt des Lesens*, München 1976.

Wolfgang Iser, »Mimesis und Emergenz«, in: Andreas Kablitz/Gerhard Neumann (Hg.), *Mimesis und Simulation*, Freiburg 1998, S. 669–684.

François Jacob, *Die innere Statue*, übers. von Markus Jakob, Zürich 1988.

Mark Jancovich/James Lyons (Hg.), *Quality Popular Television: Cult TV, the Industry, and Fans*, London 2003.

Emile Jaques-Dalcroze, *Rhythmus, Musik und Erziehung*, Basel 1922.

Eleonore Kalisch, »›Teatral'nost‹ als kulturanthropologische Kategorie. Nikolai Evreinovs Modell des theatralen Instinkts vor dem Hintergrund seiner ›Geschichte der Körperstrafen in Russland‹«, in: Joachim Fiebach/Antje Budde (Hg.), *Herrschaft des Symbolischen. Bewegungsformen gesellschaftlicher Theatralität. Europa. Asien. Afrika*, Berlin 2002, S. 141–163.

Siegfried Kaltenecker, *Spiegelformen. Männlichkeit und Differenz im Kino*, Basel 1996.

Bruce Kapferer, »Ritual Process and the Transformation of Context«, in: *Social Analysis* 1979, 1, S. 3–19.

Hermann Kappelhoff, *Matrix der Gefühle. Das Kino, das Melodram und das Theater der Empfindsamkeit*, Berlin 2004.

Erhart Kästner, *Der Aufstand der Dinge. Byzantinische Aufzeichnungen*, Frankfurt a. M. 1973.

Kevin Kelly, *Das Ende der Kontrolle. Die biologische Wende in Wirtschaft, Technik und Gesellschaft*, Mannheim 1997.

Karl-Heinz Kohl, *Die Macht der Dinge. Geschichte und Theorie sakraler Objekte*, München 2003.

Ekkehard König, »Bausteine einer allgemeinen Theorie des Performativen aus linguistischer Perspektive«, in: Klaus Hempfer/Jörg Volbers (Hg.), *Theorien des Performativen*, Bielefeld 2011, S. 43–67.

Klaus-Peter Köpping, »Fest«, in: Christoph Wulf (Hg.), *Vom Menschen. Handbuch Historische Anthropologie*, Weinheim/Basel 1997, S. 1048–1065.

Hans Körner, *Botticelli*, Köln 2006.

Sibylle Krämer, *Sprache, Sprechakt, Kommunikation. Sprachtheoretische Positionen im 20. Jahrhundert*, Frankfurt a. M. 2001, 3. Auflage 2006.

Sybille Krämer, »Gibt es eine Performanz des Bildlichen? Reflexion über ›Blickakte‹«, in: Ludger Schwarte (Hg.), *Bild Performanz. Die Kraft des Visuellen*, München 2011, S. 63–87.

Sibylle Krämer/Marco Stahlhut, »Das ›Performative‹ als Thema der Sprach- und Kulturphilosophie«, in: Erika Fischer-Lichte/Christoph Wulf (Hg.), *Theorien des Performativen* (= *Paragrana* Bd. 10, H. 1), Berlin 2001, S. 35–64.

Sibylle Krämer/Eva Cancik-Kirschbaum/Rainer Trotzke (Hg.), *Schriftbildlichkeit, Wahrnehmbarkeit, Materialität und Operativität von Notationen*, Berlin 2011.

Friedemann Kreuder, *Formen des Erinnerns im Theater Klaus Michael Grübers*, Berlin 2002.

Klaus Krüger, »Das Sprechen und Schweigen der Bilder«, in: Valeska von Rosen/Klaus Krüger/Rudolf Preimesberger (Hg.), *Der stumme Diskurs der Bilder. Reflexionsformen des Ästhetischen in der Kunst der frühen Neuzeit*, München 2003, S. 17–52.

Nikolaus von Kues, »Die Gottes-Schau (De visione Dei)«, in: ders., *Philosophisch-theologische Schriften*, Bd. 3, Wien 1967, S. 93–219.

Jacques Lacan, *Seminarbuch XI. Die vier Grundbegriffe der Psychoanalyse* (1969), Freiburg 1980.

Alice Lagaay/Michael Lorber (Hg.), *Destructive Dynamics and Performativity*, Critical Studies Series, Amsterdam/New York 2012.

Alice Lagaay/Anna Seitz (Hg.), *Wissen formen: Performative Akte zwischen Bildung, Wissenschaft und Kunst. Erkundungen mit dem Theater der Versammlung*, Bielefeld, 2018.

Niklaus Largier, *Lob der Peitsche. Eine Kulturgeschichte der Erregung*, München 2001.

Bruno Latour, *Die Hoffnung der Pandora. Untersuchungen zur Wirklichkeit der Wissenschaften*, Frankfurt a. M. 2000.

Christina Lechtermann/Kerstin Wagner/Horst Wenzel (Hg.), *Möglichkeitsräume. Zur Performativität von sensorischer Wahrnehmung*, Berlin 2007.

Matthias Lentze, *Konflikt, Ehre, Ordnung. Untersuchungen zu den Schmähbriefen und Schandbildern des späten Mittelalters und der frühen Neuzeit (ca. 1350 bis 1600)*, Hanau 2004.

André Leroi-Gourhan, *Hand und Wort. Die Evolution von Technik, Sprache und Kunst*, übers. von Michael Bischoff, Frankfurt a. M. 1964/1965/1980.

Simon O. Lesser, *Fiction and the Unconscious*, New York 1962.

Gotthold Ephraim Lessing, Brief an Nicolai vom November 1756, in G. E. Lessing, *Werke*, hg. von Herbert G. Göpfert, Bde. 1–8, München 1970–1979, Bd. 4, S. 159–165.

Marc Leverette/Brian L. Ott/Cara Louise Buckley (Hg.), *It's Not TV: Watching HBO in the Post-Television Era*, London/New York 2008.

Harold Lincke, *Instinktverlust und Symbolbildung*, Berlin 1981.

Konrad Lorenz, *Die Rückseite des Spiegels*, München 1987.

Alfred Lorenzer, *Sprachzerstörung und Rekonstruktion*, Frankfurt a. M. 1973.

Jurij Lotman: »Vorschläge zum Programm der IV. Sommerschule über sekundäre modellbildende Systeme« (1970), in: *Semiotica Sovietica. Sowjetische Arbeiten der Moskauer und Tartuer Schule zu sekundären modellbildenden Systemen (1962–1973)*, hg. von Karl Eimermacher, 2 Bde., Aachen 1986, Bd. 1, S. 81–83.

Jurij Michailovič Lotman/Boris Andreevič Uspenskij/Vjatscheslav Vsevolodič Ivanov/Vladimir Nikolaevič Toporov/Aleksandr Moiseevič Pjatigorskij, »Thesen zur semiotischen Erforschung der Kultur (in Anwendung auf slawische Texte« (1973), in: *Semiotica Sovietica*, Bd. 1, S. 85–118.

Hermann Lotze, »Leben. Lebenskraft« (1842), in: Rudolf Wagner (Hg.), *Handwörterbuch der Physiologie*, Bd. I, Braunschweig, IX–LVIII. Wieder abgedruckt in: ders., *Kleine Schriften*, 1. Band, Leipzig 1885, S. 139–220.

James Loxley, *Performativity*, New York/London 2007.

Niklas Luhmann, *Die Gesellschaft der Gesellschaft*, Frankfurt a. M. 1997.

Swetlana Lukanitschewa, *Das Theatralitätskonzept von Nikolai Evreinov: die Entdeckung der Kultur als Performance*, 2012.

Irmgard Maassen, »Text und/als/in der Performanz in der frühen Neuzeit: Thesen und Überlegungen«, in: Erika Fischer-Lichte/Christoph Wulf (Hg.), *Theorien des Performativen* (= *Paragrana* 10, 1), 2001, S. 285–301.

Paul de Man, *Allegories of Reading: Figural Language in Rousseau, Nietzsche, Rilke, and Proust*, New Haven 1979.

Harold J. Marowitz, *The Emergence of Everything*, Oxford 2002.

John J. MacAloon (Hg.), *Rite, Drama, Festival, Spectacle. Rehearsals Towards a Theory of Cultural Performance*, Philadelphia 1984.

John J. MacAloon, *This Great Symbol. Pierre de Coubertin and the Origin of Modern Olympic Games*, Chicago/London 1984.

Herbert Marcuse, »Kunst und Revolution«, in: ders., *Konterrevolution und Revolte*, Frankfurt a. M. 1973, S. 95–154.

Gert Mattenklot, »Der Mensch«, in: Christoph Wulf (Hg.), *Vom Menschen. Handbuch Historische Anthropologie*, Wien/Basel 1997, S. 471–478.

Angela Matyssek, *Überleben und Restaurierung*, Barnett Newmans *Who's Afraid of Red, Yellow, and Blue III* und *Cathedra*, Berlin 2010.

Marcel Mauss, »Die Gabe. Form und Funktion des Austauschs in archaischen Gesellschaften«, in: ders., *Soziologie und Anthropologie*, 2 Bde., Frankfurt a. M. 1978, Bd. 2, S. 9–144.

Jon McKenzie, *Perform, or Else: From Discipline to Performance*, London 2001.

Millard Meiss, »*Ovum Struthionis*. Symbol and Allusion in Piero della Francesca's Montefeltro Altarprice«, in: *Studies in Art and Literature for Belle da Costa Greene*, hg. v. Dorothy Miner, Princeton 1954, S. 94–101.

Maurice Merleau-Ponty, *Phänomenologie der Wahrnehmung*, Berlin 1966.

Maurice Merleau-Ponty, *Das Sichtbare und das Unsichtbare*, München 1994.

Dieter Mersch, »Ästhetik und Responsivität. Zum Verhältnis von medialer und emotionaler Wahrnehmung«, in: Erika Fischer-Lichte/Christian Horn/Sandra Umathum/Matthias Warstat (Hg.), *Wahrnehmung und Medialität* (= *Theatralität* 3), Tübingen/Basel 2001, S. 273–299.

Dieter Mersch, *Ereignis und Aura*, Frankfurt a. M. 2002.

Dieter Mersch, »Das Bild als Argument. Visualisierungsstrategien in der Naturwissenschaft«, in: Christoph Wulf/Jörg Zirfas (Hg.), *Die Kultur des Rituals, Inszenierungen, Praktiken, Symbole*, München 2004, S. 323–344.

Christian Mikunda, *Kino spüren*, Wien 2002.

John Stuart Mill, »A System of Logic. Ratiocinative and Inductive« (1843), in: *Collected Works*, Bde. VII und VIII, Toronto/Buffalo 1974.

Johann Heinrich Friedrich Müller: *J. H. F. Müllers Abschied von der k.k. Hof- und Nationalbühne*, Wien 1802.

Rudolf Münz, *Theatralität und Theater. Zur Historiographie von Theatralitätsgefügen*, Berlin 1998.

Laura Mulvey, »Visual Pleasure and Narrative Cinema«, in: Bill Nichols (Hg.), *Movies and Methods*, Vol. II, Berkely/Los Angeles 1985, S. 305–315.

Laura Mulvey, *Death 24x a Second. Stillness and the Moving Picture*, London 2006.

Jean-Luc Nancy, *Singulär plural sein*, aus dem Französischen von Ulrich Müller-Schöll, Zürich/Bern 2004.

Natika Newton, »Emergence and the Uniqueness of Consciousness«, in: Anthony Freeman (Hg.), *The Emergence of Consciousness, Journal of Consciousness Studies*, Bd. 8, Nr. 9–10, Exeter 2001, S. 47–59.

Friedrich Nietzsche, *Die Geburt der Tragödie aus dem Geiste der Musik*, Leipzig 1872.

August Nitschke, *Körper in Bewegung. Gesten, Tänze und Räume im Wandel der Geschichte*, Zürich 1989.

Johann Heinrich Vincent Nölting, *Zwote Verteidigung des Hrn. Past. Schlosser in welcher des Herrn Seniors Goeze Untersuchung der Sittlichkeit der heutigen deutschen Schaubühne mit Anmerkungen begleitet wird*, Hamburg 1768.

Fritz Ostermayer/Hermes Phettberg, *Hermes Phettberg räumt seine Wohnung zusammen*, Wien 1995.

Friedrich Pfister, »Heiligenschädel«, in: Hanns Bächtold-Stäubli (Hg.), *Handwörterbuch des deutschen Aberglaubens*, Bd. 3, Berlin/New York 1987.

Friedrich Pfister, »Reliquien«, in: *Religion in Geschichte und Gegenwart*, Bd. IV, 2, 1930.

Physiologus. Naturkunde in frühchristlicher Deutung, Aus dem Griechischen übers. und hg. von Ursula Treu, 3. Auflage, Hanau 1988.

Helmuth Plessner, »Lachen und Weinen«, in: Günter Dux (Hg.), *Philosophische Anthropologie*, Frankfurt a. M. 1970, S. 11–171.

Helmuth Plessner, »Zur Anthropologie des Schauspielers« in: ders., *Gesammelte Schriften VII. Ausdruck und menschliche Natur.* Frankfurt a. M. 1982, S. 399–418.

Michel Poizat, *The Angel's Cry. Beyond the Pleasure Principle in Opera*, transl. by Arthur Denner, Ithaca/London 1992.

Krzysztof Pomian, *Der Ursprung des Museums: Vom Sammeln*, Berlin 1993.

Mary Louise Pratt, *Toward a Speech Act Theory of Literary Discourse*, Bloomington/Ind. 1977.

William Prètz, »The Problem of the Fetisch, II: The Origin of the Fetisch«, in: *Res. Anthropology and Aesthetics* 13 (1987), S. 23–45.

Paul Rabinow, *Anthropologie der Vernunft. Studien zur Wissenschaft und Lebensführung*, übers. von Carlo Caduff, Frankfurt a. M. 2004.

Ursula Rao/Klaus Peter Köpping, »Die performative Wende – Leben – Ritual – Theater«, in: dies. (Hg.), *Im Rausch des Rituals*, Münster/Hamburg/London 2000, S. 1–31.

Johann Christian Reil, »Von der Lebenskraft« (1796), *Archiv für Physiologie* 1, S. 8–162, neu hg. und eingel. von Karl Sudhoff, Leipzig 1910 (= Klassiker der Medizin, Bd. 2).

Hans-Jörg Rheinberger, *Experimentalsystem und epistemische Dinge. Eine Geschichte der Proteinsynthese im Reagenzglas*, Frankfurt a. M. 2006.

Hans-Jörg Rheinberger, »Über die Kunst, das Unbekannte zu erforschen«, in: Peter Friese/Guido Boulboullée/Susanne Witzgall (Hg.), *Say It Isn't So*, Katalog zur Ausstellung Museum Weserburg Bremen, Heidelberg 2007, S. 82–93.

Hans-Jörg Rheinberger, »Zur Performativität wissenschaftlicher Forschung«, in: Erika Fischer-Lichte/Kristiane Hasselmann (Hg.), *Performing the Future. Die Zukunft der Performativitätsforschung*, München 2012.

Ursula Roth, *Die Theatralität des Gottesdienstes*, Gütersloh 2006.

Gerard Rooijakkers, »Cult Circuits in the Southern Netherlands. Mediators between Heaven and Earth«, in: Mireille Holsbeke, *The Object as Mediator. On the Transcendental Meaning of Art in Traditional Cultures*, Ethnografisch Museum Antwerpen, 1996, S. 21–47.

Robert Scott Root-Bernstein, *Discovering: Inventing and Solving Problems at the Frontiers of Scientific Knowledge*, Cambridge MA 1989.

Jean-Jacques Rousseau, »Brief an Herrn d'Alembert«, in: J. J. Rousseau, *Schriften*, Bd. 1, hg. von Henning Ritter, München/Wien 1978, S. 332–474.

Rainer Ruppert, *Labor der Seele und der Emotion. Funktion des Theaters im 18. und frühen 19. Jahrhundert*, Berlin 1995.

Andrea Sabisch, *Bildwerdung: Reflexionen zur pathischen und performativen Dimension der Bilderfahrung*, München, 2018.

Jean Paul Sartre, *Das Sein und das Nichts* (1938), Reinbek bei Hamburg 2006.

Richard Schechner, *Environmental Theatre*, New York 1973.

Richard Schechner, »Rekonstruktion von Verhalten«, in: ders., *Theateranthropologie. Spiel und Ritual im Kulturvergleich*, aus dem Amerikanischen von Susanne Winnacker, Reinbek 1990, S. 157–226.

Richard Schechner, »Selective Inattention« (1976), in: ders., *Performance Theory*, revised and expanded edition, New York/London 1994, S. 187–206.

Friedrich Schiller, *Briefe über die ästhetische Erziehung des Menschen*, in ders., *Schillers Werke*, Nationalausgabe, Bd. 20, Weimar 1962, S. 309–412.

Sabine Schouten, *Sinnliches Spüren*, Berlin 2007.

Helmar Schramm, *Karneval des Denkens. Theatralität im Spiegel philosophischer Texte des 16. und 17. Jahrhunderts*, Berlin 1996.

Helmar Schramm et al. (Hg.), *Spektakuläre Experimente. Praktiken der Evidenzproduktion im 17. Jahrhundert*, Berlin/New York 2006.

Helmar Schramm/Ludger Schwarte/Jan Lazardzig (Hg.), *Theatrum Scientiarum*, Bd. I *Kunstkammer, Laboratorium, Bühne. Schauplätze des Wissens im 17. Jahrhundert*, Berlin/New York 2003.

Carl Schüddekopf (Hg.), *Briefwechsel zwischen Gleim und Ramler*, Tübingen 1906.

Jochen Schulte-Sasse (Hg.), *Lessing, Mendelssohn, Nicolai. Briefwechsel über das Trauerspiel*, München 1972.

Paul Schultze-Naumburg, *Die Kultur des weiblichen Körpers als Grundlage der Frauenkleidung*, Leipzig 1902.

Ludger Schwarte, »Einleitung: Die Kraft des Visuellen«, in: ders. (Hg.), *Bild-Performanz*, München 2011, S. 11–33.

John R. Searle, *Speech Acts: An Essay in the Philosophy of Language*, Cambridge 1969.

John R. Searle, »How Performatives Work«, in: *Linguistics and Philosophy*, 12, 1989, S. 535–558.

Martin Seel, »Kleine Phänomenologie des Lassens«, in: ders., *Sich bestimmen lassen. Studien zur theoretischen und praktischen Philosophie*, Frankfurt a. M. 2002, S. 270–278.

Martin Seel, »Sich bestimmen lassen. Ein revidierter Begriff der Selbstbestimmung«, in: ders., *Sich bestimmen lassen. Studien zur theoretischen und praktischen Philosophie*, Frankfurt a. M. 2002, S. 279–298.

Walter Seitter, »Aufmerksamkeitskorrelate auf der Ebene der Erscheinungen«, in: Aleida und Jan Assmann (Hg.), *Aufmerksamkeiten. Archäologie der literarischen Kommunikation*, München 2002, S. 171–182.

Steven Shaviro, *The Cinematic Body*, Minneapolis 1993.

James J. Sheehan, *Geschichte der deutschen Kunstmuseen. Von der fürstlichen Kunstkammer zur modernen Sammlung*, München 2002.

Simon Shepherd, *The Cambridge Introduction to Performance Theory*, Cambridge, 2016.

Kaja Silverman, *The Threshold of the Visible World*, New York/London 1996.

Milton Singer (Hg.), *Traditional India. Structure and Change*, Philadelphia 1959.

William Robertson Smith, *Lectures on the Religion of the Semites, First Series: The Fundamental Institutions* (Burnett Lectures 1888/1889, London 1889, 2. Auflage 1894), dt. *Die Religion der Semiten* (1899), Nachdruck Darmstadt 1967.

Michael Stadler/Peter Kruse, »Zur Emergenz psychischer Qualitäten. Das psychophysische Problem im Lichte der Selbstorganisationstheorie, in: Wolfgang Krohn/Günter Küppers (Hg.), *Emergenz: Die Entstehung von Ordnung*, Organisation und Bedeutung, Frankfurt a. M. 1992, S. 134–160.

Achim Stephan, *Von der Unvorhersagbarkeit zur Selbstorganisation*, Dresden 1999.

Katharina Sykora, *Unheimliche Paarungen. Androidenfaszination und Geschlecht in der Fotografie*, Köln 1999.

Stanley J. Tambiah, »Eine performative Theorie des Rituals« (1979), in: Uwe Wirth (Hg.), *Performanz. Zwischen Sprachphilosophie und Kulturwissenschaften*, Frankfurt a. M. 2002, S. 210–242.

Michael Thompson, *Die Theorie des Abfalls. Über die Schaffung und Vernichtung von Werken*, Stuttgart 1981.

Viktoria Tkaczyk, »Performativität und Wissen(schaft)sgeschichte«, in: Klaus Hempfer/Jörg Volbers (Hg.), *Theorien des Performativen. Sprache – Wissen – Praxis. Eine kritische Bestandsaufnahme*, Bielefeld 2011, S. 115–140.

Anita Traninger, »Emergence as Model for the Study of Culture«, in: Ansgar Nünning/Birgit Neumann (Hg.), *Travelling Concepts for the Study of Culture*, Berlin/New York 2012.

Victor Turner, *The Ritual Process: Structure and Anti-Structure*, London 1969.

Victor Turner, »Variations on a Theme of Liminality«, in: Sally F. Moore/Barbara Myerhoff (Hg.), *Secular Rites*, Assen 1977, S. 36–57

Sandra Umathum, *Kunst als Aufführungserfahrung*, Bielefeld 2011.

Ana R. Calero Valera, *Literatur als Performance: literaturwissenschaftliche Studien zum Thema Performance*, Würzburg, 2013.

Gianni Vattimo, *Die transparente Gesellschaft*, Wien 1992.

Hans Rudolf Velten, »Performativitätsforschung«, in: Jost Schneider (Hg.), *Methodengeschichte der Germanistik*, Berlin/New York 2009, S. 549–572.

Jörg Volbers, *Performative Kultur: Eine Einführung*, Wiesbaden, 2014.

Bernhard Waldenfels, *Sinnesschwellen. Studien zur Phänomenologie des Fremden 3*, Frankfurt a. M. 1999.

Matthias Warstat, *Theatrale Gemeinschaften. Zur Festkultur der Arbeiterbewegungen 1919–1933*, Tübingen/Basel 2005.

Matthias Warstat, »Theatralität«, in: Erika Fischer-Lichte/Doris Kolesch/Matthias Warstat (Hg.), *Metzler Lexikon Theatertheorie*, Stuttgart/Weimar 2005, S. 355–364.

Matthias Warstat, »Politisches Theater zwischen Theatralität und Performativität«, in: Erika Fischer-Lichte et al. (Hg.), *Die Aufführung. Diskurse – Macht – Analyse*, München 2012.

Matthias Warstat, *Soziale Theatralität: Die Inszenierung der Gesellschaft*, Paderborn, 2018.

Thomas Wägenbaur, »Emergenz der Kommunikation«, in: ders. (Hg.), *Blinde Emergenz? Interdisziplinäre Beiträge zur Frage kultureller Evolution*, Heidelberg 2000, S. 123–142.

Max Weber, »Die ›Objektivität‹ sozialwissenschaftlicher und sozialpolitischer Erkenntnis« (1904), in: ders., *Gesammelte Aufsätze zur Wissenschaftslehre*, Tübingen 1968, S. 146–214.

Horst Wenzel, »Gelenkte Wahrnehmung. Piero della Francesca: Die Madonna mit der Perle«, in: Christina Lechtermann/Kerstin Wagner/Horst Wenzel (Hg.), *Möglichkeitsräume. Zur Performativität von sensorischer Wahrnehmung*, Berlin 2007, S. 229–253.

Benjamin Wihstutz, *Der andere Raum. Zur Verhandlung sozialer Grenzen im Gegenwartstheater*, München 2011.

Herbert Willems (Hg.), *Theatralisierung der Gesellschaft*, 2 Bde., Wiesbaden 2009.

Ian Wilson, *The Bleeding Mind: An Investigation into the Mysterious Phenomena of Stigmata*, London 1988.

Johann Joachim Winckelmann, *Gedanken über die Nachahmung der griechischen Werke in der Malerei und Bildhauerkunst* (1755), Stuttgart 1969.

Gerhard Wolf, »From Mandylion to Veronica«, in: Herbert L. Kessler/Gerhard Wolf (Hg.), *The Holy Face and the Paradox of Representation*, Bologna 1998, S. 153–179.

Christoph Wulf (Hg.), *Vom Menschen. Handbuch Historische Anthropologie*, Wien/Basel 1997.

Wilhelm Wundt, *Grundriß der Psychologie*, 7., verbesserte Auflage Leipzig 1905 (1. Auflage 1896).

Wilhelm Wundt, *Grundzüge der physiologischen Psychologie*, 6., umgearbeitete Auflage, 3. Bd., Leipzig 1911 (1. Auflage 1873/1874).

Beat Wyss, *Vom Bild zum Kunstsystem*, 2 Bde., Köln 2006.

Harald Xander, »Theatralität im vorrevolutionären russischen Theater. Evreinovs Entgrenzung des Theaterbegriffs«, in: Erika Fischer-Lichte/Wolfgang Greisenegger/Hans-Thies Lehmann (Hg.), *Arbeitsfelder der Theaterwissenschaft*, Tübingen 1994, S. 111–124.

Slavoj Žižek, *The Sublime Objekt of Ideology*, New York 1989.

Kritiken

H. E., in: *Freisinnige Zeitung*, 03.11.1903.

Fritz Engel, in: *Berliner Tageblatt*, 31.10.1903.

Paul Goldmann, Kritik aus dem Archiv des Kölner Theatermuseums, ohne nähere Angaben.

Julius Hart, Kritik aus dem Archiv des Kölner Theatermuseums, ohne nähere Angaben.

J. I., in: *Berliner Börsen Courier*, 31.10.1903.

A. K. (Alfred Klaar), in: *Vossische Zeitung*, 31.10.1903.

Richard Nordhausen, Kritik aus dem Archiv des Kölner Theatermuseums in Wahn, ohne nähere Angaben.

J. S., in: *Hannoverscher Courier*, 01.11.1903.

W. T., in: *Neue Hamburger Zeitung*, 01.11.1903.

Berliner Morgen Zeitung, 01.11.1903.

Berliner Morgenpost, 01.11.1903.

Freisinnige Zeitung, 01.11.1903.

Vorwärts, 01.11.1903.

Internetquellen

http://www.vatican.va/holy-father/benedict-xvi/encyclicals/index-ge.htm bzw. http://www.vatican.va/holy_father/benedict_xvi/encyclicals/documents/hf_ben-xvi_enc_20071130_spe-salvi_ge.html (letzter Zugriff 02.11.2011).

Sachverzeichnis

L

M

N

O

P

R

S

Personenregister

T

U

W